네트워크관리와 신기술

핵심을 알면
자격증이 보인다

New Technology and NETWORK MANAGEMENT

고청심 · 유응구 · 표성배 지음

도서출판 그린

머리말

이 책은 네트워크 관리와 관련된 실무 중심의 실습 교재로서 전반적인 내용이 실습 중심으로 활용 하도록 구성 되어 있습니다. 대학이나 네트워크관리와 관련된 기관에서 이론에 대한 교육과 더불어 실습 교육이 필요한 경우 활용하시면 도움이 될 것입니다.

또한 이 책의 내용을 어느 정도 숙지 한 학습자는 한국정보통신자격협회에서 실시하는 네트워크관리사2급(국가공인) 실기 시험에 응시해 보실 것을 추천 드립니다. 전반적인 내용이 자격 취득을 쉽게 하실 수 있도록 필요한 내용을 모두 포함하고 있으며 기존 네트워크관리사 시험에서 출제 되었던 유형문제를 각 부분에 언급해서 자연스럽게 실력을 쌓도록 유도하고 있습니다.

1장에서는 네트워크의 기본인 LAN 케이블 제작에 필요한 내용을 다루고 있습니다. LAN 케이블 제작에 필요한 장비, 다이렉트 및 크로스 케이블 제작 방법, 케이블 활용 영역 등에 대해 다루고 있어 초보자라도 쉽게 이해 할 수 있도록 설명하고 있습니다.

2장에서는 서버실습과 관련된 내용을 다루고 있습니다. 네트워크속성, 레지스트리 편집기, 폴더 권한, 프린터 및 팩스, 시스템 등록정보, 인터넷 옵션, 프로그램 및 기능, DHCP, DNS, Hyper-V, WINS, 공유폴더, 디스크 관리자, 라우터 및 원격 액세스, 로컬 보안 정책, 로컬 사용자 및 그룹, 서비스 관리자, 이벤트 관리자, 인터넷정보 서비스 관리자(IIS), 원격 데스크 톱 서비스, 작업 스케줄러 등 서버시스템과 관련된 전반적인 세팅 방법을 다루고 있습니다. 간단한 개념 설명과 함께 유형문제를 제시하고 풀이를 통해 이해도를 향상시키도록 유도하고 있습니다.

3장에서는 리눅스와 관련된 내용을 관리에 필요한 명령어들과 서비스 중심으로 요약해서 다루고 있습니다.

4장에서는 라우터(CISCO)에 대한 내용을 다루고 있습니다. 라우터의 개념, 라우터 명령어, 라우팅 프로토콜 등 설명과 함께 세팅 방법 등을 유형예제 중심으로 설명하고 있습니다.

5장에서는 네트워크 관련 장비와 기술용어들을 정리해서 다루고 있습니다.

가능한 최신 네트워크발전 동향과 기술적 지원을 반영하기 위해 교재의 전반적인 구성 및 내용 정리에 한국정보통신자격협회(http://www.icqa.or.kr) 사이트와 한국정보통신기술협회(http://word.tta.or.kr)의 최신 정보통신 용어 사전 등을 참조 하였습니다.

여러모로 부족한 부분이 많음에도 불구하고 힘을 더해 주신 표성배 교수님과 유응구 교수님 그리고 함께 하는 동료 교수님들께 감사를 드립니다.

마지막으로 본 서의 출판에 많은 도움을 주신 그린출판사의 윤덕우 대표님과 관계자 분들께도 심심한 감사의 말씀을 드립니다.

여러분의 많은 지도와 편달을 부탁드리며

2016년 8월 대표저자 고청심

차 례

제5장 네트워크 장비 및 기술 용어 / 177

제6장 네트워크 실전 실습 / 241

제7장 부 록 / 277

실습 준비

ICQA 실습용 에뮬레이터 설치

1. ICQA실습용 에뮬레이터

ICQA 실습용 에뮬레이터 프로그램은 네트워크 관리사 실기 실습을 할 수 있도록 지원하는 가상의 실습 환경이다. 이는 주어진 문제 해결을 위하여 그 기능이 최적화 된 상태이므로 실제 운영체제의 환경에 비해 기능이 제한적일 수 있다.

한국정보통신자격협회(http://www.icqa.or.kr)에 접속한 후 수험정보 메뉴의 네트워크관리사 자료실에서 ICQA 모의고사 예제프로그램, 네트워크관리사 실습용 에뮬레이터, 신규 Router Emulator프로그램 - 수검생실습용을 각각 다운받아 설치한다.

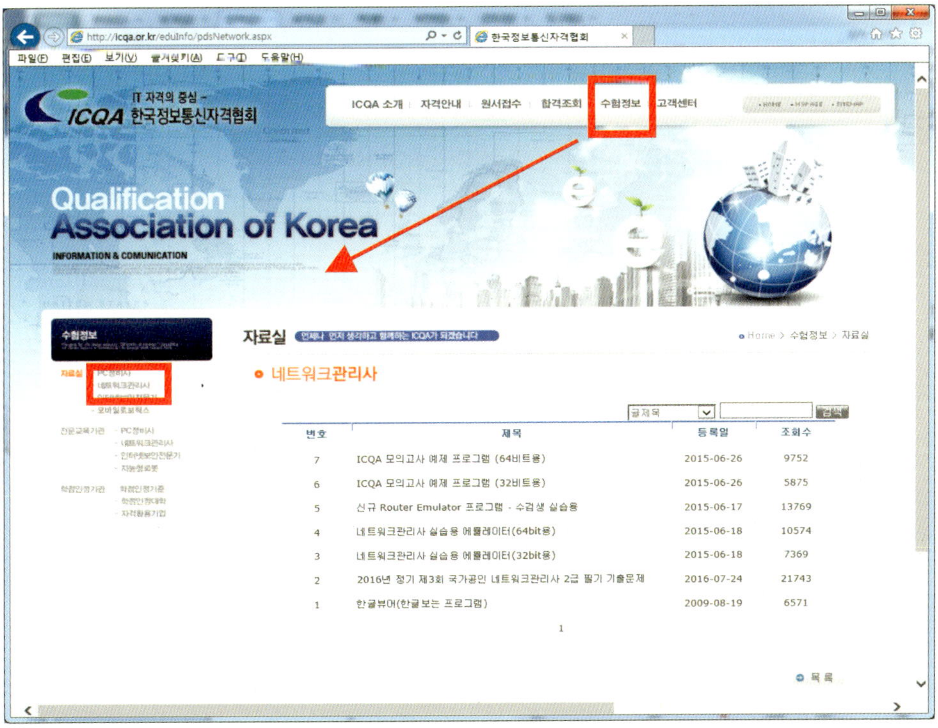

각 프로그램을 설치 시 다음과 같은 아이콘이 나타나고 이를 이용해서 실습을 할 수 있다.

(Router의 경우 압축을 풀어서 바로 실행할 수 있다.)

ICQA 모의고사 예제프로그램	네트워크관리사 실습용 에뮬레이터	신규 Router Emulator프로그램
		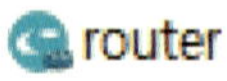

2. 메뉴 소개

실습용 에뮬레이터를 실행하면 다음과 같은 메뉴가 실행된다. 각 메뉴를 선택 한 후 에뮬레이터 실행 버튼을 눌러서 실습용 창이 뜨면 본 교재에서 제시하고 있는 문제를 해결한다.

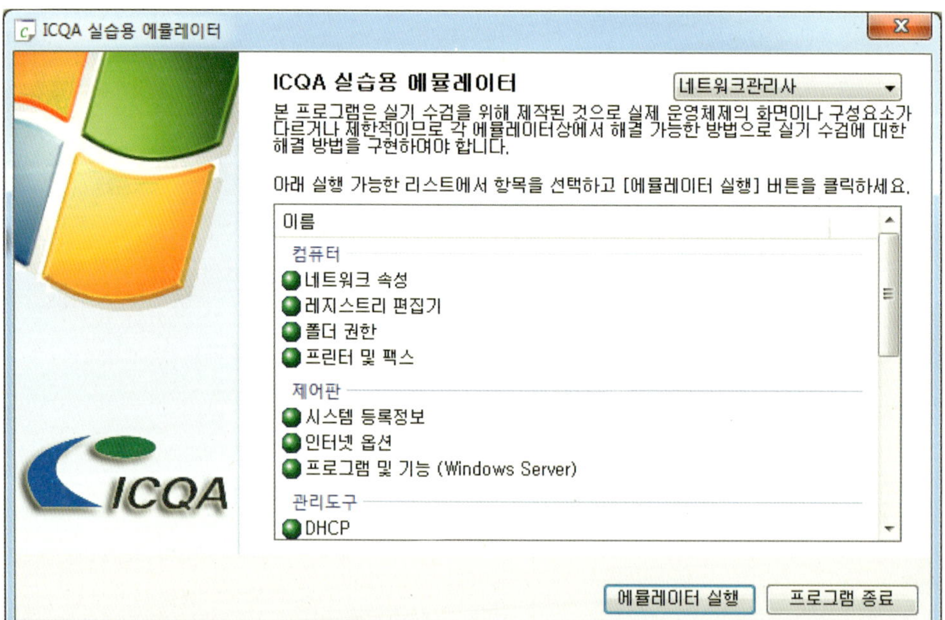

각 메뉴는 다음과 같이 컴퓨터, 제어판, 관리도구 카테고리로 분류되어 있다.

컴퓨터

- 네트워크 속성
- 레지스트리 편집기
- 폴더 권한
- 프린터 및 팩스

제어판

- 시스템 등록정보
- 인터넷 옵션
- 프로그램 및 기능 (Windows Server)

관리도구

- DHCP
- DNS
- Hyper-V
- WINS
- 공유 폴더
- 디스크 관리자
- 라우터 및 원격 액세스
- 로컬 보안 정책
- 로컬 사용자 및 그룹 (Windows Server)
- 서비스 관리자 (Windows Server)
- 이벤트 관리자
- 인터넷 정보 서비스 관리자
- 원격 데스크 톱 서비스
- 작업 스케줄러

네트워크관리사 2급 자격시험에서 주로 다루는 문제는 네트워크속성, 폴더 권한, 시스템 등록정보, 인터넷 옵션, 프로그램 및 기능, DHCP, DNS, Hyper-V, 공유폴더, 디스크 관리자, 라우터 및 원격 액세스, 로컬 보안 정책, 로컬 사용자 및 그룹, 서비스 관리자, 이벤트 관리자, 인터넷정보 서비스 관리자(IIS), 원격 데스크 톱 서비스, 작업 스케줄러 기능이다.

따라서 이 부분에 대해서는 놓치지 말고 자세히 실습을 해보도록 한다.

Chapter

01

케이블 제작

제1장 케이블 제작

1. 랜 케이블 제작 장비

1) RJ-45커넥터 : 배선을 연결하는 데 사용되는 표준 커넥터.

RJ-45 Jack 이라고도 하며 구내 정보 통신망(LAN)에서 비 차폐 연선(UTP)을 연결할 때 사용되는 모듈이다.

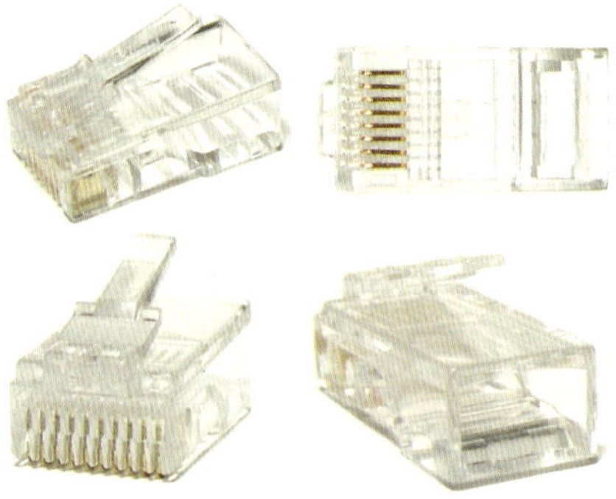

RJ-45 커넥터

2) UTP Cable : UTP는 Unshielded Twisted Pair의 머리글자이다. 비차폐쌍케이블, 비차폐연선 이라고도 한다.

가장 일반적인 형태의 구리선으로, 일반 전화선이나 LAN(근거리통신망)의 환경을 이어주는 신호선의 한 종류이다. 절연된 2개의 구리선을 서로 꼬아 만든 여러 개의 쌍 케이블 외부를 플라스틱 피복으로 절연시킨 선이다.
100Mbit 랜카드에 사용되는 표준 신호 선으로, 외관은 전화선과 비슷한 RJ-45 규격의 커넥터와 케이블로 이루어져 있다. 내부의 선은 8가닥의 신호 선으로 이루어져 있는데, 케이블 외피를 벗기고 안을 들여다보면 두 가닥씩 꼬인 4쌍의 선이 보인다. 8가닥의 선 색깔이 모두 다르며, 이 색깔에 따라 핀 번호가 규격으로 정해져 있다.

케이블의 질에 따라 여러 개의 카테고리로 나뉜다. 카테고리는 미국전자산업진흥회(EIA)에서 품질에 따라 등급을 매긴 UTP 케이블 표준이다. 품질이 가장 낮은 것을 1, 가장 높은 것을 5로 표시한다. 카테고리 2까지는 일반 전화선, 카테고리 3은 10Mbps 랜, 카테고리 4는 16Mbps 토큰링 네트워크, 카테고리 5는 100Mbps 랜 등에 사용한다.

3) LAN Tool : 랜 케이블을 제작하기 위한 도구로써 커팅 기능과 압착 기능이 있다.

LAN TOOL

2. 랜 케이블의 종류

1) 다이렉트 케이블 : PC와 HUB, PC와 프린터, HUB와 PS3, HUB와 IPTV, HUB와 인터넷전화와 같이 서로 다른 기기 연결 시 사용

다이렉트 케이블 배열(568B규격) : 흰주. 주. 흰초. 파. 흰파. 초. 흰갈. 갈 (양쪽)

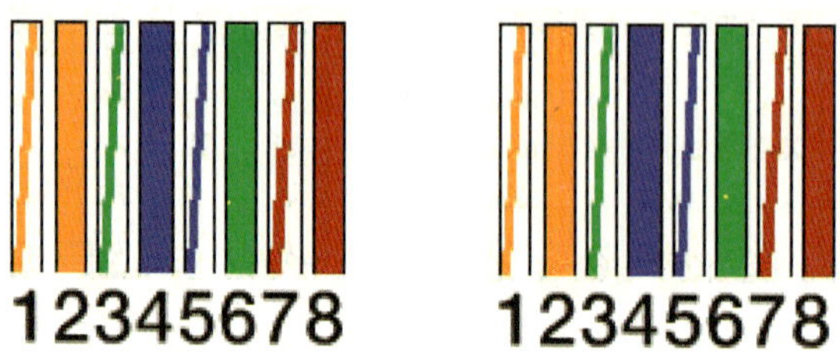

다이렉트 케이블

2) 크로스 케이블 : PC와 PC, HUB와 HUB, PC(lan)와 노트북(lan)와 같이 서로 같은 기기 연결 시 사용

크로스 케이블 배열(568A규격) : 흰초. 초. 흰주. 파. 흰파. 주. 흰갈. 갈 (한쪽만)

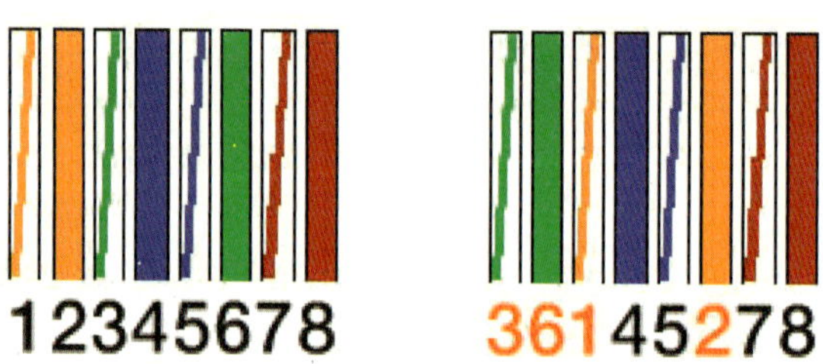

크로스 케이블

3. 케이블 제작 과정

1) 제작 순서

(1) 랜툴에 케이블을 삽입후 케이블을 시계방향으로 돌린다.

(2) 케이블 외피를 벗겨 내고 부트(보호캡)를 케이블에 끼운다.

(3) 케이블을 용도에 맞게 배선 한다.

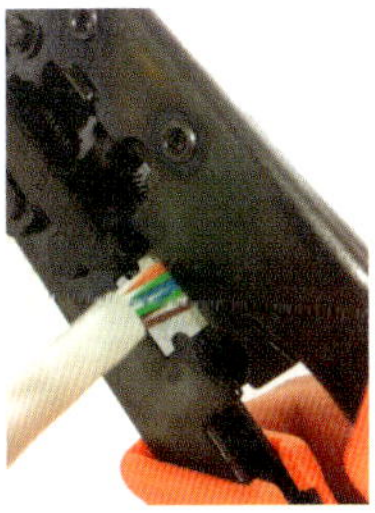

(4) 랜툴을 사용하여 케이블 끝을 정리 한다.

(5) 케이블을 정리한 모습이다.

(6) RJ-45 커넥터에 케이블을 끝까지 넣는다.

(7) 제작한 RJ-45커넥터를 랜툴 8P플러그에 넣는다.

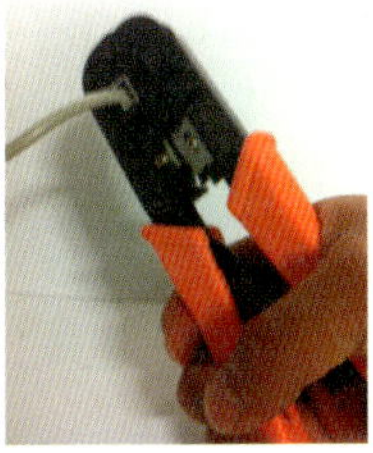

(8) 랜툴 손잡이가 멈출 때 까지 꽉 눌러서 선을 잭에 고정시킨다.

(9) RJ-45 케이블이 완성된 모습

(10) RJ-45 케이블에 부트를 끼운 모습이다

4. 유형 문제 풀이

지급 된 UTP 케이블과 RJ-45 커넥터를 이용하여 제시문제의 조건에 맞는 LAN Cable을 제작하시오.

예제 1

제 시 문 제

· Hub와 Computer를 연결하는 LAN Cable을 제작하시오.

(단, Cable은 568B 규격으로 제작)

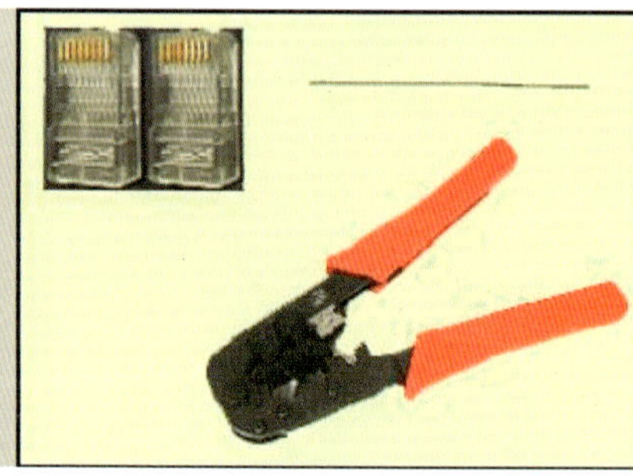

Answer

Hub와 Computer는 서로 다른 기기이므로 다이렉트 케이블을 제작 하면 된다.

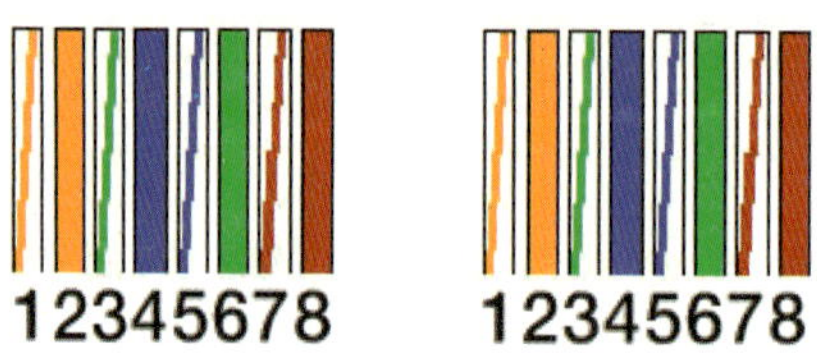

다이렉트 케이블

예제 2

제 시 문 제

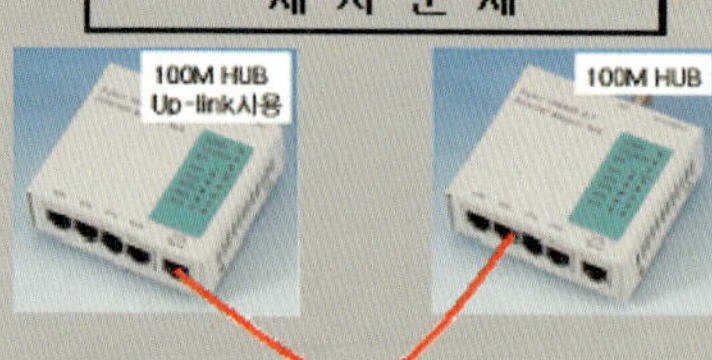

Hub와 Hub를 연결하는 LAN Cable을 제작하시오.

(단, 한 Hub는 Up-link Port를 사용하며, Cable은 568B 규격으로 제작)

Answer

Hub와 Hub는 서로 같은 기기 이므로 크로스 케이블을 제작 한다.

크로스 케이블

예제 3

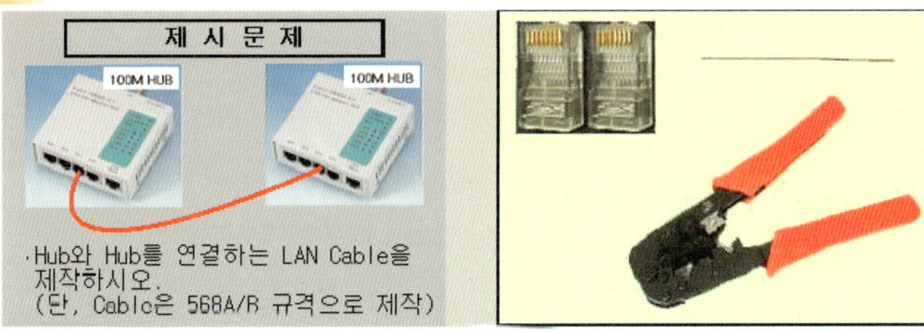

Answer

Hub와 Hub는 서로 같은 기기 이므로 크로스 케이블을 제작 한다.

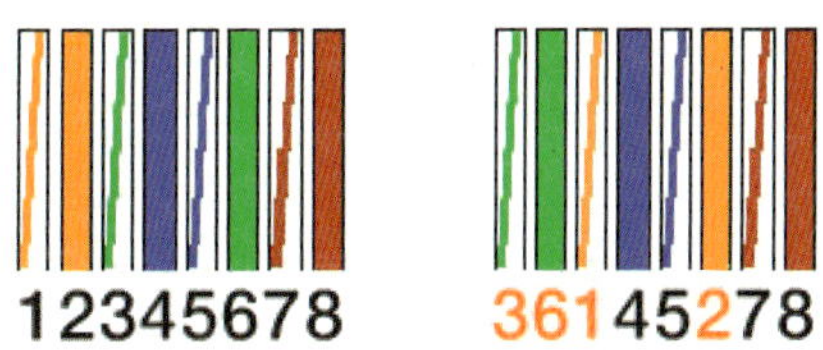

크로스 케이블

예제 4

Answer

Hub와 Server는 서로 다른 기종이므로 다이렉트 케이블을 제작 하면 된다.

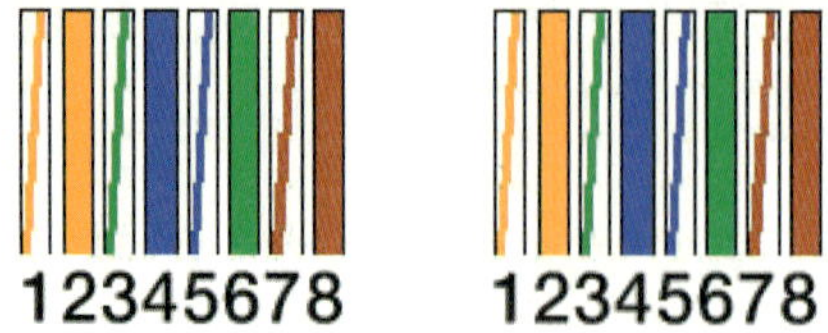

다이렉트 케이블

예제 5

제 시 문 제

· 허브와 허브를 연결하는 LAN Cable 제작
· 허브의 포트는 일반 포트를 사용하며, 크로스/다이렉트 자동식별 기능 없음 (단, Cable은 568A/B 규격으로 제작)

지 급 품 목

주요 채점 사항

1. RJ45잭이 분리되거나 이탈되지 않아야 한다.
2. 테스터기는 사용하지 않는다.
3. UTP케이블의 피복상태/길이는 상관하지 않는다.
4. 수검 중 RJ45잭은 추가 지급할 수 있다.

Answer

Hub와 Hub는 서로 같은 기기 이므로 크로스 케이블을 제작 한다.

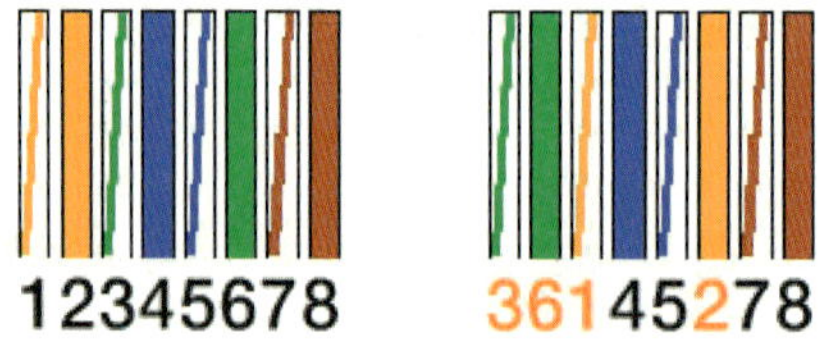

크로스 케이블

Chapter

02

서버(Windows 2008 Server Setting) 실습

제2장 서버(Windows 2008 Server Setting) 실습

1. 네트워크 속성

1) 네트워크 속성이란 : IP를 바꾸거나 고정 IP를 할당 할 수 있고 프로토콜을 추가 Subnet Mask, Gateway, DNS 설정, Connection Type ,Flow Control, 기타 네트워크 및 시스템 구성을 설정한다.

2) 학습 포인트

TCP/IP 프로토콜의 추가와 네트워크를 설정 한다.

추가 IP Address, 추가 Gateway 등 고급 옵션 설정 한다.

IP Address, Subnet Mask, Gateway, DNS 설정, Connection Type

Flow Control, 기타 네트워크 및 시스템 구성 설정

3) 유형별 예제

예제 1

제시문제와 같이 네트워크 환경을 설정하시오.

화 면	문제 해결 후 시스템 상태
Description . . : Fast Ethernet Adapter Physical Address : 00-0B-6A-22-28-8C DHCP Enabled. . : No IP Address. . . : 192.168.100.234 Subnet Mask . . : 255.255.255.192 Default Gateway : 192.168.100.254 DNS Servers . . : 211.174.131.162 추가 Gateway . : 192.168.100.193 보조 DNS 서버 . : 210.103.175.211	· 왼쪽 화면과 같이 정상적으로 설정되어 있다.

Answer

1. 네트워크 속성 클릭 – 에뮬레이터 실행 클릭

2. Internet Protocol Version 4 (TCP/IP v4) – 속성

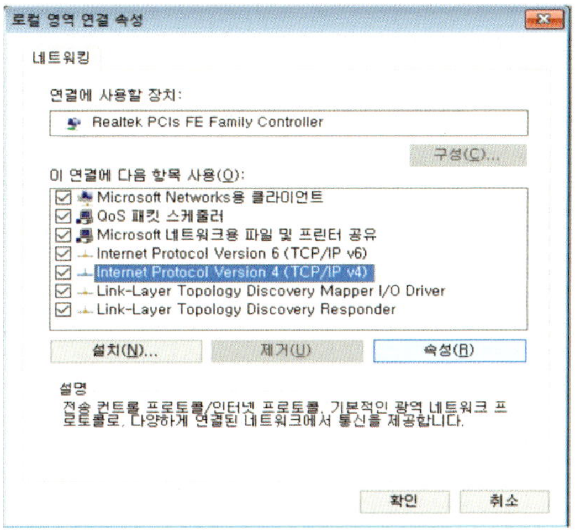

3. ◉ 다음 IP 주소사용

   IP 주소 : 192.168.100.234

   서브넷 마스크 : 255.255.255.192

   기본게이트웨이 : 192.168.100.254

   DNS 서버 : 211.174.131.162

   보조 DNS 서버 : 210.103.175.211 입력

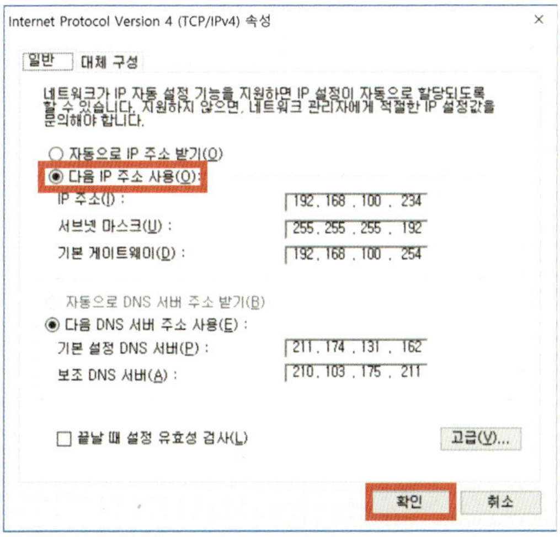

고급 - 기본게이트웨이 추가(D)

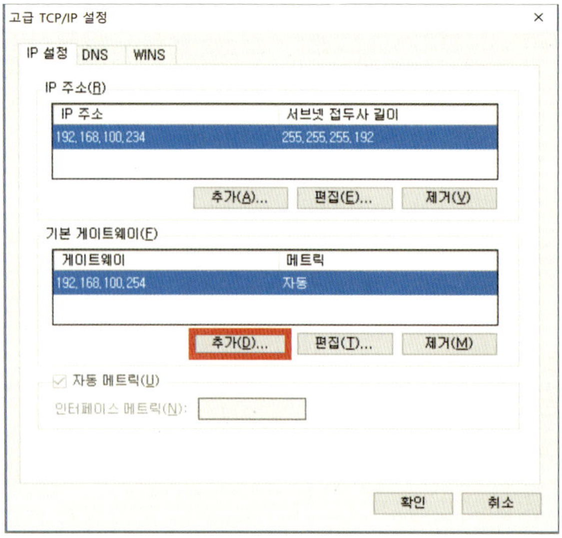

기본 게이트 웨이 : 192.168.100.193 입력 후 추가 - 확인

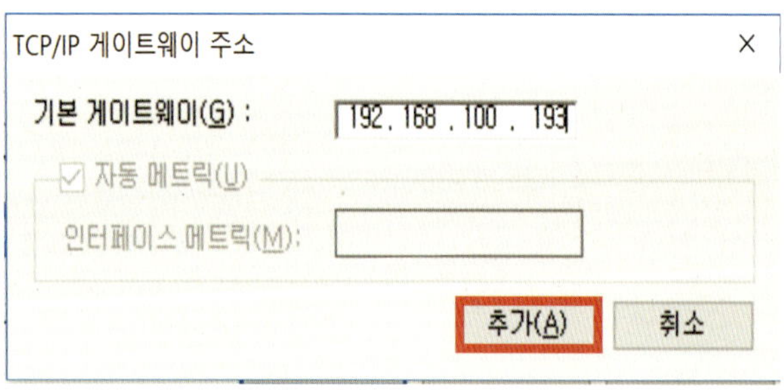

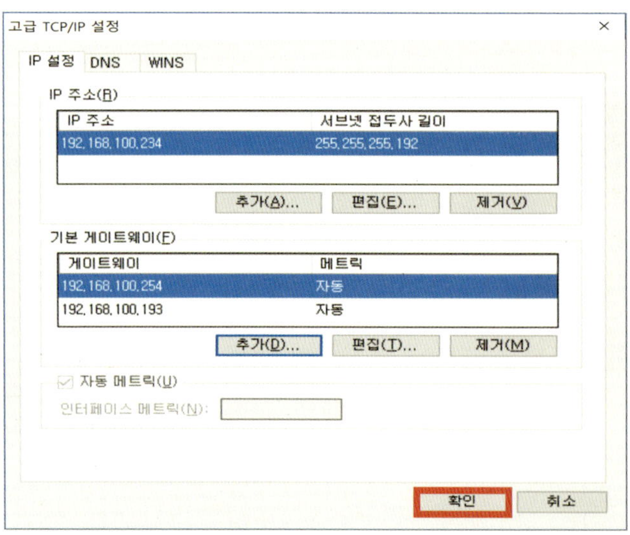

예제 2

네트워크 환경에 〈제시문자〉와 같이 IP주소와 서브넷마스크를 추가하시오.

제 시 문 제	문제 해결 후 시스템 상태
- IP Address : 10101100.00010000.10010110.01110011 - Subnet Mask : 22bit	· 제시문제와 같이 정상적으로 설정되어 있다.

1. 네트워크 속성 클릭 – 에뮬레이터 실행 클릭

2. Internet Protocol Version 4 (TCP/IP v4) – 속성

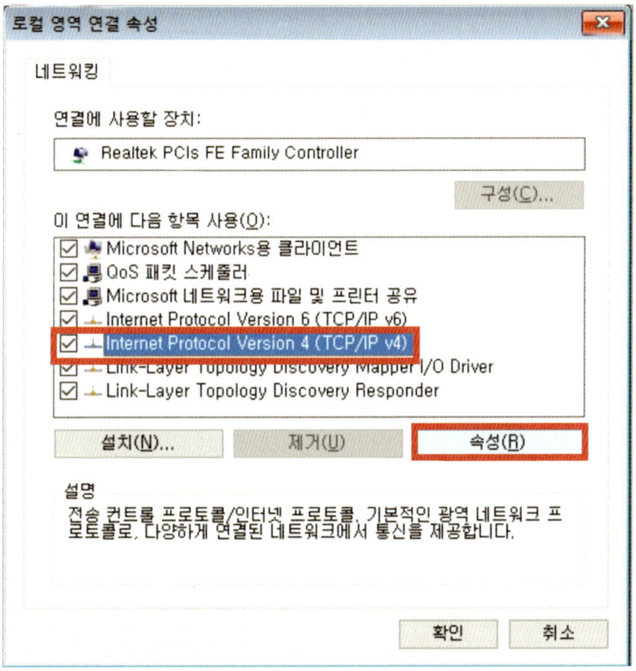

3. ☑ 다음 IP 주소사용

IP 주소 : 172.16.150.115 (2진수 ⇒ 10진수 변환)

서브넷 마스크 : 255.255.252.0 (22bit 계산)

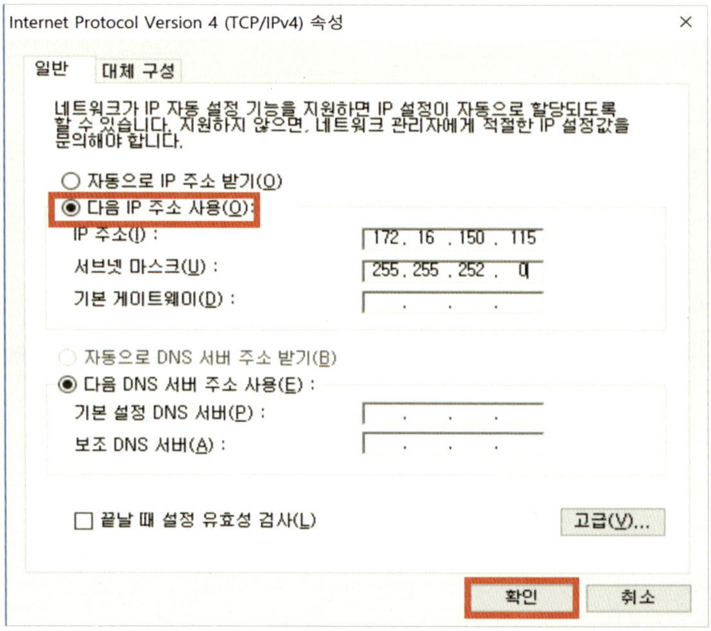

2. 레지스트리 편집기

1) 레지스트리 : 시스템 구성 정보를 저장한 데이터베이스이다. 프로세서의 종류, 주기억 장치의 용량, 접속된 주변장치의 정보, 시스템 매개변수, 응용소프트웨어에서 취급하는 파일 타입과 매개변수 등이 기억 된다.

2) 학습 포인트

- 시작 시 자동으로 로그인 설정, 사용자계정 추가/삭제한다.
- 윈도우 빠르게 종료하기 설정한다.
- 레지스트리 편집기, 바탕화면 또는 디스플레이 환경 변경 금지를 설정한다.
- CD 삽입 시 자동실행이 되지 않도록 설정한다.
- 키보드 "Num Lock" 키가 활성화 되도록 설정한다.

3) 유형별 예세

예제 1

윈도우 시작시 키보드의 "Num Lock" 키가 활성화 되도록 레지스트리를 설정하시오.

Answer

1. 레지스트리 편집기 – 에뮬레이터 실행
2. 다음과 같은 경로로 찾아 들어간다.

   HKEY_CURRENT_USER – Control Panel – Keyboard

3. 오른쪽 화면에서 마우스 오른쪽 버튼 – 새로만들기 – 문자열 값

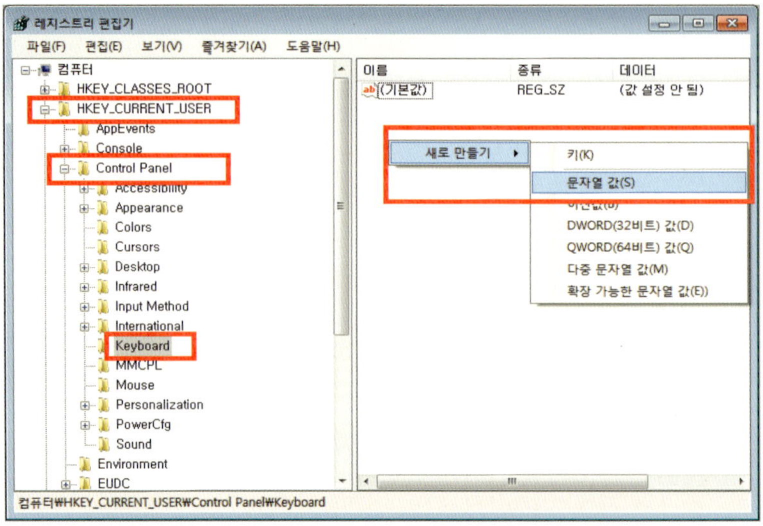

4. 새값#1 에서 마우스 오른쪽 버튼 - 이름바꾸기

 - InitialKeyboardIndicators 입력

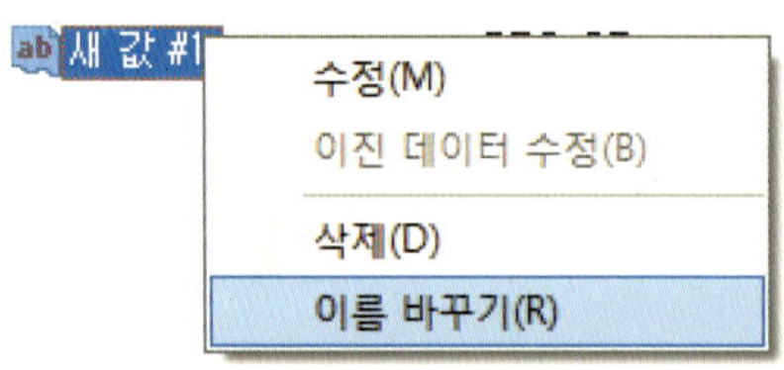

5. InitialKeyboardIndicators 항목 더블클릭 - 값 2 입력 - 확인

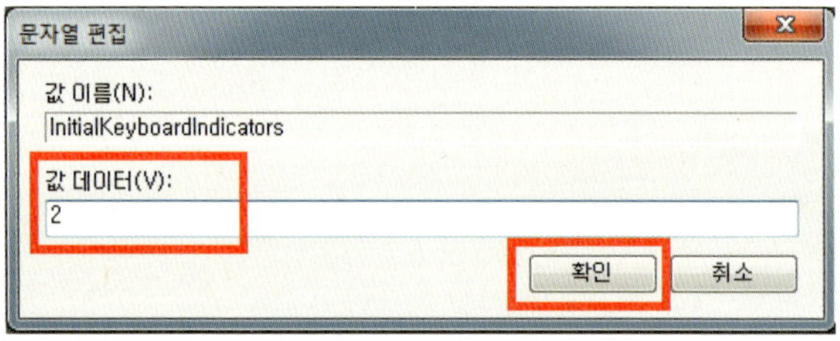

3. 폴더 권한

1) 폴더 권한이란 : 폴더에 대한 그룹 또는 사용자의 사용 권한을 설정하는 기능이다. 권한의 종류에는 모든 권한, 수정, 읽기 및 실행, 폴더 내용 보기, 읽기, 쓰기, 특정 권한이 있고 이에 대해 허용 또는 거부 기능을 설정 할 수 있다.

2) 학습 포인트

- 편집 기능을 이용해 그룹 또는 사용자의 권한을 변경 할 수 있다.
- 새로운 그룹 또는 사용자에 대한 추가 계정을 설정하고 폴더에 대한 권한을 설정 할 수 있다.
- 모든 권한, 수정, 읽기 및 실행 권한, 및 거부 설정을 한다.
- 폴더 내용 보기, 읽기, 쓰기 권한 및 거부 등 설정을 한다.

3) 유형별 예세

예제 1

아래 제시문제와 같이 폴더 권한을 설정하시오.

화 면

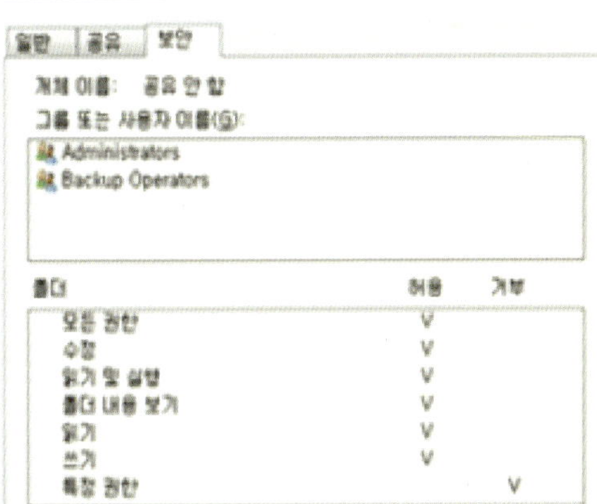

1. 폴더 권한 - 에뮬레이터 실행
2. * 사용자 권한 수정하는 방법

보안 -편집 - 특정권한 거부 V - 확인

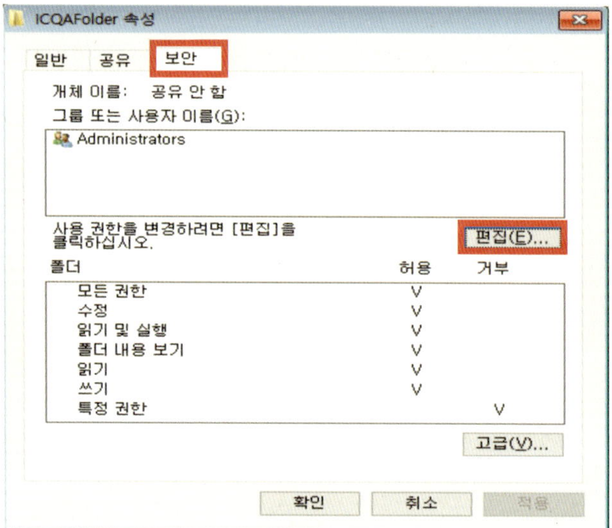

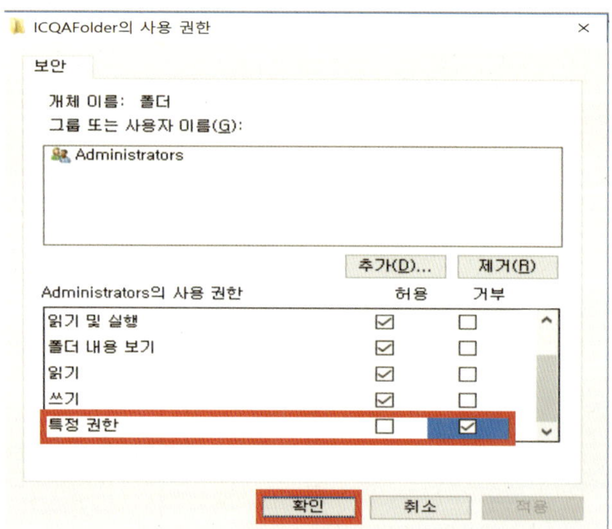

3. 편집 – 추가 – 고급

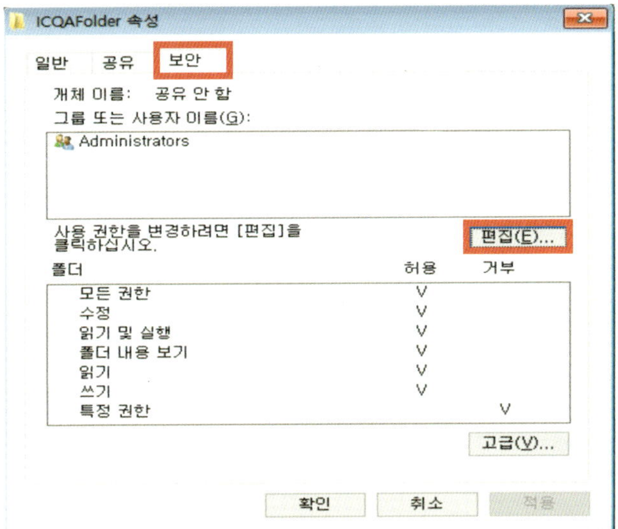
ICQAFolder 속성
일반
공유
보안
개체 이름: 공유 안 함
그룹 또는 사용자 이름(G):
Administrators
사용 권한을 변경하려면 [편집]을 클릭하십시오.
편집(E)...
폴더
허용
거부
모든 권한
수정
읽기 및 실행
폴더 내용 보기
읽기
쓰기
특정 권한
고급(V)...
확인
취소
적용

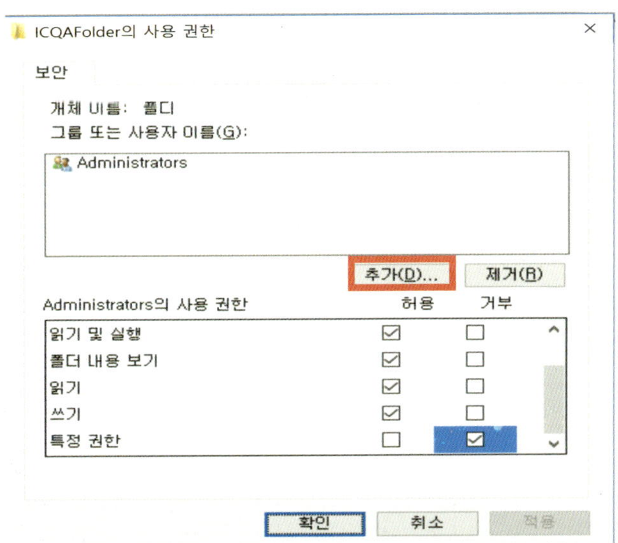
ICQAFolder의 사용 권한
보안
개체 이름: 폴더
그룹 또는 사용자 이름(G):
Administrators
추가(D)...
제거(R)
Administrators의 사용 권한
허용
거부
읽기 및 실행
폴더 내용 보기
읽기
쓰기
특정 권한
확인
취소
적용

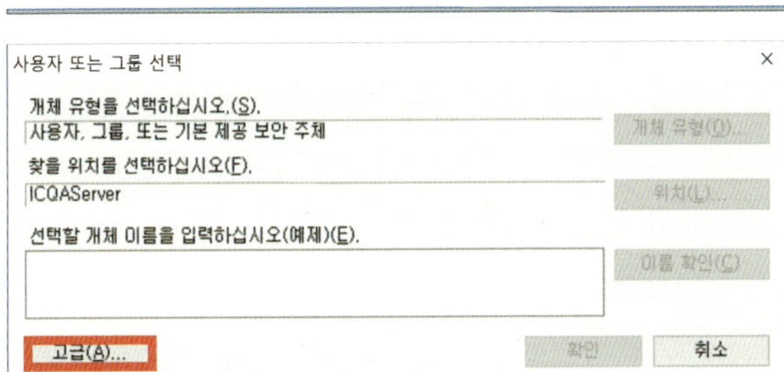
사용자 또는 그룹 선택
개체 유형을 선택하십시오.(S).
사용자, 그룹, 또는 기본 제공 보안 주체
개체 유형(O)...
찾을 위치를 선택하십시오(F).
ICQAServer
위치(L)...
선택할 개체 이름을 입력하십시오(예제)(E).
이름 확인(C)
고급(A)...
확인
취소

지금 찾기 – Backup Operators 유저 선택 후 확인 –권한 설정 V 하고 확인

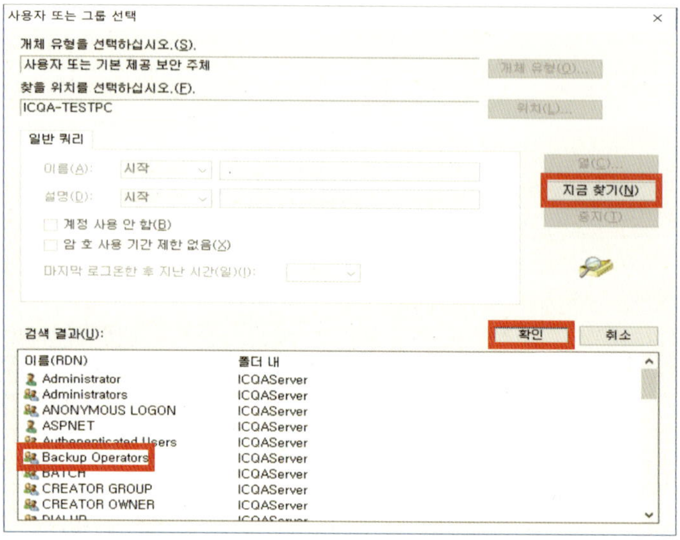

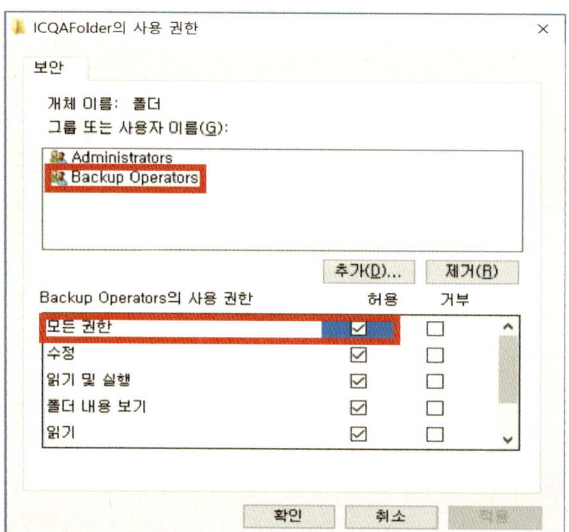

4. 프린터 및 팩스

1) 프린터 및 팩스 : 로컬 프린터와 네트워크, 무선 또는 Bluetooth 프린터와 팩스를 추가 설치 하고 기본 프린터로 지정 할 수 있다.

2) 학습 포인트

- 로컬 프린터(또는 팩스)를 설치하고 기본 프린터(또는 팩스)로 지정 할 수 있다.
- 네트워크, 무선 또는 Bluetooth 프린터를 설치하고 기본 프린터로 지정 할 수 있다.

예제 1

아래 제시문제와 같이 프린터를 설치 하시오.

제 시 문 제	문제 해결 후 시스템 상태
· 프린터 유형 : 로컬 프린터 · 프린터 포트 : LPT1 · 프린터 드라이버 : Samsung ML2510 · 기본 프린터로 설정	· 제시문제와 같이 정상적으로 설정되어 있다.

1. 프린터 및 팩스 - 에뮬레이터 실행 - 프린터 추가 - 로컬 프린터 추가

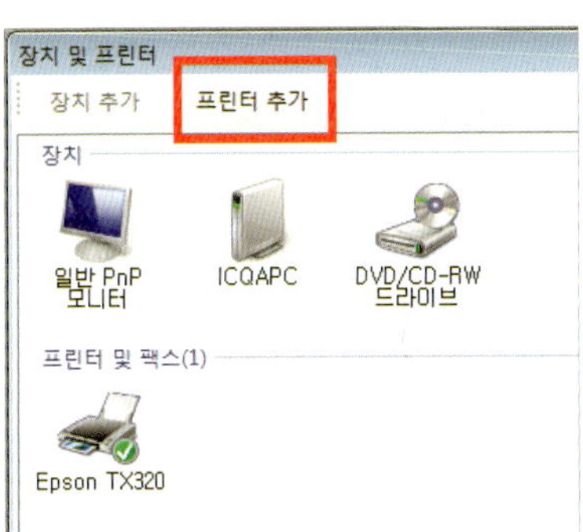

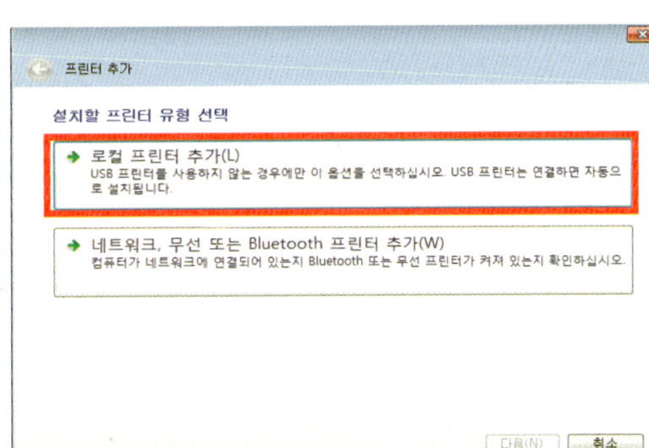

2. 기존 포트 사용 (LPT1:(프린터 포트) 지정 – 다음 – 제조업체 Samsung – 프린터 ML2510 – 다음 – 프린터 이름 ML2510 – 다음

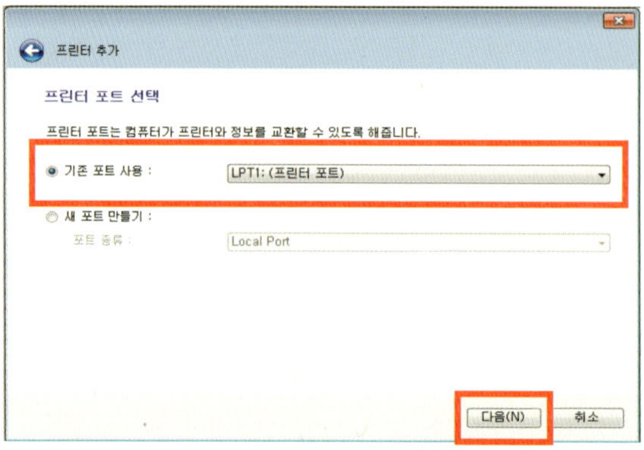

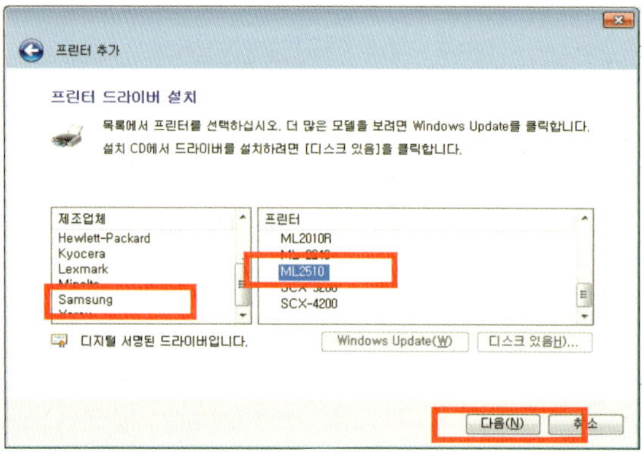

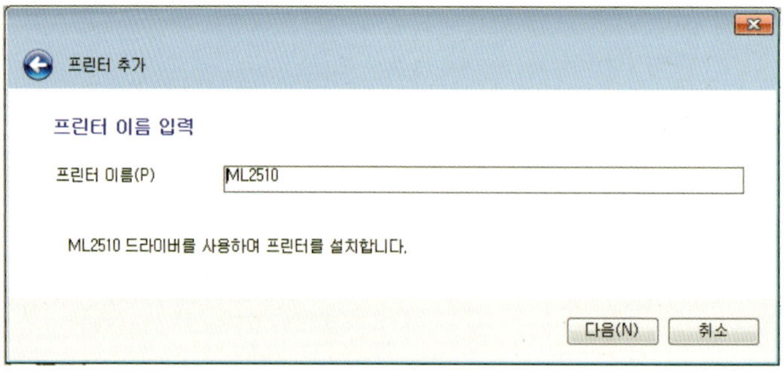

3. 공유안함(디폴트 값) - 다음 - ☑ 기본 프린터로 설정 - 마침

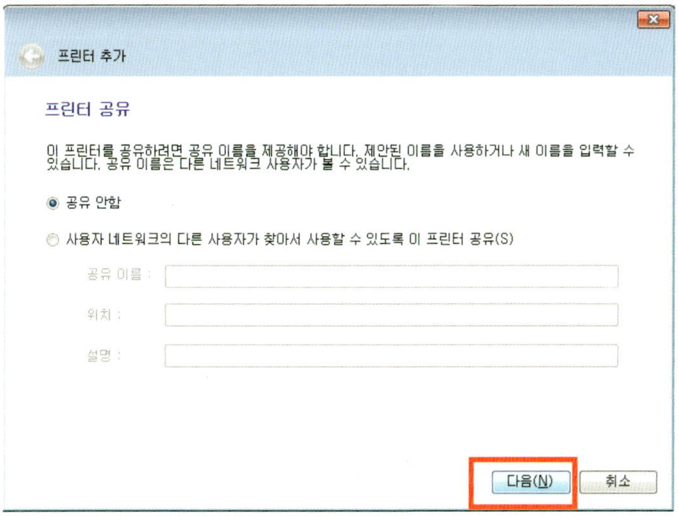

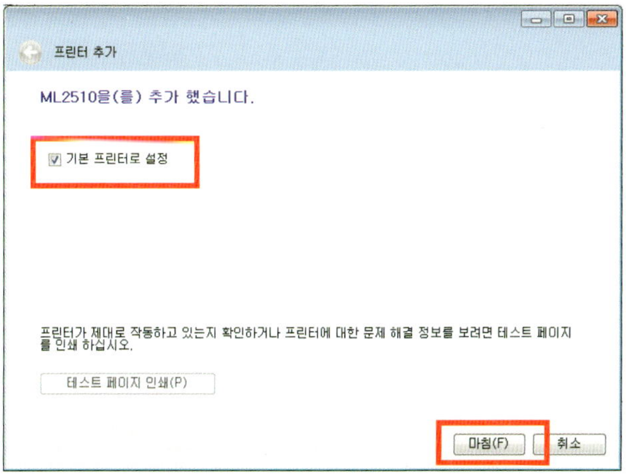

5. 시스템 등록정보

1) 시스템 등록정보 : 전반적인 내 컴퓨터의 정보를 보여준다. 시스템, 사용자정보, 컴퓨터 정보, 전체 컴퓨터 이름, 작업그룹, 장치관리자, 하드웨어 프로필, 성능, 사용자 프로필 , 시작 및 복구, 시스템 복원, 자동 업데이트, 원격 등 을 설정 할 수 있다.

2) 학습 포인트

- 네트워크 식별 탭에서 컴퓨터 이름설정과 소속그룹을 설정 할 수 있다.
- 하드웨어 탭에서 하드웨어 마법사와 장치관리자를 설정 할 수 있다.
- 고급 탭에서 메모리 관리, 환경변수 시작 및 복구 설정 등을 설정할 수 있다.

3) 유형별 예제

예제 1

아래 제시문제와 같이 Windows 2008 Server의 환경 값을 설정 하시오.

제 시 문 제	문제 해결 후 시스템 상태
· 컴퓨터 이름 : icqa · 작업그룹 : 네트워크관리사	· 제시문제와 같이 정상적으로 설정 되어 있다.

Answer

1. 시스템등록정보 - 에뮬레이터 실행

2. 컴퓨터 이름 탭 - 변경 - 컴퓨터 이름 및 작업 그룹 입력 -확인

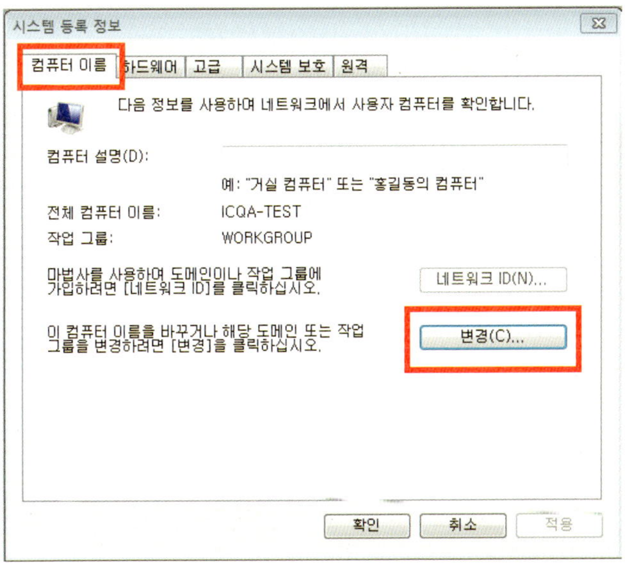

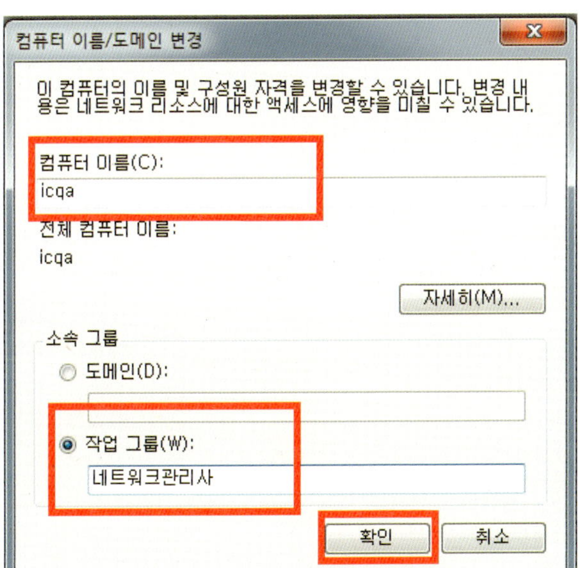

예제 2

아래 제시문제와 같이 시스템 부팅 환경을 설정 하시오.

제 시 문 제	문제 해결 후 시스템 상태
· 기본부팅 : Windows Server 2008 · 운영체제 목록을 표시할 시간 : 20초 · 필요할때 복구옵션을 표시할시간 : 25초	· 제시문제와 같이 정상적으로 설정 되어 있다.

Answer

1. 시스템등록정보 - 에뮬레이터 실행
2. 고급 탭 - 시작 및 복구의 설정버튼 - 기본운영체제 부분 설정 후 - 확인

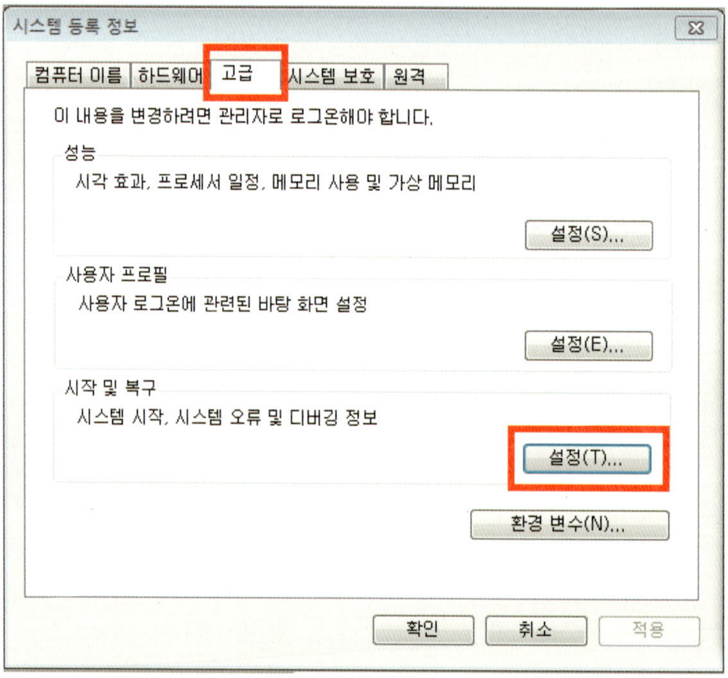

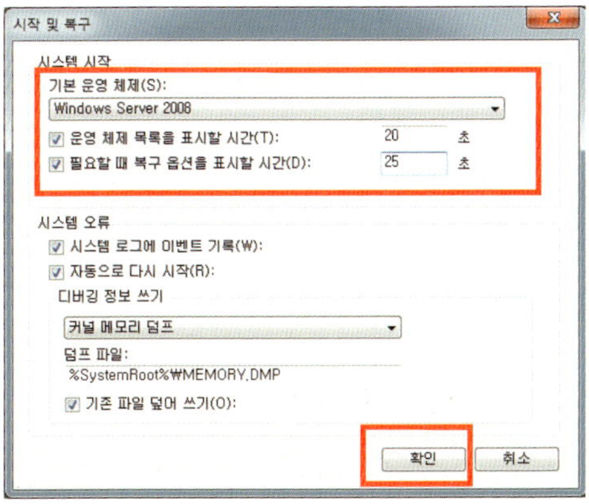

예제 3

제시문제와 같은 환경 변수를 사용자 변수만 적용되게 설정 하시오.

제 시 문 제	문제 해결 후 시스템 상태
·변수 이름 : JAVA_HOME ·변수 값 : C:\j2sdk1.4.1_04	· 제시문제와 같이 정상적으로 설정 되어 있다.

Answer

1. 시스템 등록정보 – 에뮬레이터 실행

2. 고급 – 환경 변수

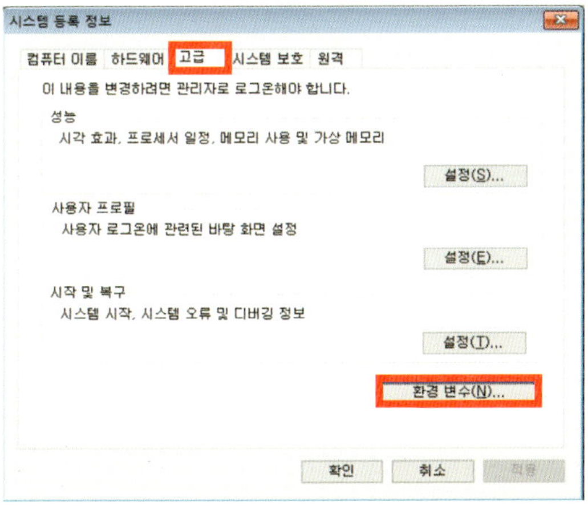

3. 새로만들기 (사용자 변수 만들기) – 변수 이름 : JAVA_HOME

– 변수 값 : C:₩J2sdk.1.4.1_04 –확인

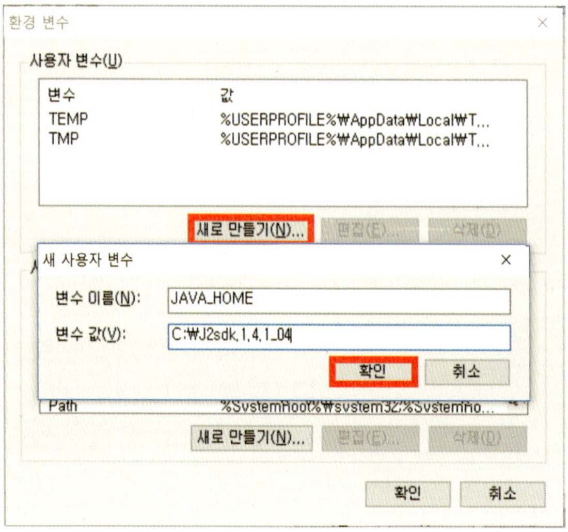

6. 인터넷 옵션

1) 인터넷 옵션 : 인터넷 익스플로러의 기본 옵션을 변경 할 수 있다.

2) 학습 포인트

- 인터넷 옵션의 자동완성 기능을 설정 할 수 있다.
- 인터넷 옵션의 고급설정을 할 수 있다.

예제 1

아래 화면과 같이 인터넷 주소 입력시 이전 입력 내용이 보여지도록 설정 하시오.

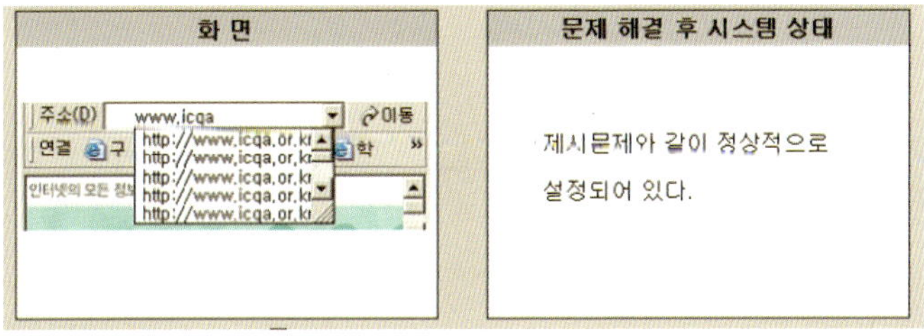

Answer

1. 인터넷 옵션 – 에뮬레이터 실행

2. 내용 – 〈자동완성〉 설정(T)

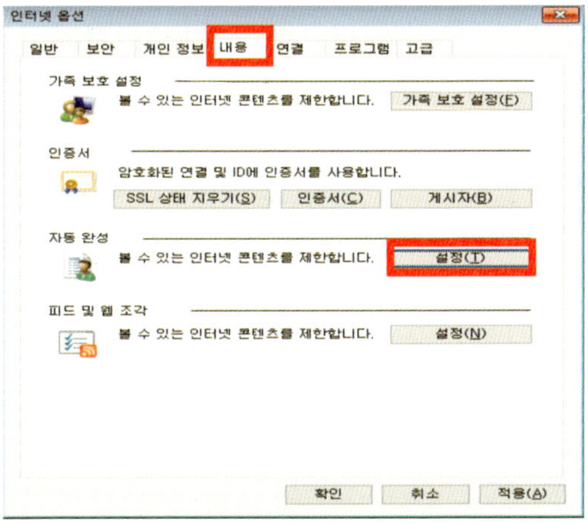

3. ☑ 주소 표시줄 - ☑ URL 제안 -확인

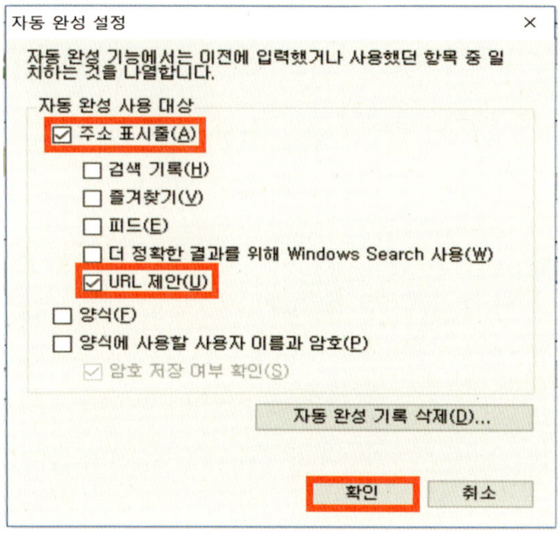

7. 프로그램 및 기능

1) 프로그램 및 기능 : 서버의 역할을 선택하는 기능으로 Active Directory, DHCP, DNS, IIS, Hyper-V, 원격 데스크톱 서비스, Windows 배포 서비스, 응용 프로그램 서버 등을 추가로 설치 할 수 있다.

2) 학습 포인트

- Active Directory, 원격 데스크톱 서비스, Windows 배포와 관련된 서비스 등의 기능을 추가로 설치한다.
- DHCP, DNS, IIS, Hyper-V, 응용 프로그램 등의 서버 기능을 추가로 설치한다.

3) 유형별 예제

예제 1

아래 〈화면〉 과 같은 서버의 역할을 추가 설치하시오.

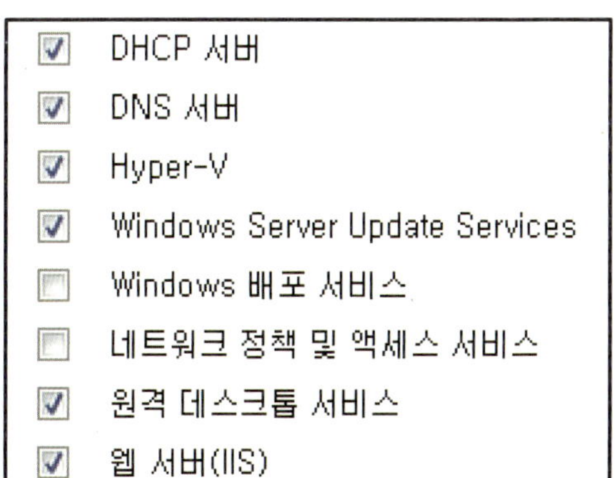

Answer

1. 프로그램 및 기능 - 에뮬레이터 실행

2. 다음 - 해당 서버 및 서비스들 체크 후 계속 다음 버튼 클릭

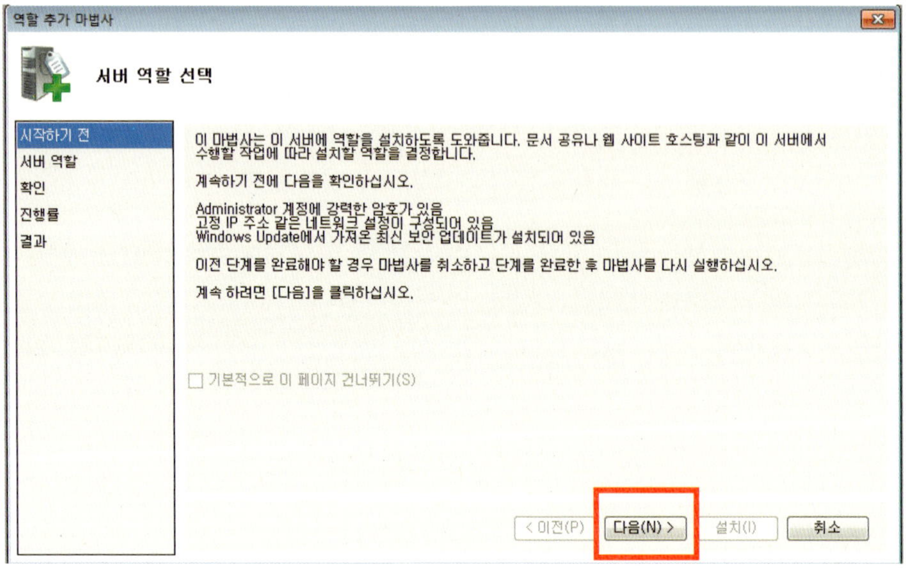

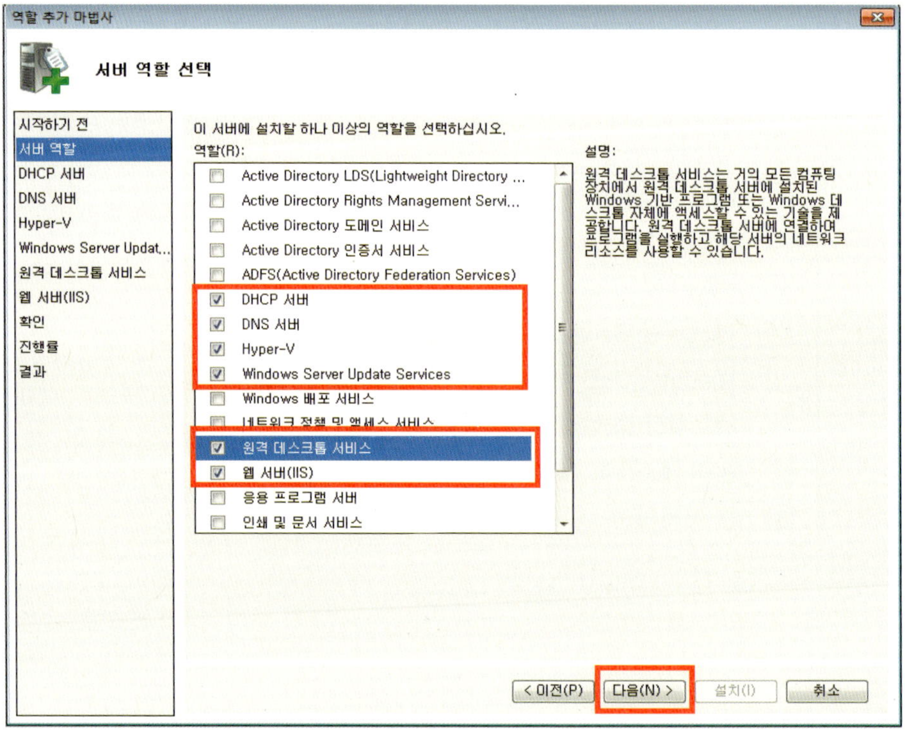

3. 설치 - 설치 결과 확인 후 닫기

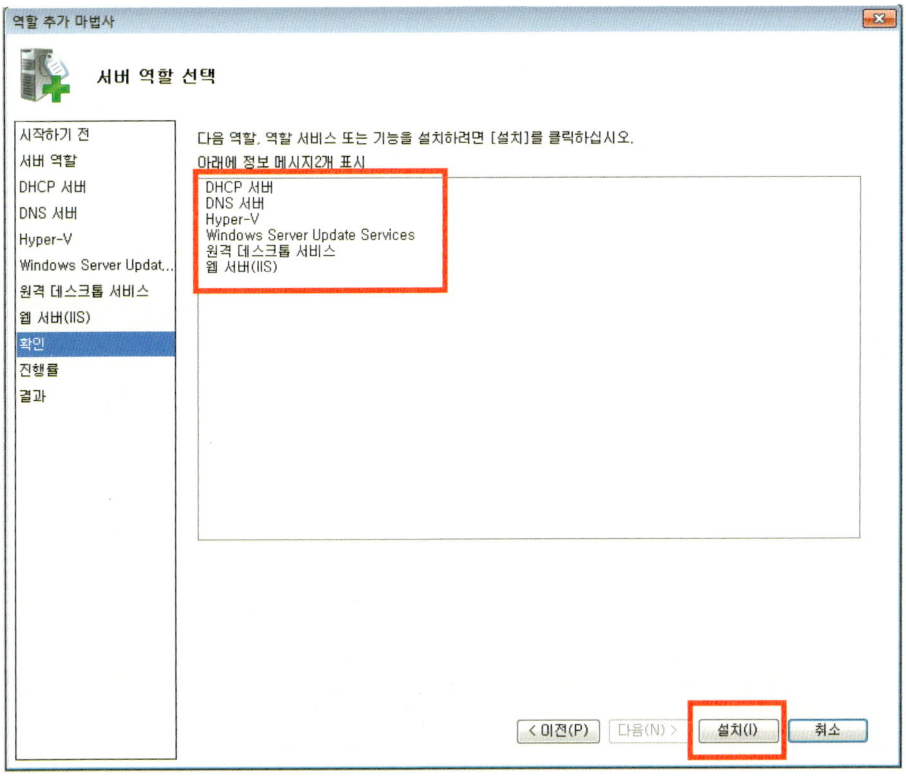

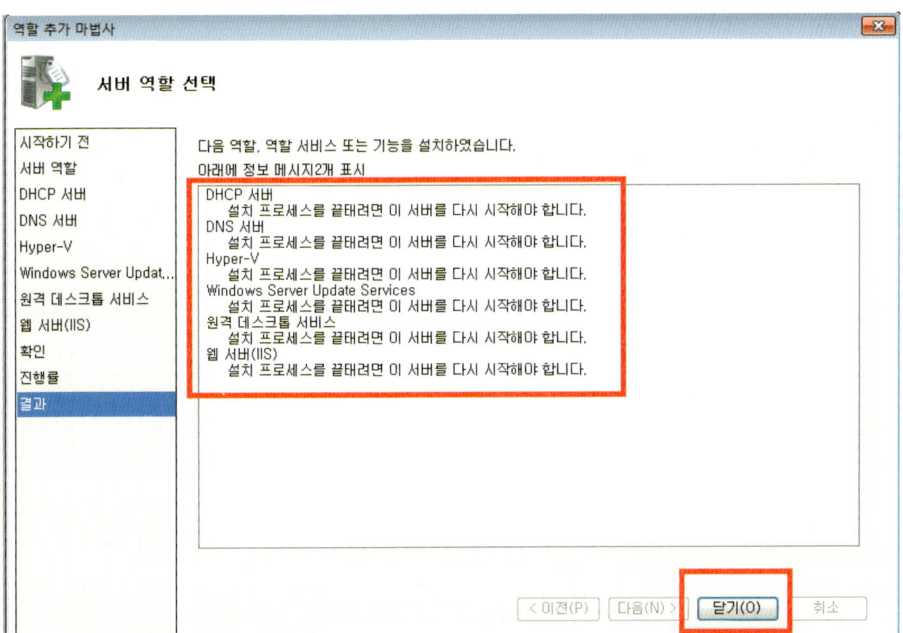

8. DHCP

1) DHCP란 : Dynamic Host Configuration Protocol

DHCP는 네트워크 관리자들이 조직 내의 네트워크에서 IP 주소를 중앙에서 관리하고 할당해줄 수 있도록 해주는 프로토콜이다. DHCP는 사용 가능한 IP 주소의 개수보다 더 많은 컴퓨터가 있는 경우에 IP 주소의 임대시간을 짧게 함으로써 네트워크를 동적으로 재구성할 수 있다.

인터넷의 TCP/IP 프로토콜에서는, 각 컴퓨터들이 고유한 IP 주소를 가져야만 인터넷에 접속할 수 있다. DHCP를 사용하지 않는 경우에는, 각 컴퓨터마다 IP 주소가 수작업으로 입력되어야 하며, 만약 컴퓨터가 네트워크의 다른 부분에 속한 장소로 이동되면 IP 주소를 새롭게 입력해야 하는데 DHCP는 네트워크 관리자가 중앙에서 IP 주소를 관리하고 할당하며, 컴퓨터가 네트워크의 다른 장소에 접속되었을 때 자동으로 새로운 IP 주소를 보내줄 수 있게 해준다.

2) 학습 포인트

- DHCP 새영역 추가 설정
  - IP Address 할당 범위 설정
  - 시작 IP 주소 : 임대할 IP 주소의 시작 IP 주소를 입력한다.
  - 끝 IP 주소 : 임대할 IP 주소의 마지막 IP 주소를 입력한다.
  - 길이(bit 수 설정) : 서브넷 마스크로 사용된 비트의 길이를 입력한다.
    서브넷 마스크가 255.255.255.0 이라면 길이는 24이다.
  - 서브넷 마스크 : 임대할 IP주소에 적용될 서브넷 마스크를 입력한다.

- IP Address 예외 범위 설정
  - 시작 IP 주소 : 제외할 IP 주소의 시작 IP 주소를 입력한다.
  - 끝 IP 주소 : 제외할 IP 주소의 마지막 IP 주소를 입력한다.

- 임대기간 설정
  - 제한 : 적절한 임대기간을 설정한다.

- 제한 없음 : 임대기간을 영구적으로 설정한다.

• 예약 설정
- 항상 동일한 IP 주소를 임대 하도록 클라이언트 예약을 설정할 수 있다. 예약된 IP주소는 다른 클라이언트에게 임대되지 않는다.
- 예약이름 : 예약을 구별할 수 있는 이름을 입력한다.
- IP 주소 : 클라이언트에게 임대할 IP주소를 입력한다.
- MAC 주소 : 클라이언트의 MAC 주소를 입력한다.
(MAC 주소는 정확하게 입력해야 하며 주소 입력시 '-'를 입력하지 않는다.)

• 설명 : 설명을 입력한다.
• 지원되는 유형 : 기본 값 모두를 선택한다.
• Default GateWay 설정 등

3) 유형별 예제

예제 1

〈제시문자〉와 같이 DHCP를 설정하시오.

제 시 문 제
1. 이름: ICQA-TEST1
2. 설명: DHCP 서버 구성1
3. IP범위: 192.168.153.102~150
4. 서브넷 마스크: 255.255.255.0
5. 제외주소: 192.168.153.121~130
6. Gateway: 192.168.153.101
7. 임대기간: 7일

문제 해결 후 시스템 상태
· 제시문제와 같이 정상적으로 설정되어 있다.

Answer

1. DHCP – 에뮬레이터 실행

2. 오른쪽에 IP v4 – 새 범위

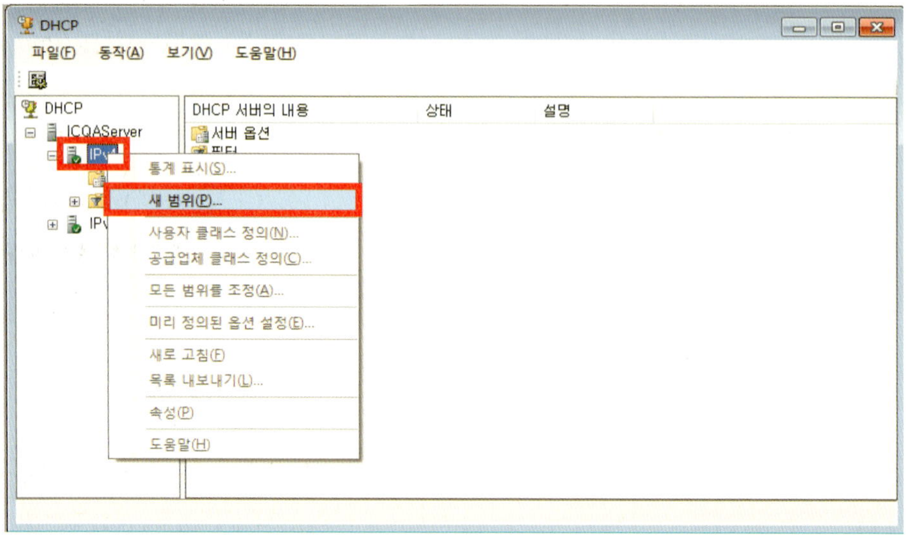

3. 다음 눌러가며 진행

   이름 : ICQA–TEST1

   설명 : DHCP 서버 구성1

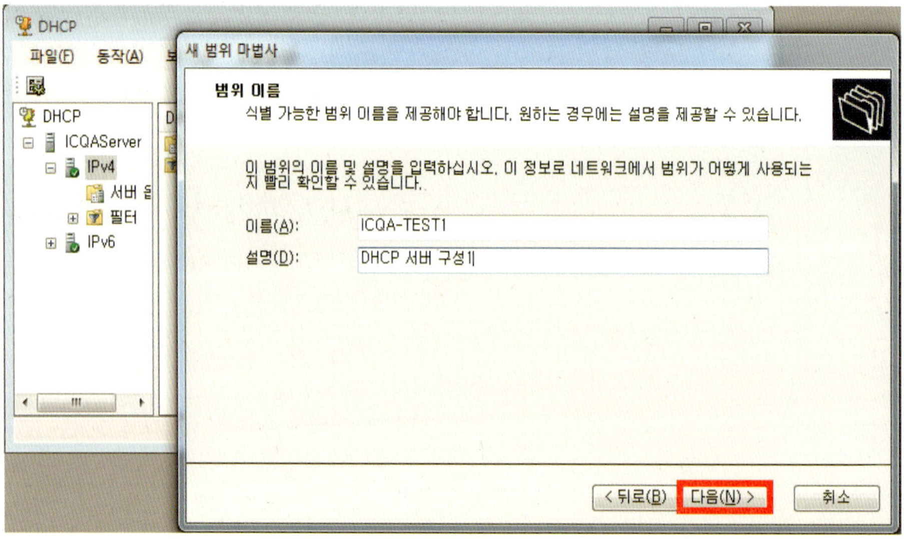

4. 다음

   시작 IP 주소 : 192.168.153.102

   끝 IP 주소 : 192.168.153.150

   서브넷 마스크 : 255.255.255.0

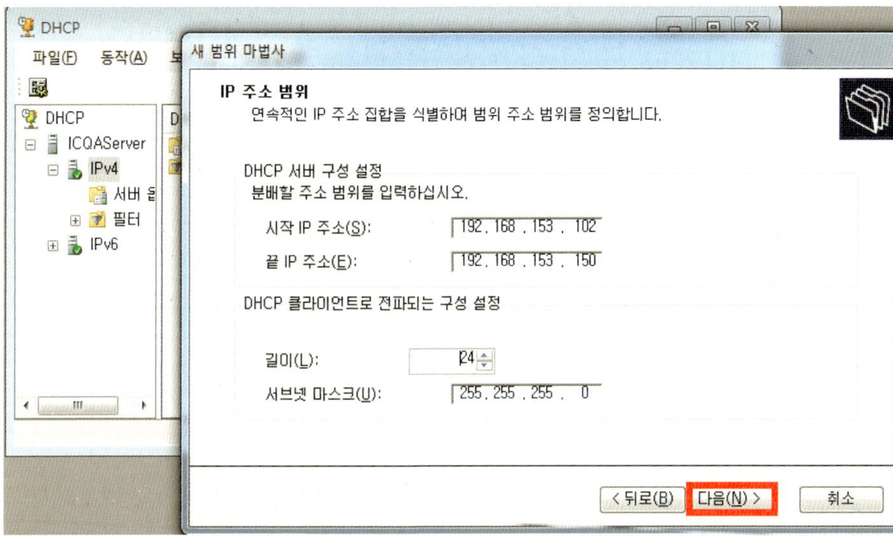

5. 다음 〈제외 주소 및 지연 추가〉

   시작 IP 주소 : 192.168.153.121

   끝 IP 주소 : 192.168.153.130 – 추가

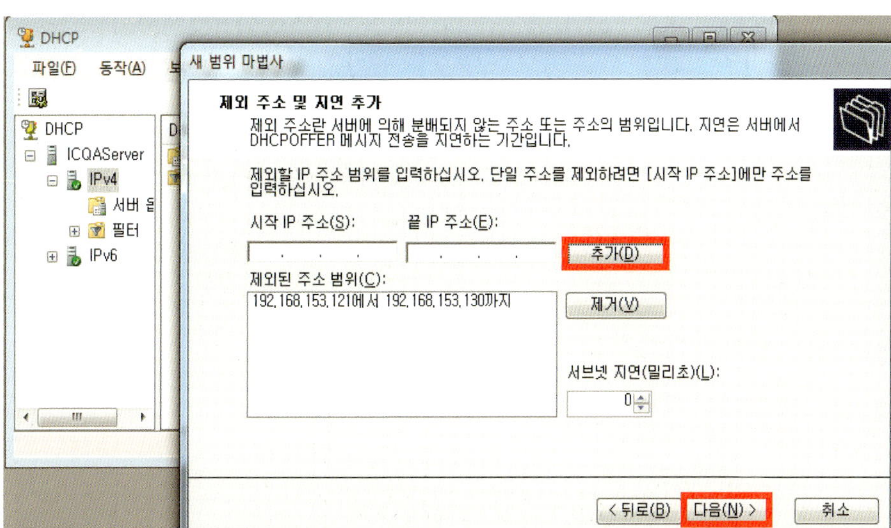

6. 다음 〈임대기간〉

7일 설정

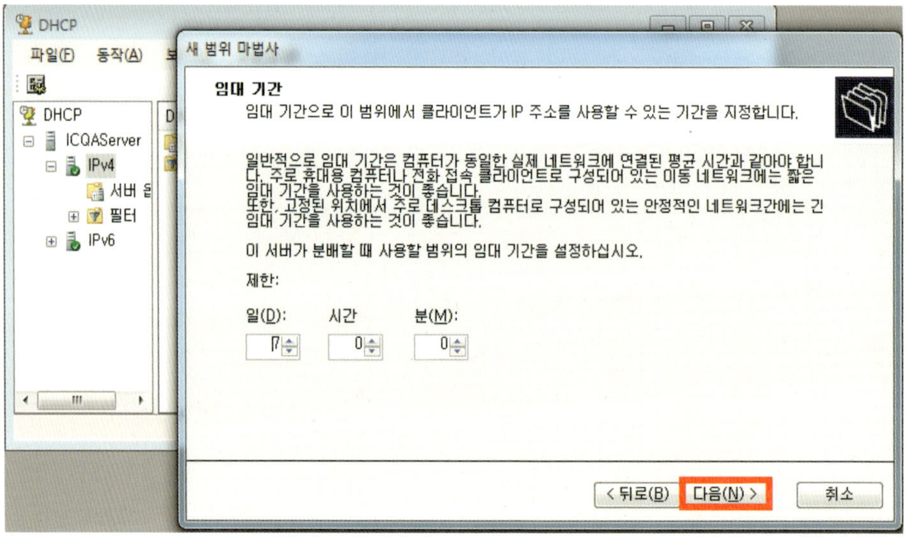

7. 다음 〈라우터(기본 게이트웨이)〉

IP 주소 : 192.168.153.101 – 추가

이후 다음 하며 마침까지 계속 진행

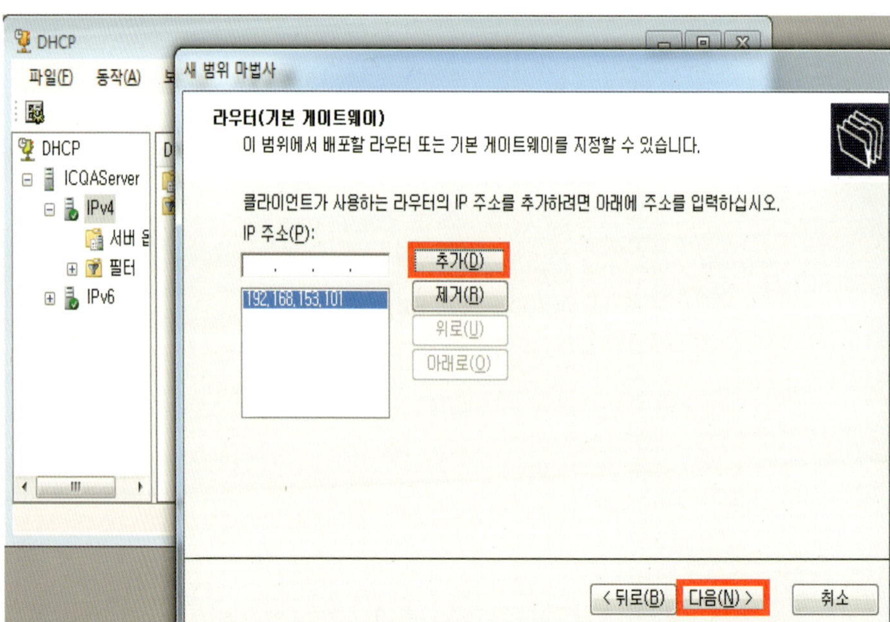

예제 2

〈제시문제〉와 같이 DHCP 서버를 설정하시오.

제 시 문 제	문제 해결 후 시스템 상태
1.이름: ICQA 2.설명: 네트워크관리사 3.시작 IP 주소: 212.121.144.1 4.끝 IP 주소: 212.121.144.254 5.길이: 24bit(255.255.255.0) 6.제외 주소 범위: 212.121.144.2 ~ 25 7.임대 기간: 8시간	·제시문제와 같이 정상적으로 설정되어 있다.

Answer

1. DHCP – 에뮬레이터 실행

2. IP v4 오른쪽 마우스 – 새 범위

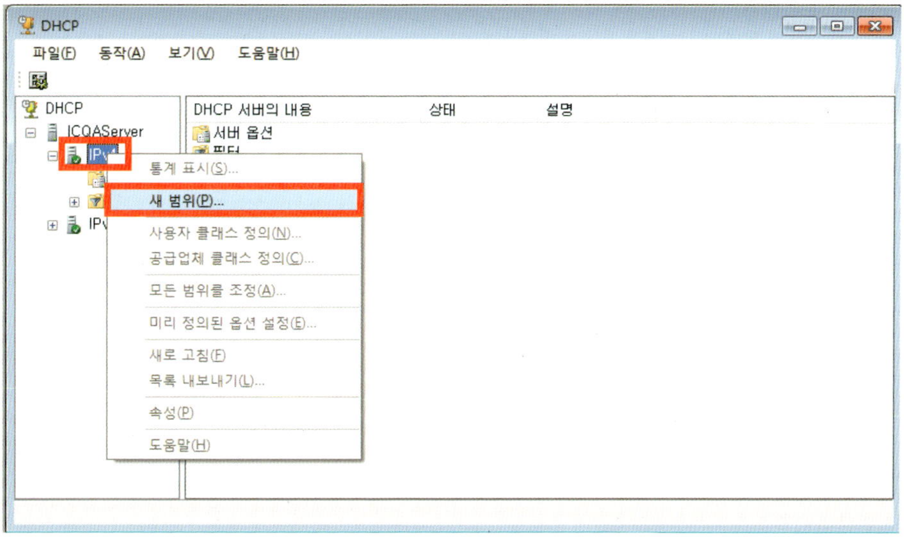

3. 다음 눌러가며 진행

이름 : ICQA

설명 : 네트워크관리사

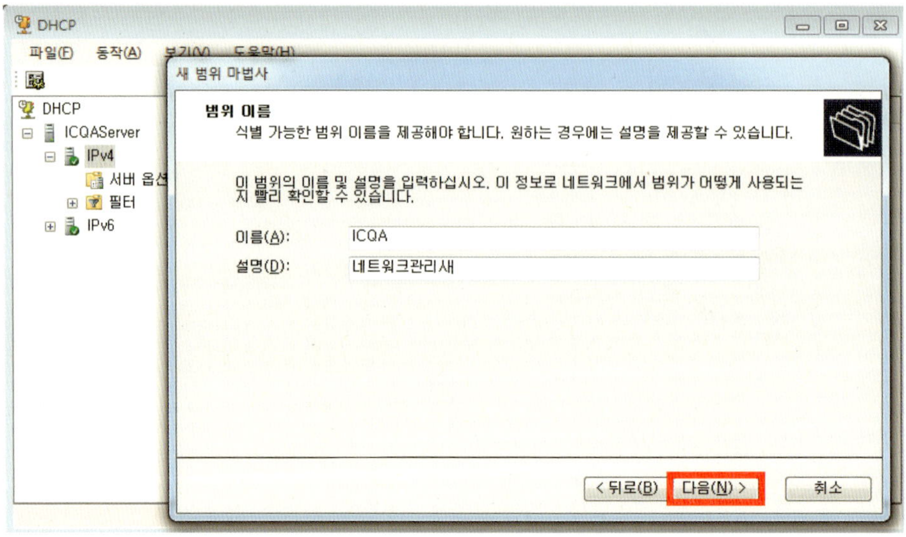

4. 다음

시작 IP 주소 : 212.121.144.1

끝 IP 주소 : 212.121.144.254

서브넷 마스크 : 255.255.255.0

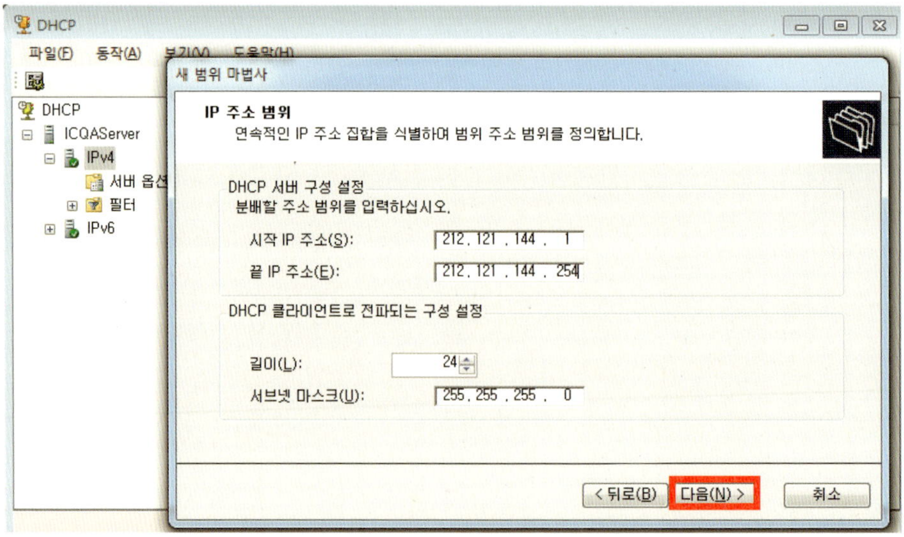

5. 다음 〈제외 주소 및 지연 추가〉

   시작 IP 주소 : 212.121.144.2

   끝 IP 주소 : 212.121.144.25

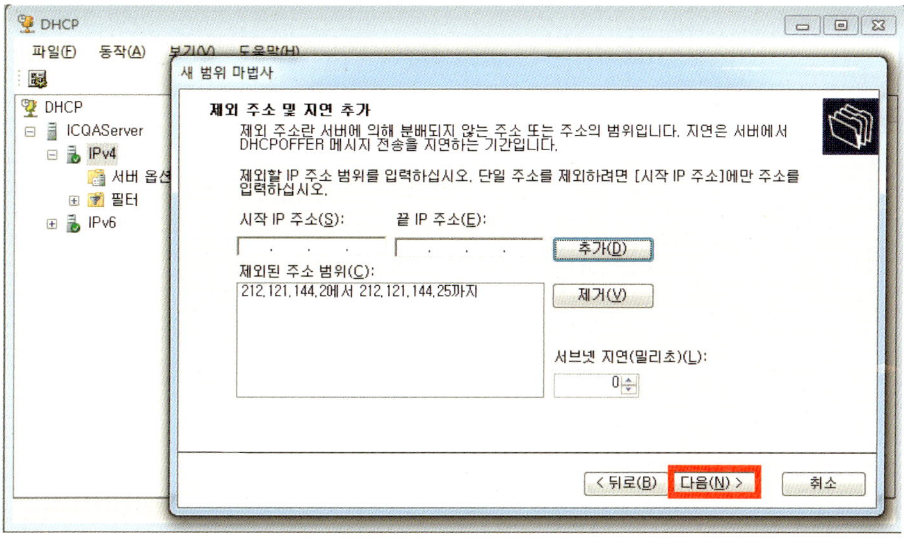

6. 다음 〈임대기간〉

   8시간 설정

   이후 다음 하며 계속 진행

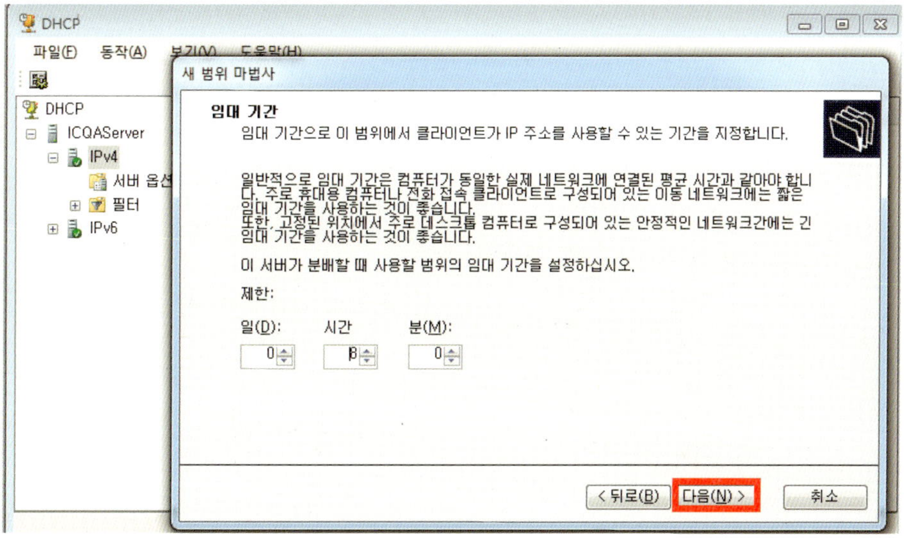

9. DNS

1) DNS 란 : 'Domain Name System'의 약자로 도메인 이름들의 위치를 알아내기 위해 IP 주소로 바꾸어주는 시스템이다.

네트워크에서 도메인이나 호스트 이름을 숫자로 된 IP 주소로 해석해주는 TCP/IP 네트워크 서비스이다.

TCP/IP 네트워크에서 사용되는 네임 서비스의 구조이다. TCP/IP 네트워크에서는 도메인이라고 하는 논리적 그룹을 계층적으로 설정할 수 있고, 그 논리적 그룹 명칭인 도메인명을 컴퓨터의 명칭(호스트명)의 일부에 포함시켜 이용하는 방법을 찾고 있다. 도메인 혹은 호스트 이름을 숫자로 된 IP 주소로 해석해 주는 TCP/IP 네트워크 서비스로서, 계층적 이름 구조를 갖는 분산형 데이터베이스로 구성되고 클라이언트·서버 모델을 사용한다.

각 컴퓨터의 이름은 마침표에 의해 구분되고 알파벳과 숫자로 구성된 세그먼트의 문자열로 구성되어 있다. 예를 들어 기관별로는 com=기업체, edu=교육기관, gov=정부기관 등으로 나누어져 있다. 국가도메인은 kr=한국, au=호주, ca=캐나다, jp=일본, tw=대만, uk=영국 등이다

2) 학습 포인트

- DNS 정방향 설정
  - 호스트 이름을 IP로 변환 한다.
- DNS 역방향 설정
  - IP 주소를 호스트 이름으로 변환 한다.

호스트 추가 설정, Serial Number, Refresh, TTL타임 등을 설정 할 수 있다.

3) 유형별 예제

예제 1

아래 〈화면〉의 설정 값을 참고하여 DNS 서버를 설정하시오.(시간 단위: 초).

제 시 문 제

```
; Database file icqa.or.kr.dns for icqa.or.kr zone
;     Zone version:   15
;
@  IN SOA ns.icqa.or.kr. admin.icqa.or.kr (
            10        ; serial number
            900       ; refresh
            600       ; retry
            54000     ; expire
            3600    ) ; minimum TTL
```

문제 해결 후 시스템 상태

· 제시문제와 같이 정상적으로 설정되어 있다.

Answer

1. DNS – 에뮬레이터 실행

2. 정방향 조회 영역 우 – 새 영역

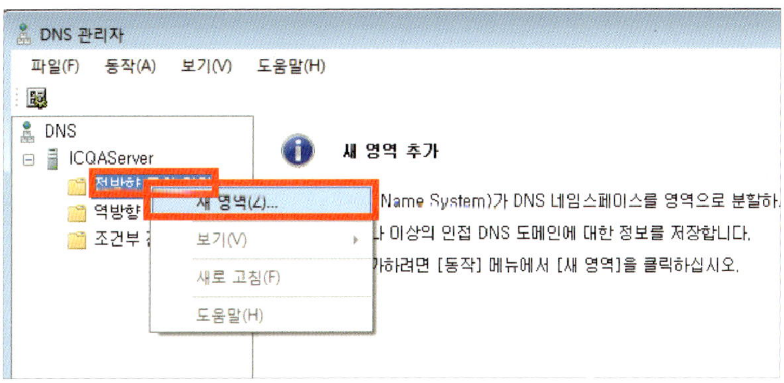

3. 다음 눌러가며 진행

   영역이름 : icqa.or.kr –마침

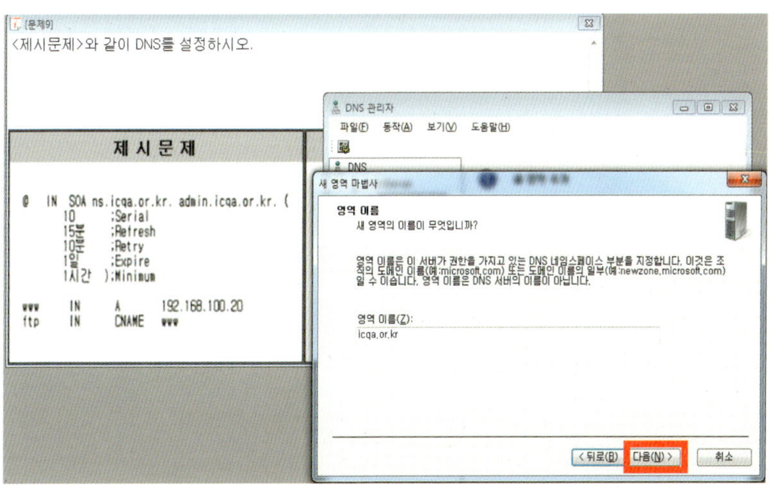

6. 왼쪽에 icqa.or.kr 우 – 속성 – SOA(권한시작)

일련번호 : 10

주서버 : ns.icqa.or.kr

책임자 : admin.icqa.or.kr

새로 고침 간격 : 900 (초)

다시 시도 간격 : 600 (초)

다음 날짜 이후에 만료 : 54000 (초)

최소(기본값) TTL : 3600(초)

– 확인

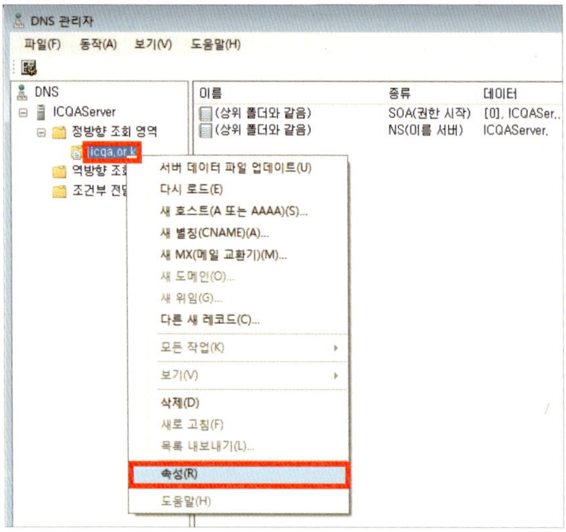

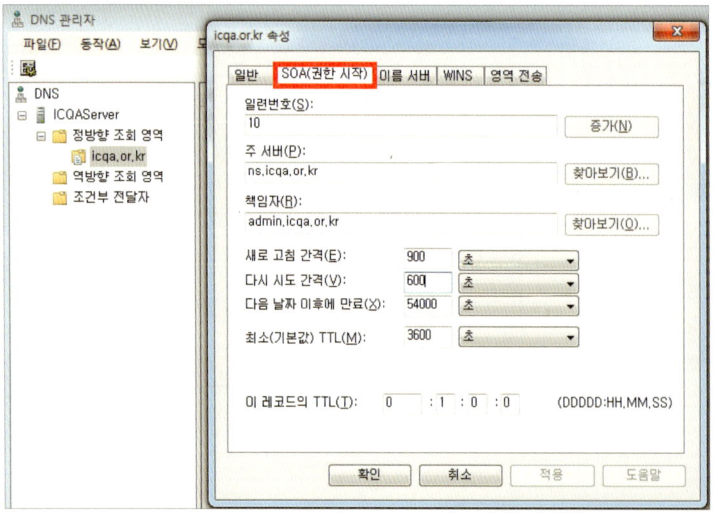

예제 2

〈제시문자〉의 설정 값을 참고하여 DNS 서버를 설정하시오.

제 시 문 제	문제 해결 후 시스템 상태
(아래 참조)	· 제시문제와 같이 정상적으로 설정되어 있다.

```
@   IN  SOA ns.icqa.or.kr. admin.icqa.or.kr. (
        10      ;Serial
        15분    ;Refresh
        10분    ;Retry
        1일     ;Expire
        1시간 );Minimum

www     IN      A       192.168.100.20
ftp     IN      CNAME   www
```

Answer

1. DNS – 에뮬레이터 실행

2. 정방향 조회 영역 우 – 새 영역

3. 다음 눌러가며 진행

   영역이름 : icqa.or.kr –마침

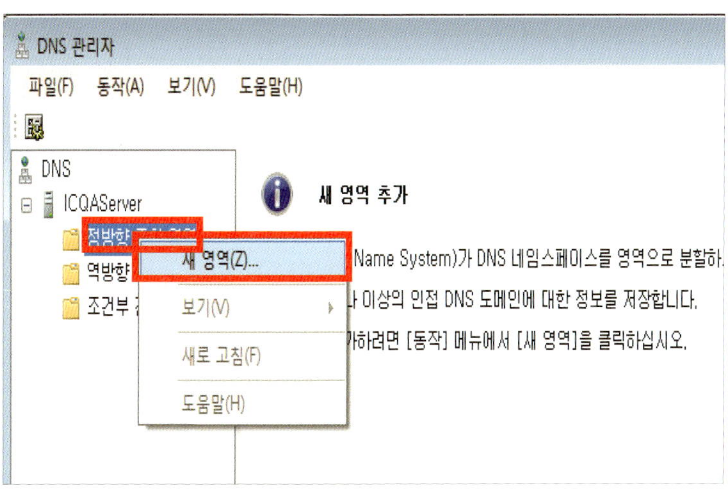

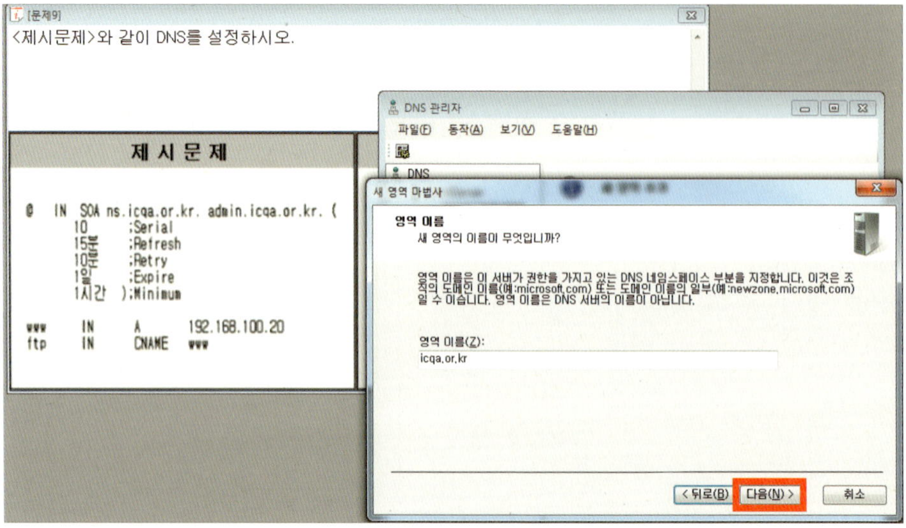

4. 왼쪽에 icqa.or.kr 우 - 속성 - SOA(권한시작)

일련번호 : 10

주서버 : ns.icqa.or.kr (ns만 써도 되긴 하는데 그냥 다 적기)

책임자 : admin.icqa.or.kr (admin만 써도 되긴 하는데 그냥 다 적기)

새로 고침 간격 : 15 (분)

다시 시도 간격 : 10 (분)

다음 날짜 이후에 만료 : 1 (일)

최소(기본값) TTL : 1 (시간)

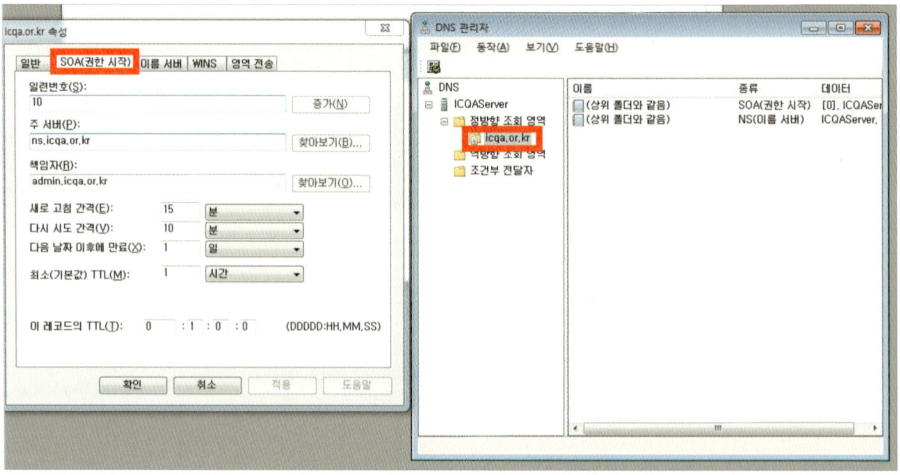

5. 왼쪽에 icqa.or.kr 우 – 새호스트(A 또는 AAAA)

이름 : www

IP 주소 : 192.168.100.20

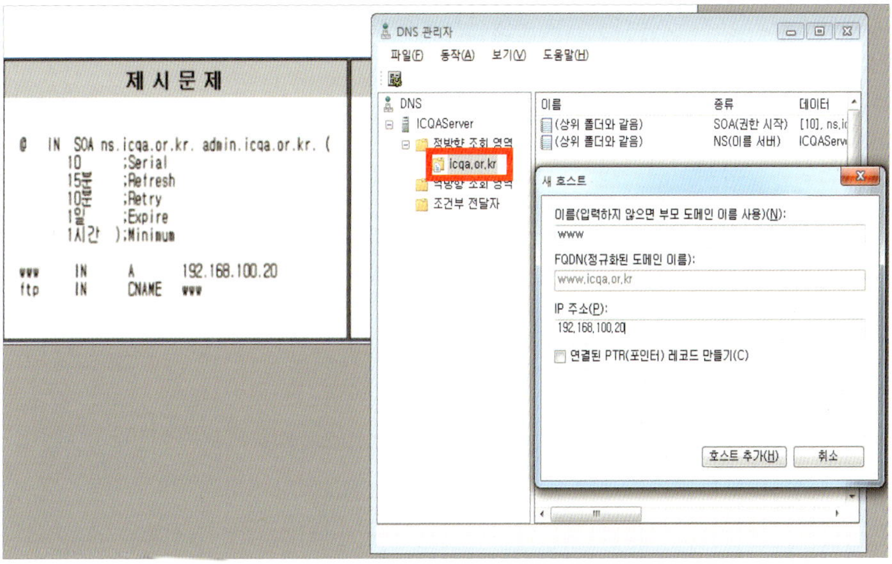

6. 왼쪽에 icqa.or.kr 우 – 새 별칭 (CNAME)

별칭 이름 : ftp

대상 호스트의 FQDN(정규화된 도메인 이름) : www – 추가

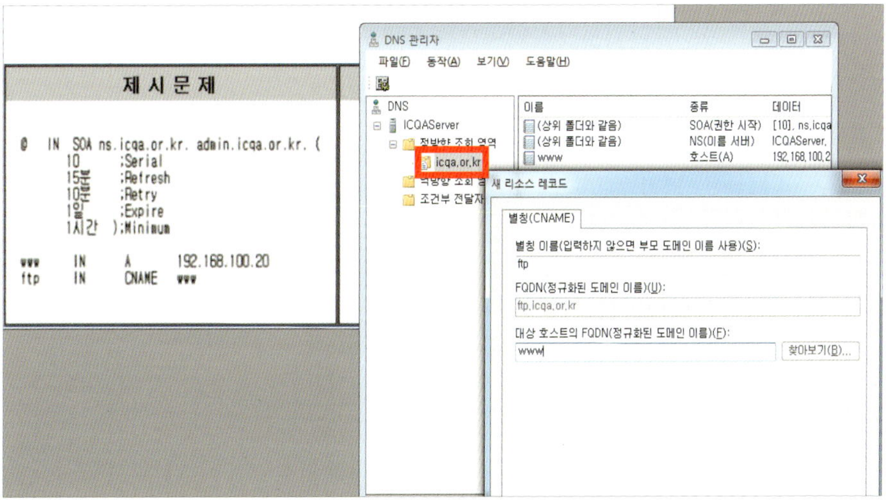

10. Hyper-V

1) Hyper-V : 이 기능은 물리적 컴퓨터 대신에 가상의 컴퓨터를 만들어서 다양한 용도로 사용할 수 있는 기능을 지원한다.

2) 학습 포인트

- 가상 컴퓨터의 이름 및 위치를 지정한다.
- 가상 컴퓨터에 메모리를 할당한다.
- 가상 컴퓨터의 네트워크 구성 및 가상 하드디스크를 연결 할 수 있다.

예제 1

〈제시문자〉와 같이 HYPER-V를 사용할 수 있도록 시스템을 설정하시오.

제 시 문 제	문제 해결 후 시스템 상태
1. 이름: ICQA 가상 컴퓨터 2. 가상컴퓨터를 다른 위치에 저장: D:₩hyper-v₩ 3. 시작 메모리: 2GB	· 제시문제와 같이 정상적으로 설정되어 있다.

Answer

1. Hyper-V - 에뮬레이터 실행

2. 동작 - 새로만들기 - 가상컴퓨터

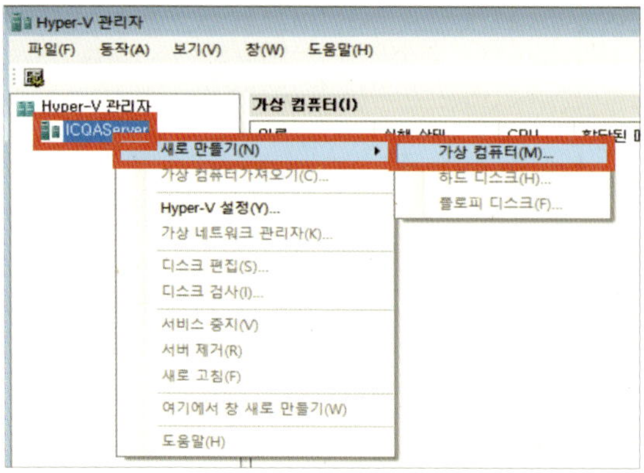

다음

이름 : ICQA 가상 컴퓨터

☑ 가상 컴퓨터를 다른 위치에 저장

위치 : D:₩hyper-v₩

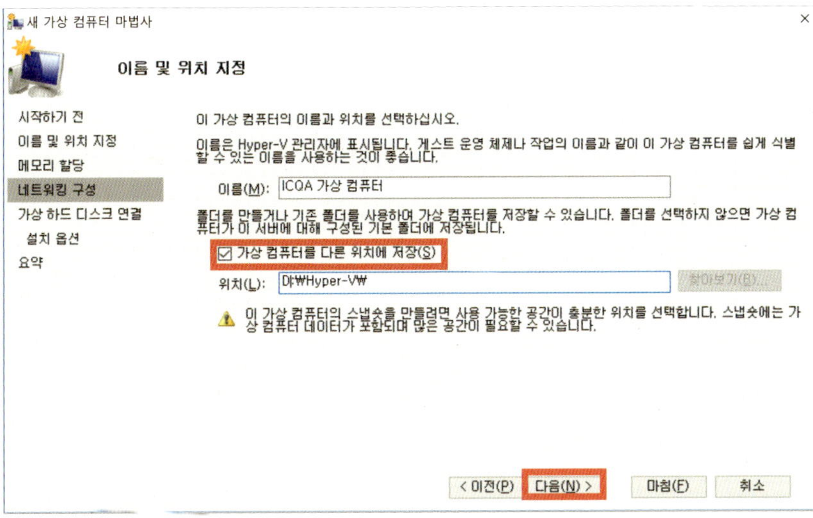

다음

메모리 2048MB (2GB→2048MB)　　– 이후 쭉 다음 누르며 진행

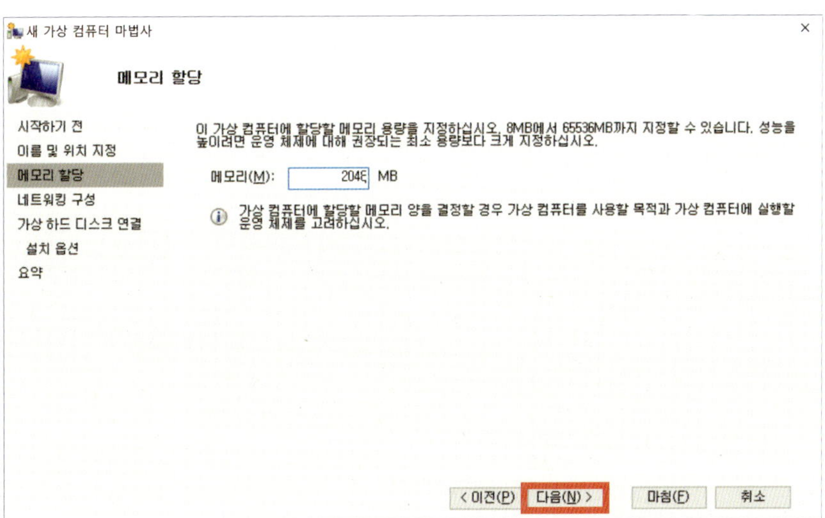

3. 오른쪽에 만들어진 '새 가상 컴퓨터' 우 - 시작 (∵ 문제- 사용할 수 있도록 !)

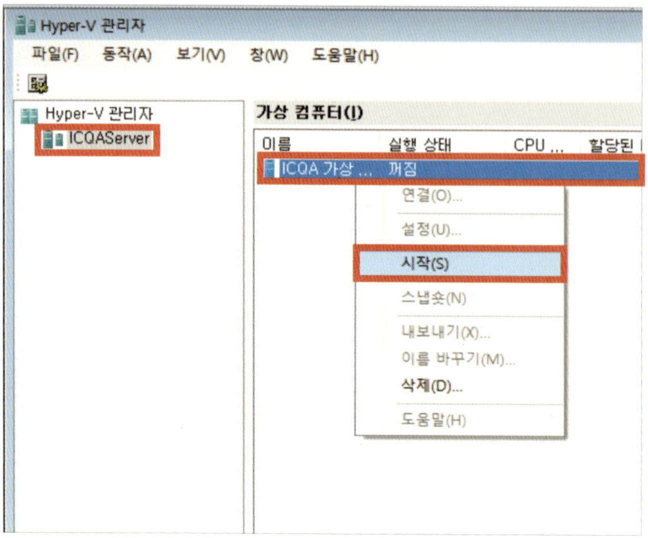

11. WINS

1) WINS : Windows Internet Name Server 의 약자로 WINS는 NetBIOS 이름을 자동으로 등록하고 IP주소로의 이름 변환에 사용되는 서비스이다.

2) 학습 포인트

- WINS 서버 구축 및 보안 설정
- WINS 서버 활성 등록 설정
- WINS 서버 복제 파트너 등록 설정
- 레코드 갱신, 소명 및 확인 속도 설정
- 데이터베이스 일관성 확인 시간 설정
- 데이터베이스 경로 등 설정

3) 유형별 예제

예제 1

WINS 서버의 데이터베이스 일관성을 5시간 마다 확인 하도록 수정하시오.(단, 각 기간에 확인할 레코드 수는 50000으로, 확인대상은 소유자 서버로 지정)

Answer

1. WINS – 에뮬레이터 실행
2. WINS에서 마우스 오른쪽 버튼 – 속성

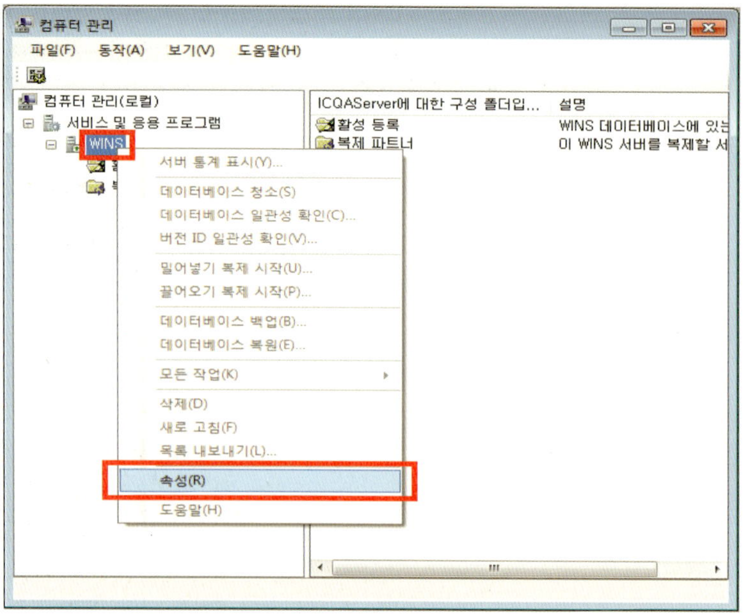

3. 데이터베이스 유효성 확인 탭 – 일관성 확인 간격 시간과 레코드수, 확인대상을 지정 한 후 – 확인

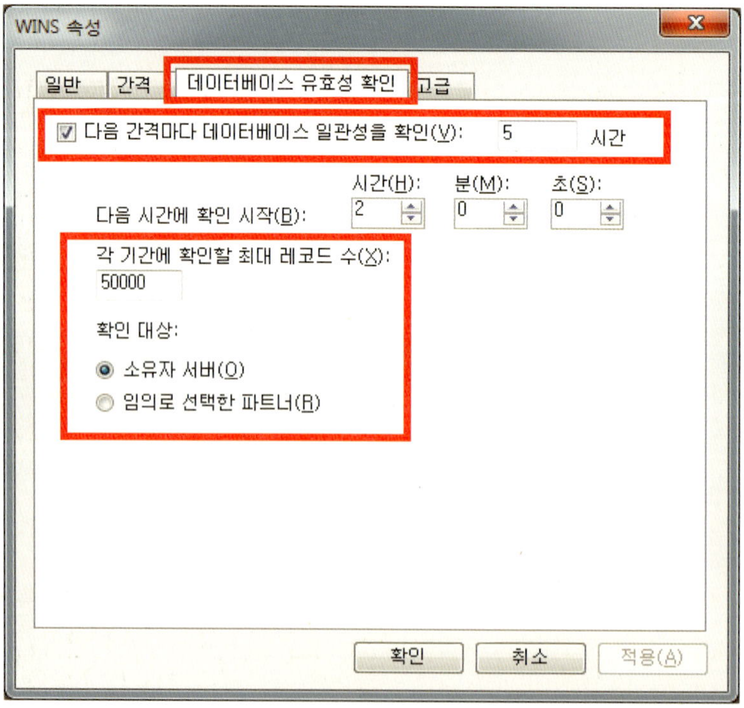

12. 공유폴더

1) 공유폴더 : 서버를 구성하고 있는 각 폴더에 대해 공유를 설정 및 중지 하는 서비스이다.

2) 학습 포인트

- 폴더에 대해 공유를 설정 할 수 있다.
- 폴더의 공유를 중지 할 수 있다.

3) 유형별 예제

예제 1

제시문제와 같이 설정하시오.

제시문제	문제 해결 후 시스템 상태
• 현재 공유되어 있는 모든 폴더를 공유 중지	• 제시문제와 같이 정상적으로 설정되어 있다.

1. 공유 폴더 - 에뮬레이터 실행

2. 공유 폴더 아래에 공유

오른쪽에 나오는 모든 폴더들 하나 하나 우 - 공유 중지

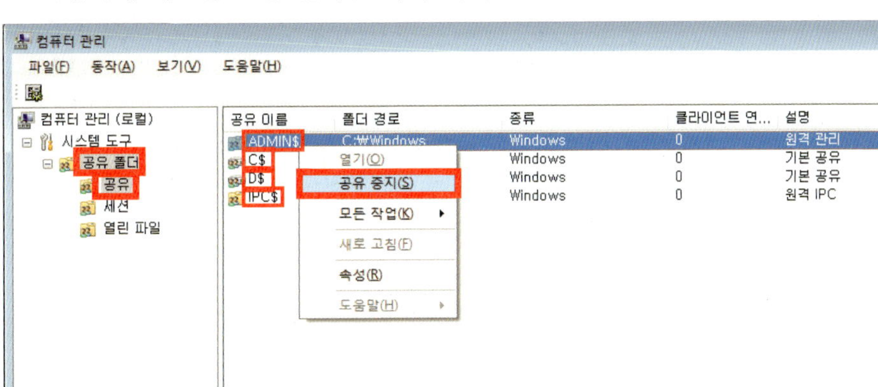

13. 디스크 매니저

1) 디스크 매니저 : 기본 디스크, 동적 디스크를 설정 및 변경 하고 볼륨 설정을 하며 디스크 확장 추가 삭제 마운트 등을 설정 한다.

2) 학습 포인트

- Windows 2008 Server의 디스크 설정
- 디스크 파티션 분할 설정
- 디스크 공간 설정
- 드라이브 문자 설정
- 볼륨 포맷 설정
- 확장 파티션 설정
- 논리 드라이브 설정
- 파티션 삭제 등

3) 유형별 예제

예제 1

아래 〈화면〉과 같이 디스크를 분할 설정하시오.

〈화면〉

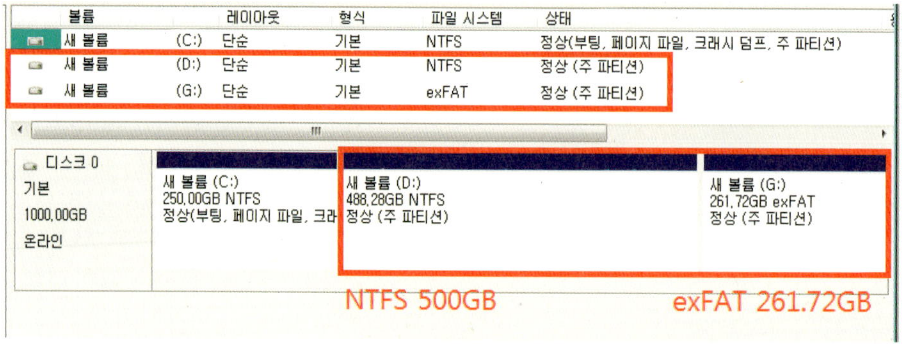

Answer

1. 디스크관리자 – 에뮬레이터 실행

2. 디스크 0의 오른쪽 할당되지 않은 파티션 영역 750GB 공간에서 마우스 우
   –새 단순 볼륨 – 다음 – 단순볼륨크기 500000 – 다음

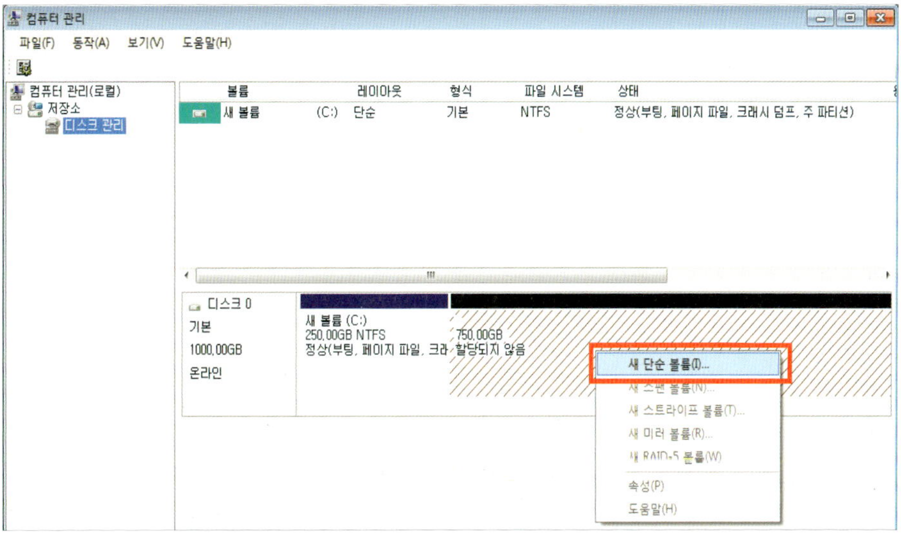

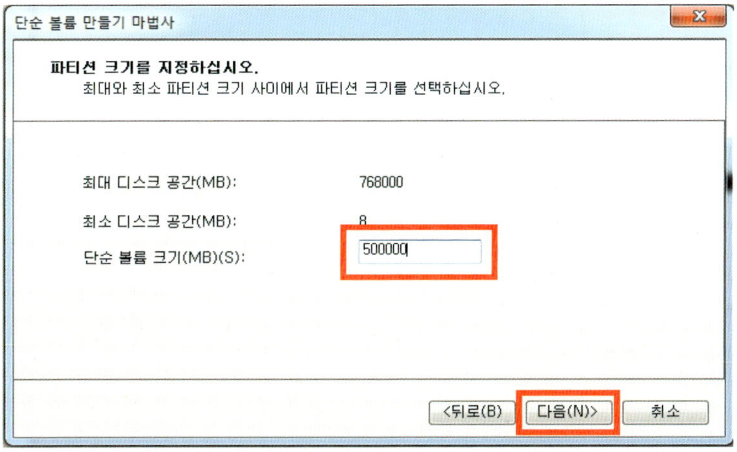

3. 드라이브 문자할당 D - 다음- 파일시스템 NTFS - 다음 - 마침

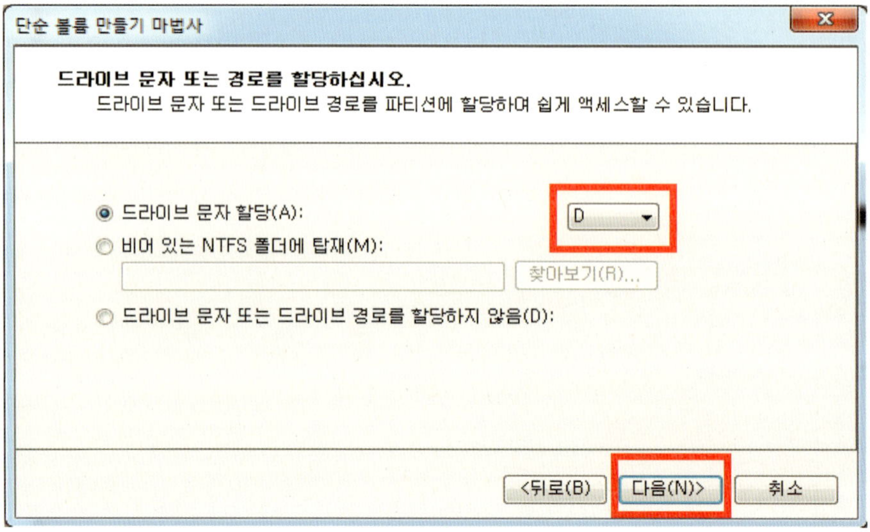

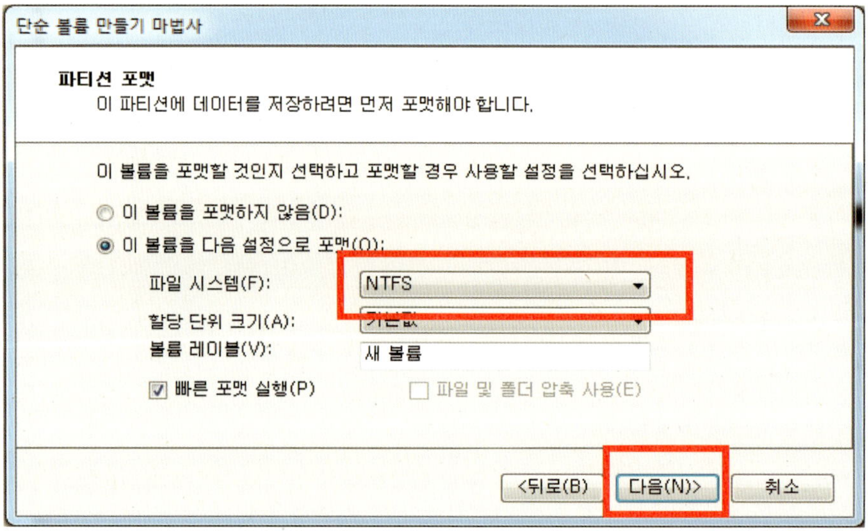

4. 디스크 0의 오른쪽 할당되지 않은 파티션 영역 261.72GB 공간에 대해서도 1~3번 과정대로 새 단순볼륨 할당 – 드라이브 문자할당 G – 다음– 파일시스템 exFAT – 다음 – 마침을 수행한다.

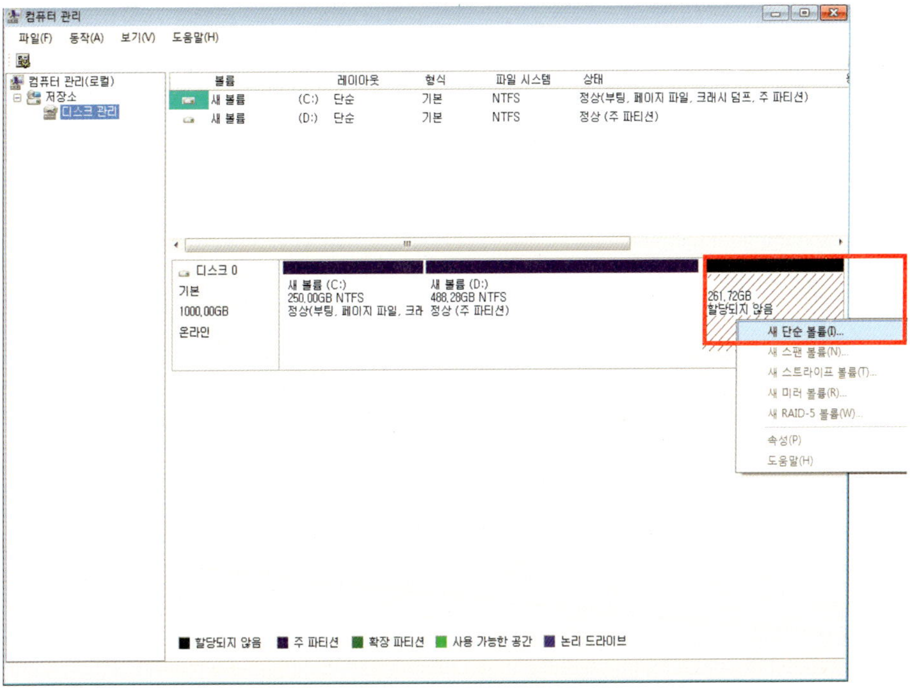

14. 라우팅 및 원격 액세스

1) 라우팅 및 원격 액세스 : 라우팅 및 원격 액세스는 개인 네트워크에 보안된 원격 액세스를 제공한다.

2) 학습 포인트

- NAT 서버 설정
- 인터넷 연결 서버 설정
- 내부, 외부 랜카드 설정
- 주소 풀 및 특수 포트 설정
- 기본 Gateway 등 예약 설정

3) 유형별 예제

예제 1

제시문제와 같은 NAT 서버를 구성하시오.
(단, 서비스 설명은 서비스 포트 추가1, 2로 각각 지정하시오.)

제 시 문 제
1.서버 IP 주소: 192.168.0.5 2.주소 풀 추가 - 시작 주소: 192.168.0.10 - 마스크 값: 255.255.255.0 - 끝 주소: 192.168.0.123 3.NAT서버의 공인NIC의 - TCP 80번 포트로 들어오는 패킷은 192.168.0.100의 80번으로 - UDP 20번 포트로 들어오는 패킷은 192.168.0.100의 20번으로 포워딩

Answer

1. 라우터 및 원격 액세스 – 에뮬레이터 실행

2. 왼쪽 ICQAServer 우 – 라우팅 및 원격 액세스 구성 및 사용

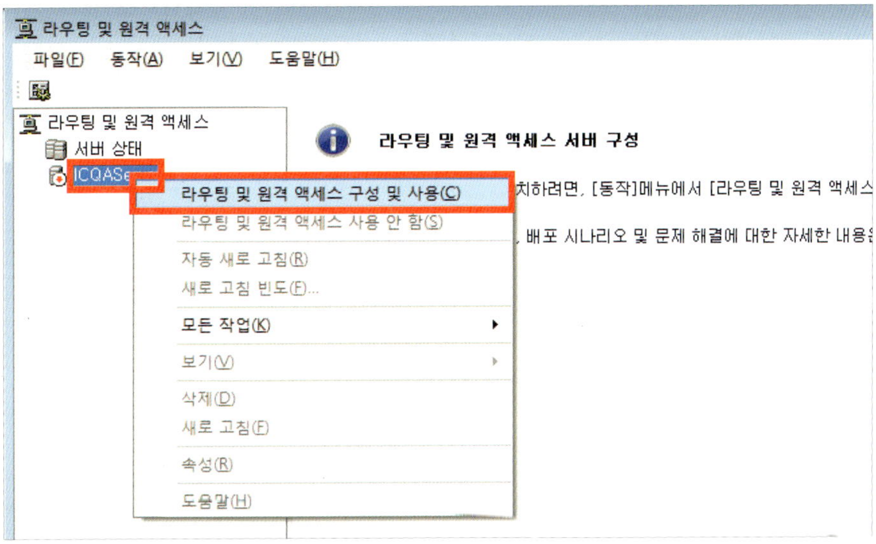

3. 다음 – ⊙ NAT – 이후 다음 후 마침

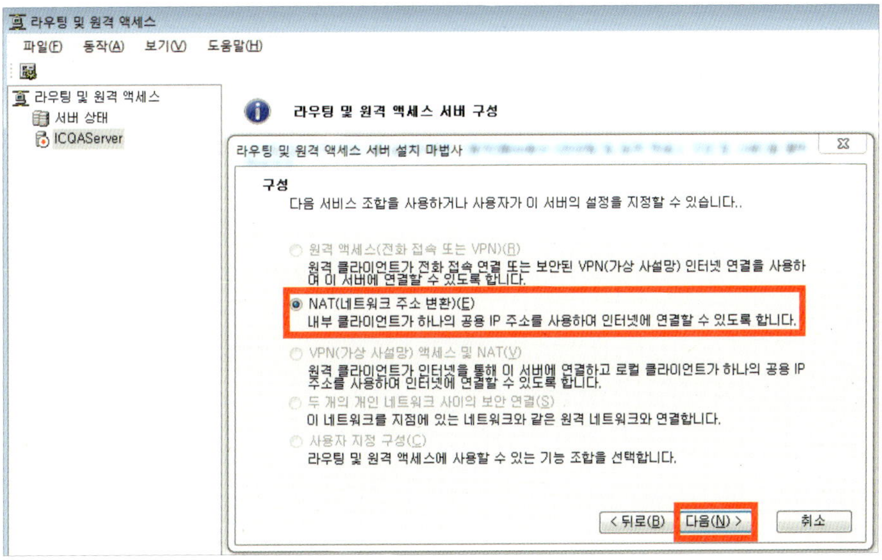

4. 왼쪽 NAT – 내부 우 – 속성 – 주소 풀 – 추가

시작 주소 : 192.168.0.10

마스크 : 255.255.255.0

끝 주소 : 192.168.0.123

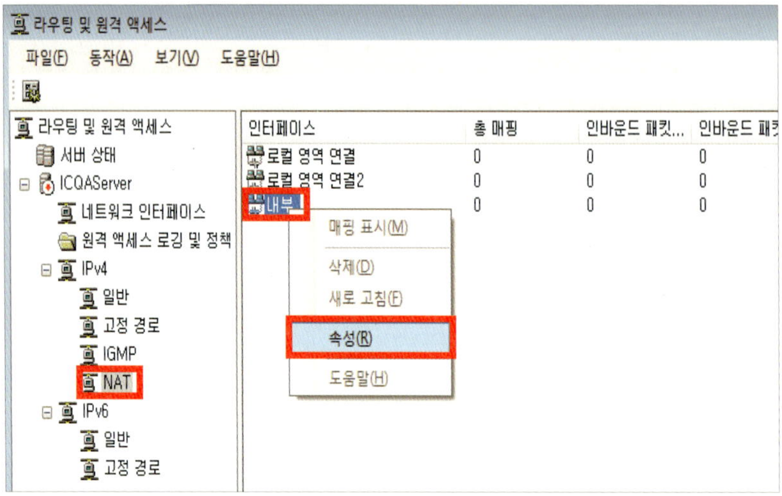

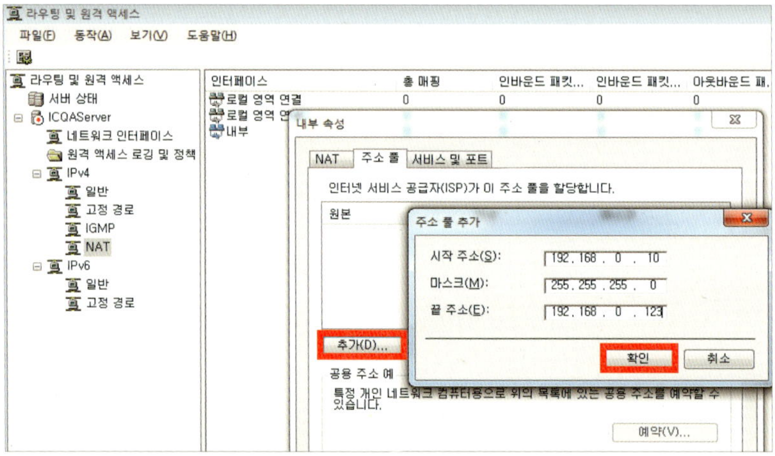

5. 서비스 및 포트 – 추가

서비스 설명 : 서비스 포트 추가1

프로토콜 ⊙TCP

들어오는 포트 : 80

개인주소 : 192.168.0.100

나가는 포트 : 80 –확인

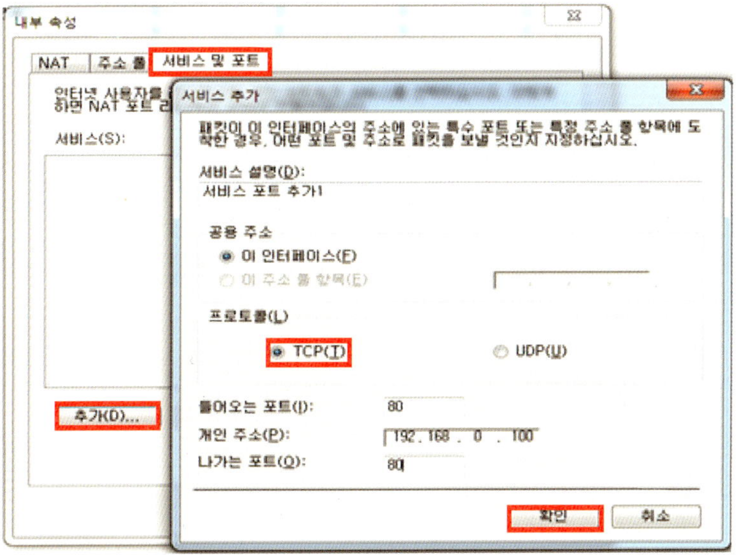

6. 서비스 및 포트 – 추가

시비스 설명 : 서비스 포트 추가2

프로토콜 ⊙UDP

들어오는 포트 : 20

개인주소 : 192.168.0.100

나가는 포트 : 20 –확인

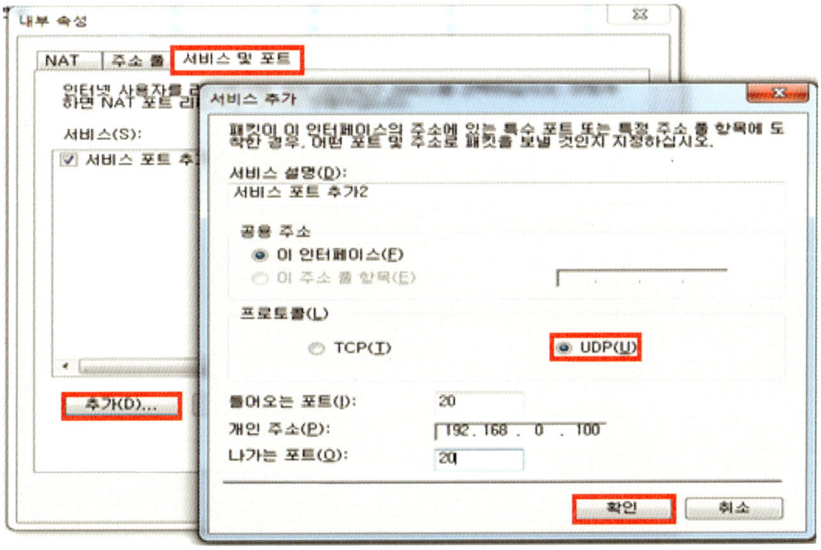

15. 로컬 보안 정책

1) 로컬 보안 정책 : 암호 정책 계정잠금 정책 감사 정책 사용자 권한 할당 보안설정 등을 설정한다.

2) 학습 포인트

- 암호 정책
  - 도메인 내의 모든 사용자에 대해 해독 가능한 암호화를 사용하여 암호 저장
  - 암호는 복잡성을 만족해야 함
  - 최근 암호 기억
  - 최대 암호 사용 기간
  - 최소 암호 길이
  - 최소 암호 사용 기간
- 계정 잠금 정책

  계정 잠금 정책은 시스템에 불법적인 침입을 막기 위해 설정하는 기능으로 사용자가 로그인 과정에서 설정된 회수만큼 실패를 하게 될 경우 시스템에서는 이러한 사용자를 불법적인 사용자로 판단하고 해당 계정을 사용하지 못하도록 한다.
  - 계정 잠금 기간
  - 계정 잠금 임계값
  - 다음 시간 후 계정 잠금 수를 원래대로 설정
- 감사 정책

  시스템에 발생하는 이벤트들을 이벤트 표시기에 기록을 남길 수 있도록 설정한다. 이러한 감사 정책에서도 성공, 실패 감사가 있다.
- 사용자 권한 할당

  먼저 부여하고자 하는 권한을 선택한 후, 마우스 오른쪽 버튼을 클릭하여 나타난 메뉴에서 보안을 선택한다.

  보안을 선택하면 설정 창이 나타난다.

  여기서 추가를 선택해 권한을 할당받을 사용자 또는 그룹을 선택한다.
- 보안 설정

  사용자의 로그온 환경 및 시스템의 보안에 관련된 설정을 하게 된다.

3) 유형별 예제

예제 1

제시문자와 같이 설정하시오.

제 시 문 제	문제 해결 후 시스템 상태
1. 암호는 복잡성을 만족 2. 최대 암호사용기간: 90일 3. 로컬사용자가 로그 온 인증시도는 네 번까지 가능하며, 이후 네 번 인증을 실패한 계정에 대해 1시간 30분 동안 잠금 상태를 유지하도록 설정	·제시문제와 같이 정상적으로 설정되어 있다.

1. 로컬보안정책 – 에뮬레이터 실행

2. 암호정책

암호는 복잡성을 만족해야함 더블클릭 – ⊙사용 – 확인

최대 암호 사용 기간 더블클릭 – 90일 – 확인

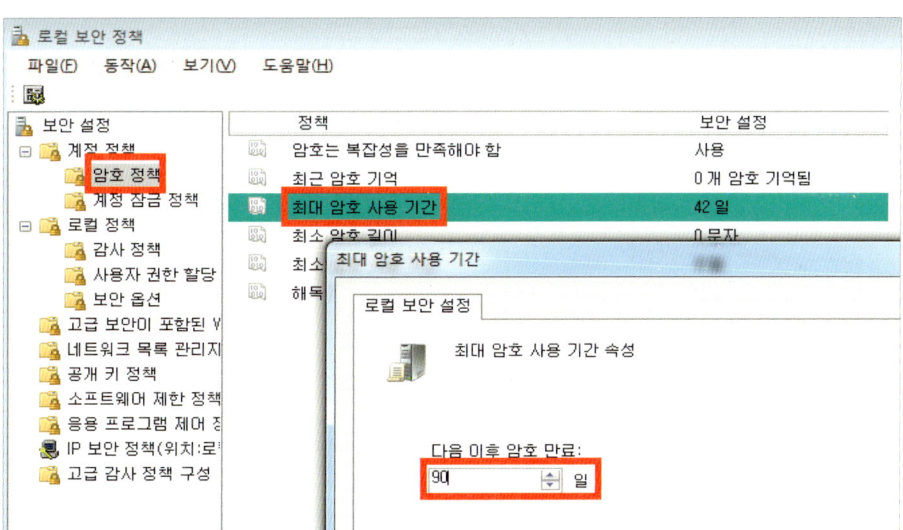

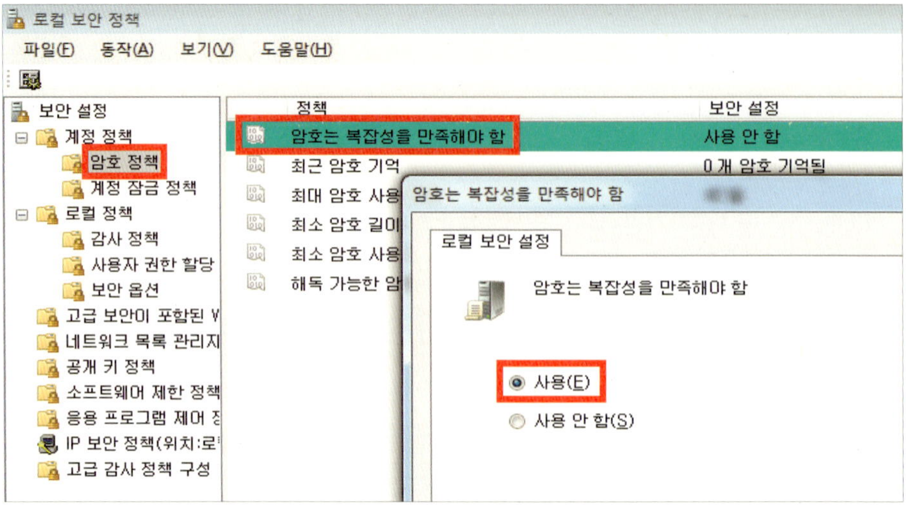

3. 📁 계정 잠금 정책

계정 잠금 임계값 더블클릭 – 4번 – 확인

계정 잠금 기간 더블클릭 – 90분 – 확인

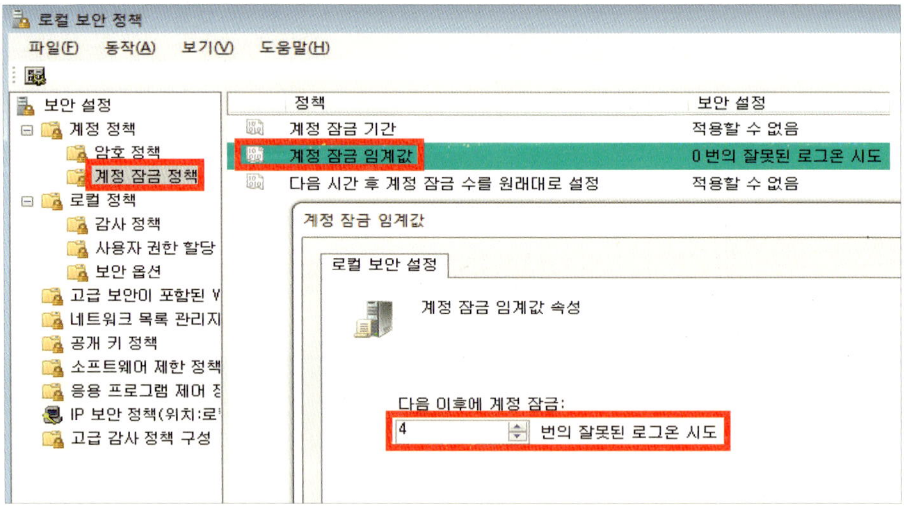

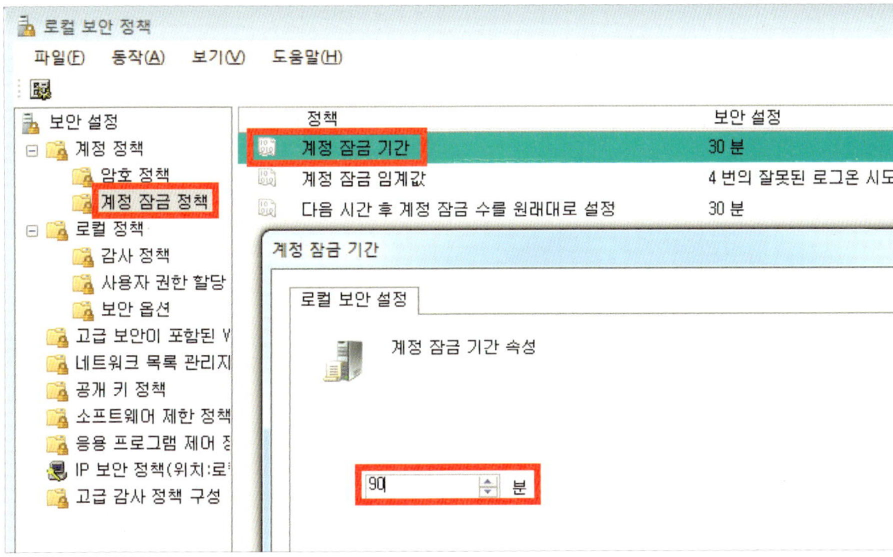

예제 2

Windows 2008 Server 로그온 시 〈화면〉과 같이 메시지가 출력되도록 로컬보안정책을 설정하시오.

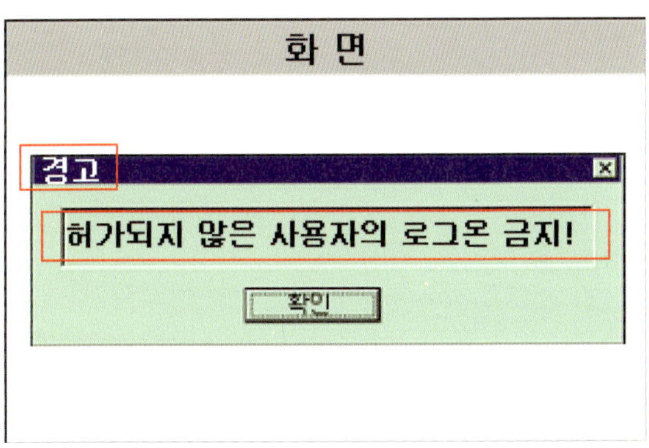

1. 로컬보안정책 – 에뮬레이터 실행
2. 로컬정책 아래에 보안 옵션
   대화형 로그온: 로그온을 시도하는 사용자에 대한 메시지 제목 : 경고
   대화형 로그온: 로그온을 시도하는 사용자에 대한 메시지 텍스트 : 허가되지 않은 사용자의 로그온 금지!

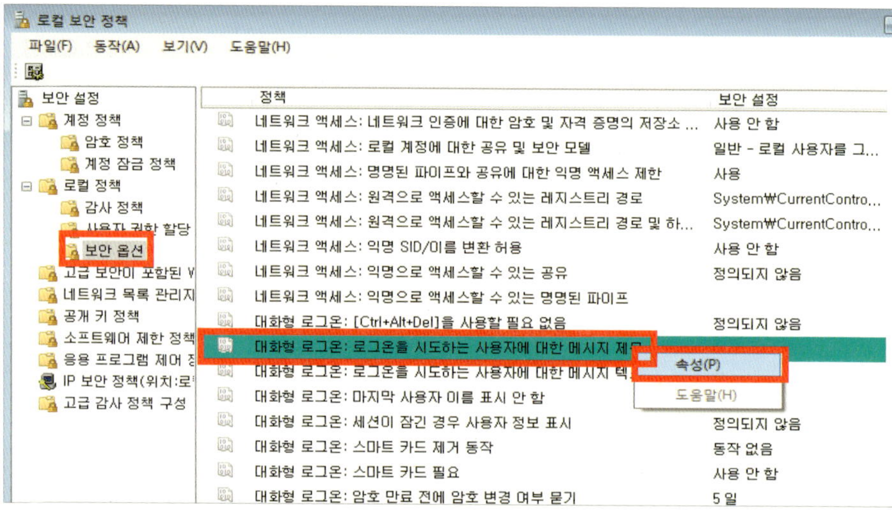
로컬 보안 정책
파일(F) 동작(A) 보기(V) 도움말(H)
보안 설정
계정 정책
암호 정책
계정 잠금 정책
로컬 정책
감사 정책
사용자 권한 할당
보안 옵션
고급 보안이 포함된 W
네트워크 목록 관리자
공개 키 정책
소프트웨어 제한 정책
응용 프로그램 제어 정
IP 보안 정책(위치:로
고급 감사 정책 구성
정책
보안 설정
네트워크 액세스: 네트워크 인증에 대한 암호 및 자격 증명의 저장소 ...
사용 안 함
네트워크 액세스: 로컬 계정에 대한 공유 및 보안 모델
일반 - 로컬 사용자를 그...
네트워크 액세스: 명명된 파이프와 공유에 대한 익명 액세스 제한
사용
네트워크 액세스: 원격으로 액세스할 수 있는 레지스트리 경로
System₩CurrentContro...
네트워크 액세스: 원격으로 액세스할 수 있는 레지스트리 경로 및 하...
System₩CurrentContro...
네트워크 액세스: 익명 SID/이름 변환 허용
사용 안 함
네트워크 액세스: 익명으로 액세스할 수 있는 공유
정의되지 않음
네트워크 액세스: 익명으로 액세스할 수 있는 명명된 파이프
대화형 로그온: [Ctrl+Alt+Del]을 사용할 필요 없음
정의되지 않음
대화형 로그온: 로그온을 시도하는 사용자에 대한 메시지 제목
속성(P)
도움말(H)
대화형 로그온: 마지막 사용자 이름 표시 안 함
대화형 로그온: 세션이 잠긴 경우 사용자 정보 표시
정의되지 않음
대화형 로그온: 스마트 카드 제거 동작
동작 없음
대화형 로그온: 스마트 카드 필요
사용 안 함
대화형 로그온: 암호 만료 전에 암호 변경 여부 묻기
5 일

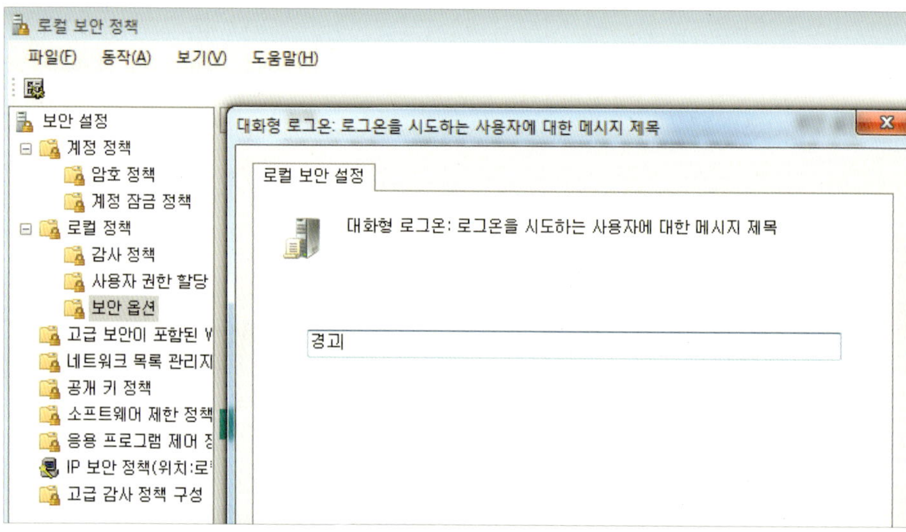
로컬 보안 정책
파일(F) 동작(A) 보기(V) 도움말(H)
대화형 로그온: 로그온을 시도하는 사용자에 대한 메시지 제목
로컬 보안 설정
대화형 로그온: 로그온을 시도하는 사용자에 대한 메시지 제목
경고

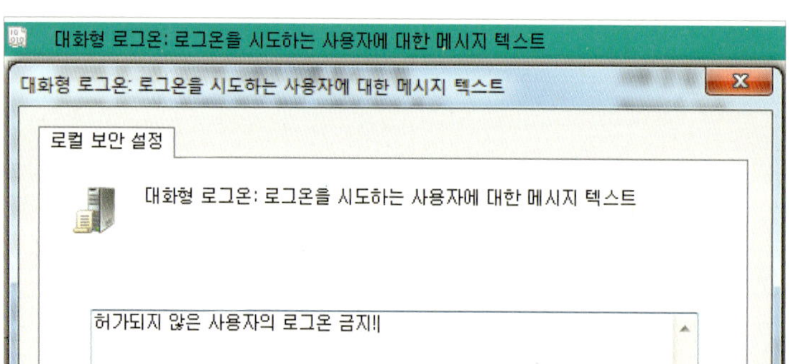
대화형 로그온: 로그온을 시도하는 사용자에 대한 메시지 텍스트
로컬 보안 설정
허가되지 않은 사용자의 로그온 금지!!

예제 3

로그온을 하기위해 Ctrl+Alt+Delete를 눌렀을 때, 〈화면1〉과 같이 전 사용자의 ID (예 : Administrator)가 나타난다. 〈화면2〉와 같이 전 사용자의 ID가 나타나지 않도록 로컬 보안을 설정하시오.

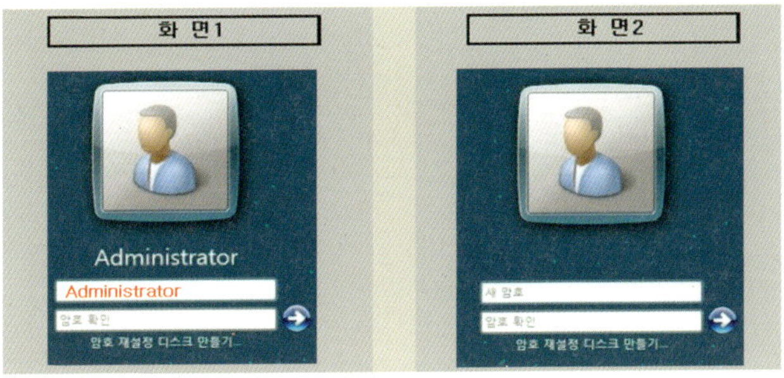

Answer

1. 로컬보안정책 – 에뮬레이너 실행

2. 로컬정책 아래에 보안 옵션

대화형 로그온 : 마지막 사용자 이름 표시 안함 더블클릭 – ◉사용 체크 후 – 확인

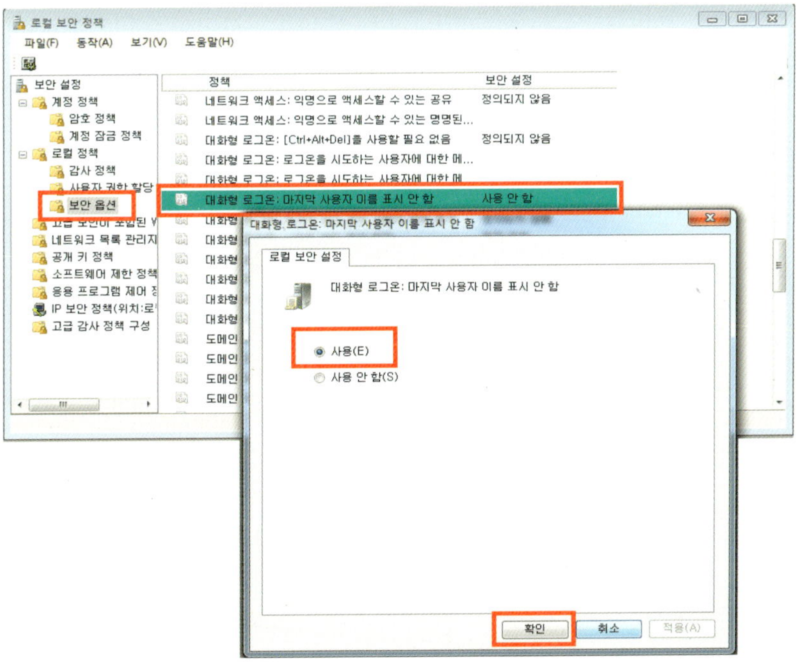

16. 로컬 사용자 및 그룹

1) 로컬 사용자 및 그룹 : 사용자 계정 생성하고 사용자 그룹 추가 설정 할 수 있다. 홈 폴더 및 옵션 설정 할 수 있다.

2) 학습 포인트

• 사용자 계정 생성
- 사용자 이름 : ID에 해당한다.
- 전체 이름 : Full Name 에 해당한다.
- 설명 : 설명을 입력한다.
- 암호 : 암호를 입력한다.
- 암호 확인 : 암호를 확인한다.

• 다음 로그온 할 때 반드시 암호 변경
- 사용자가 처음으로 로그온 할 때 패스워드를 바꾸게 함으로써 자신의 패스워드를 스스로 관리하게 된다.

• 암호 변경 할 수 없음
- 사용자 계정 패스워드를 관리자가 관리하려고 할 때 사용한다.

• 암호 사용 기간 제한 없음
- 응용 프로그램 서비스를 구성하는 사용자계정이나 Guest 계정과 같은 암호를 변경하지 않고자 하는 계정에 사용한다.

• 계정사용안함
- 사용자계정을 사용하지 못하도록 비활성 시킨다.

• 사용자 그룹 추가 설정
- 소속 그룹 : 사용자의 그룹 계정을 설정한다.

• 홈 폴더 및 옵션 설정
- 홈 폴더는 사용자의 개인 프로그램이나 데이터를 저장하기 위한 일관성 있는 위치를 제공 하는 네트워크상의 공유 폴더이다.
- 프로필 탭에서 설정하며 로컬 경로에 전체경로를 입력한다.

3) 유형별 예제

예제 1

〈제시문자〉와 같이 계정을 추가 설정하시오.

제 시 문 제	문제 해결 후 시스템 상태
1.ID: subadmin ...[대소문자 구분] 2.Password: adm97 ...[대소문자 구분] 3.전체 이름: 보조관리자 4.암호 변경할 수 없음 5.Administrators 그룹에만 소속	·제시문제와 같이 정상적으로 설정되어 있다.

Answer

1. 로컬 사용자 및 그룹 (Windows Server) – 에뮬레이터 실행

2. 사용자 우 – 새 사용자

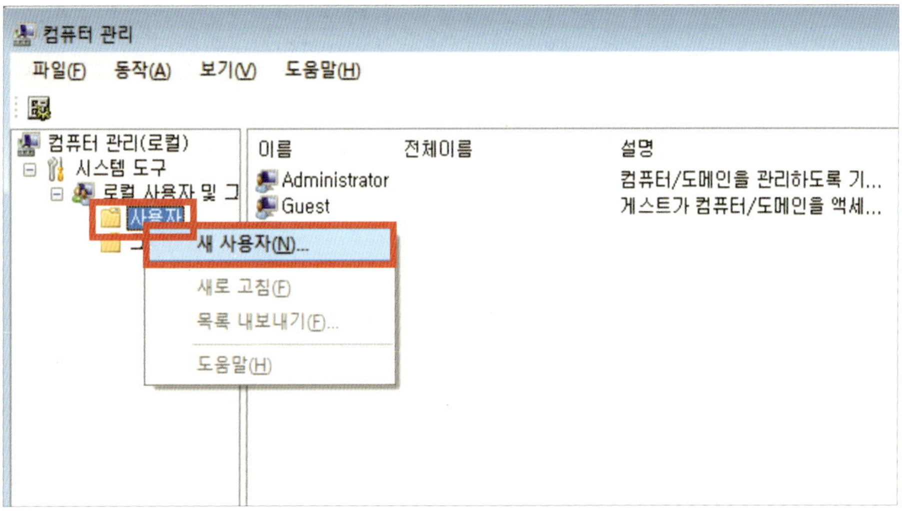

사용자 이름 : subadmin

전체 이름 : 보조관리자

새 암호 : adm97

암호확인 : adm97

☒ 체크 해제 : 다음 로그온시 사용자가 반드시 암호를 변경해야 합니다.(M)

☑ 사용자가 암호를 변경할 수 없음 - 만들기(E)

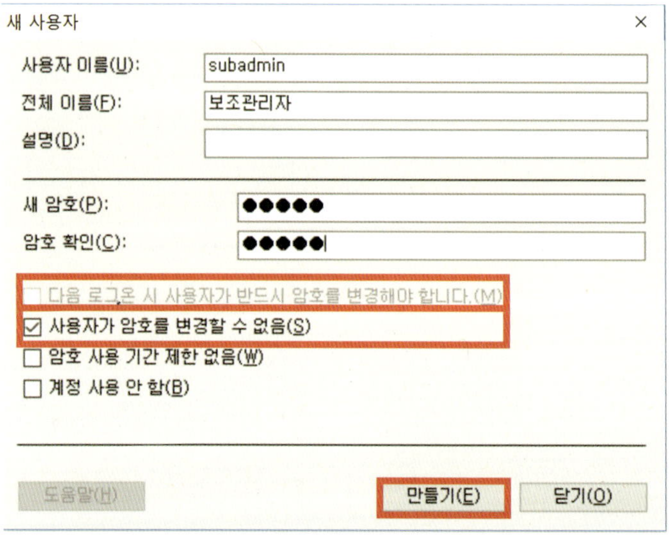

3. 만들어진 subadmin 우 - 속성

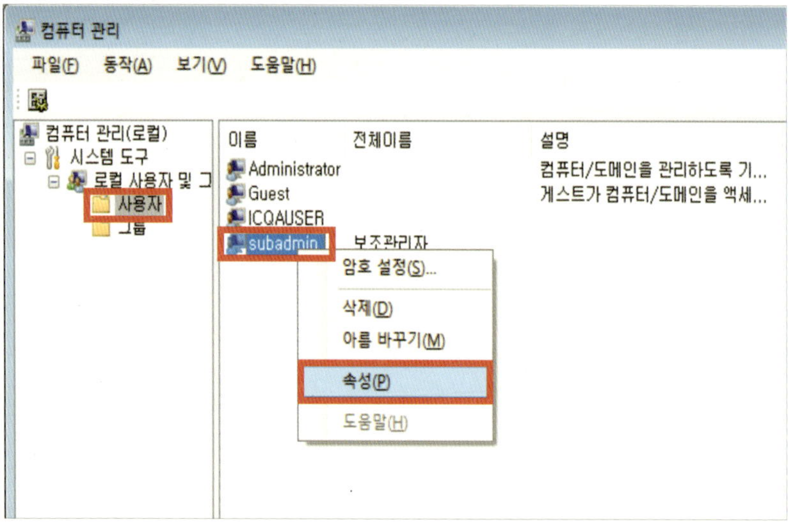

4. 소속 그룹 – 추가 – 지금 찾기(N) – Administrators 선택 후 확인

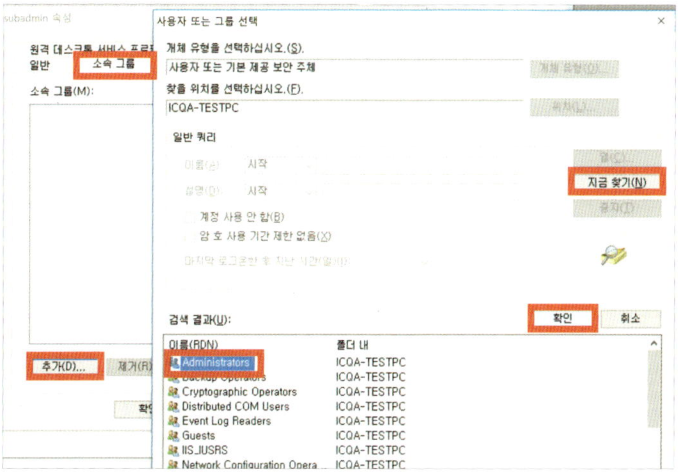

예제 2

〈제시문제〉와 같이 계정을 추가 설정하시오.

제 시 문 제	문제 해결 후 시스템 상태
1.ID: Network 2.전체 이름: 한국정보통신자격협회 3.설명: 네트워크관리사 4.암호 변경할 수 없음 5.암호 사용기간 제한 없음 6.암호: icqa (대/소문자 구분)	·제시문제와 같이 정상적으로 설정되어 있다.

Answer

1. 로컬 사용자 및 그룹 (Windows Server) – 에뮬레이터 실행

2. 사용자 우 – 새 사용자

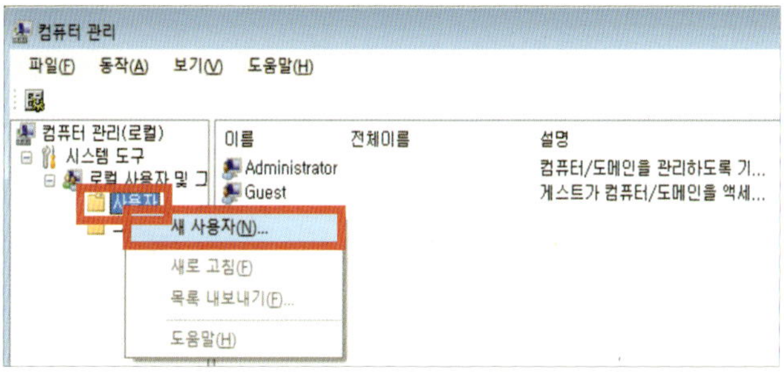

사용자 이름 : Network

전체 이름 : 한국정보통신자격협회

설명 : 네트워크관리사

☒ 체크 해제 : 다음 로그온시 사용자가 반드시 암호를 변경해야 합니다.(M)

☑ 사용자가 암호를 변경할 수 없음

☑ 암호 사용제한 없음 — 만들기(E)

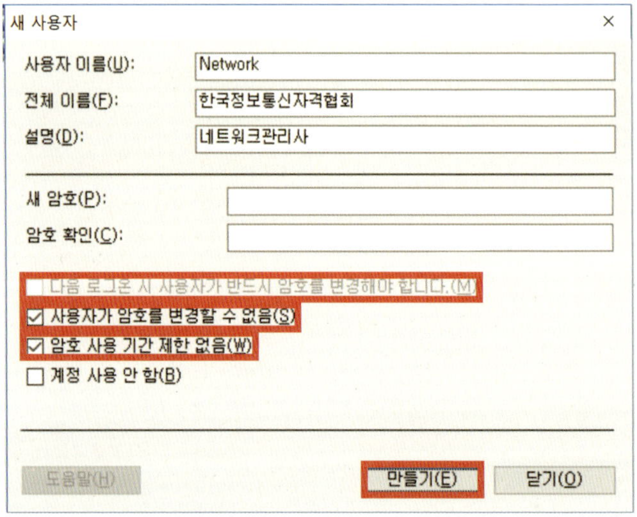

17. 서비스 관리자

1) 서비스 관리자 : 컴퓨터에 설치된 모든 서비스나 응용프로그램의 등록정보를 보거나 설정 할 수 있다.

2) 학습 포인트

- DHCP, DNS, FTP, Messenger 서비스 시작 유형 및 상태 설정을 한다.
- SMTP, SNMP, TCP/IP 서비스 시작 유형 및 상태 설정을 한다.
- Terminal, Windows Installer 서비스 시작 유형 및 상태 설정을 한다.
- Windows Internet Media 서비스 시작 유형 및 상태 설정을 한다.

3) 유형별 예제

예제 1

〈제시문자〉와 같이 서비스를 설정하시오.

제 시 문 제	문제 해결 후 시스템 상태
· IP주소를 자동으로 할당 받지 못하고 있다. IP 주소를 자동으로 할당 받을 수 있도록 시작유형을 "자동"으로 서비스상태를 "시작"으로 설정하시오.	· 제시문제와 같이 정상적으로 설정되어 있다.

Answer

1. 서비스관리자(Windows Server) - 에뮬레이터 실행

2. DHCP Client 찾아서 우 -속성

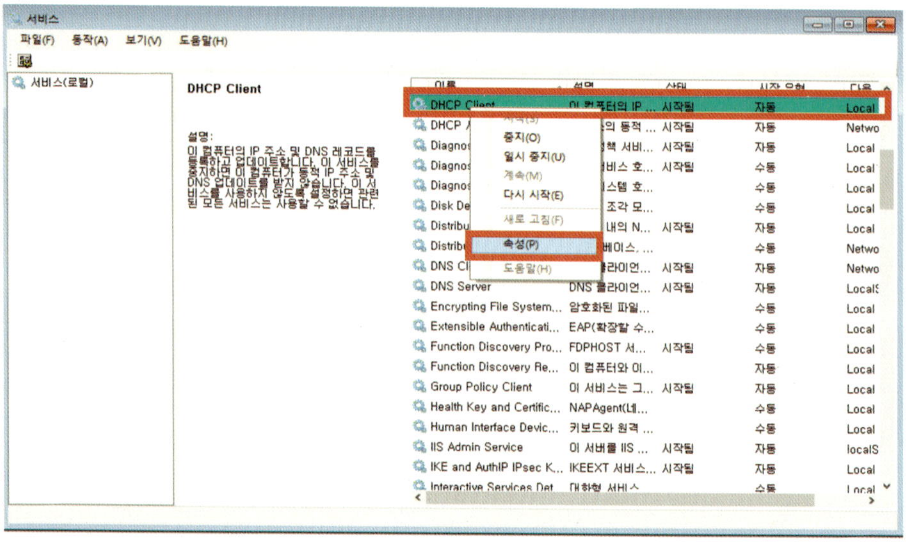

시작유형 : 자동

서비스상태 : 시작 – 확인

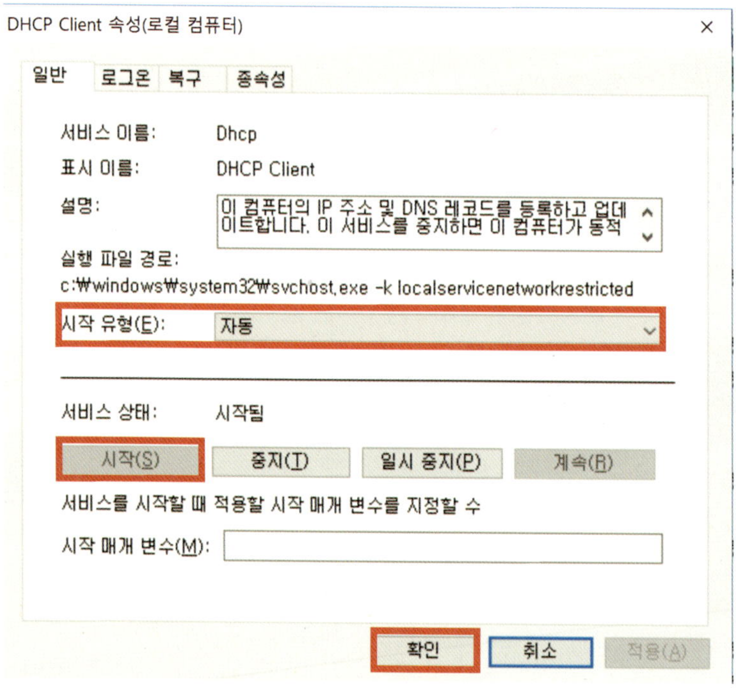

예제 2

〈제시문자〉와 같이 서비스를 설정하시오.

제 시 문 제	문제 해결 후 시스템 상태
8 1.DNS Server 시작유형: 자동 2.DNS Server 상태: 시작됨	·제시문제와 같이 정상적으로 설정되어 있다.

Answer

1. 서비스관리자(Windows Server) – 에뮬레이터 실행
2. DNS Server 찾아서 우 –속성

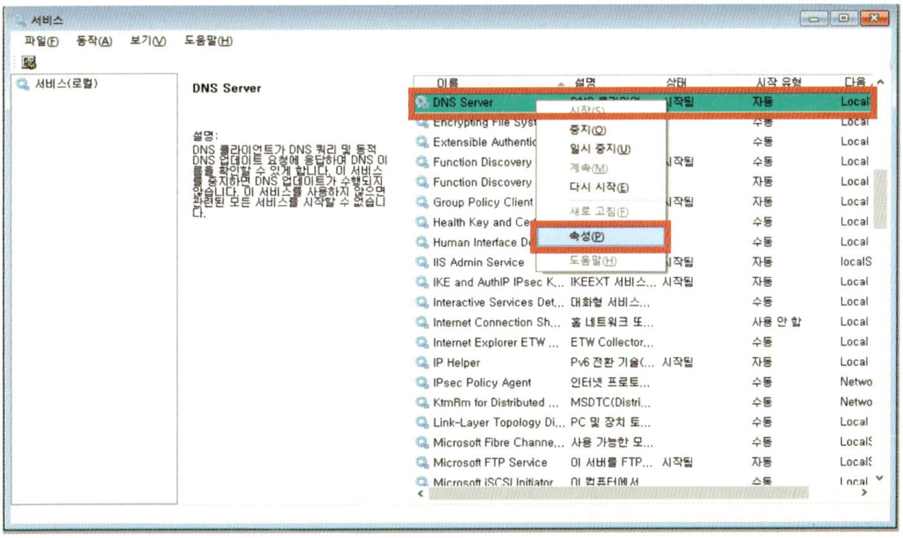

시작유형 : 자동

서비스상태 : 시작 - 확인

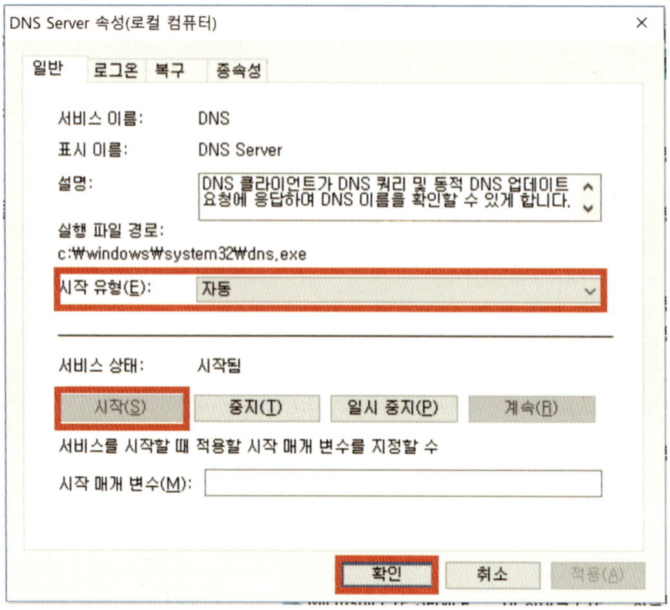

18. 이벤트 관리자

1) 이벤트 관리자 : 이벤트 관리자의 이벤트 뷰어를 통하여 Windows 로그, 응용프로그램 및 서비스 로그, 구독 등에 대한 이벤트 기록에 접근 할 수 있다. 로그 필터링 기능을 이용하여 위험, 경고, 자세히, 오류, 정보 등의 이벤트 수준과 로그 기간을 지정할 수 있고 작업의 범주, 키워드, 사용자, 컴퓨터 등을 지정할 수 있다.

2) 학습 포인트

- 응용프로그램, 보안, Setup, 시스템, Forwarded Events와 같은 Windows 로그에 대한 이벤트 수준을 설정하고 기록을 검토 할 수 있다.
- 응용프로그램 및 서비스 로그에 대한 이벤트 수준을 설정하고 기록을 검토 할 수 있다.

예제 1

〈화면〉과 같이 응용프로그램 로그가 "정보"와 관련된 이벤트만 기록되고 있다. 응용프로그램 로그가 "오류"와 "경고" 이벤트에 관련된 로그만 기록하도록 설정하시오.

제 시 문 제

수준	날짜 및 시간	원본	이벤트 ID
정보	2014-10-16 오후 2:32:47	MSSQL$SQLEXPRESS	17896
정보	2014-10-16 오후 2:06:18	gupdate	0
정보	2014-10-16 오후 1:12:43	MSSQL$SQLEXPRESS	17896
정보	2014-10-16 오후 12:12:37	MSSQL$SQLEXPRESS	17896
정보	2014-10-16 오전 11:33:12	NCleanService	0
정보	2014-10-16 오전 11:20:13	Microsoft-Windows-L...	1000
정보	2014-10-16 오전 11:20:13	Microsoft-Windows-L...	1001
정보	2014-10-16 오전 11:16:28	SetupARService	0
정보	2014-10-16 오전 11:16:04	Microsoft-Windows-...	4202
정보	2014-10-16 오전 11:15:39	gupdate	0

문제 해결 후 시스템 상태

수준	날짜 및 시간	원본	이벤트 ID
오류	2014-10-16 오전 11:12:31	NvStreamSvc	1
오류	2014-10-16 오전 11:12:31	NvStreamSvc	1
오류	2014-10-16 오전 11:12:31	NvStreamSvc	1
오류	2014-10-16 오전 11:12:23	Microsoft-Windows-...	4103
오류	2014-10-16 오전 11:12:23	Microsoft-Windows-S...	8198
경고	2014-10-16 오전 11:12:21	Microsoft-Windows-...	4105

1. 이벤트 관리자 - 에뮬레이터 실행

2. 응용프로그램 우 - 현재로그 필터링

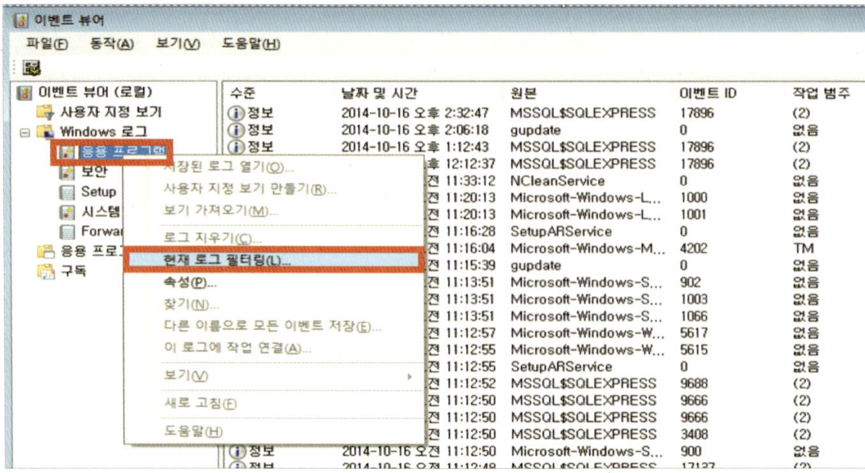

3. 이벤트 수준 : ☑ 오류 ☑ 경고 – 확인

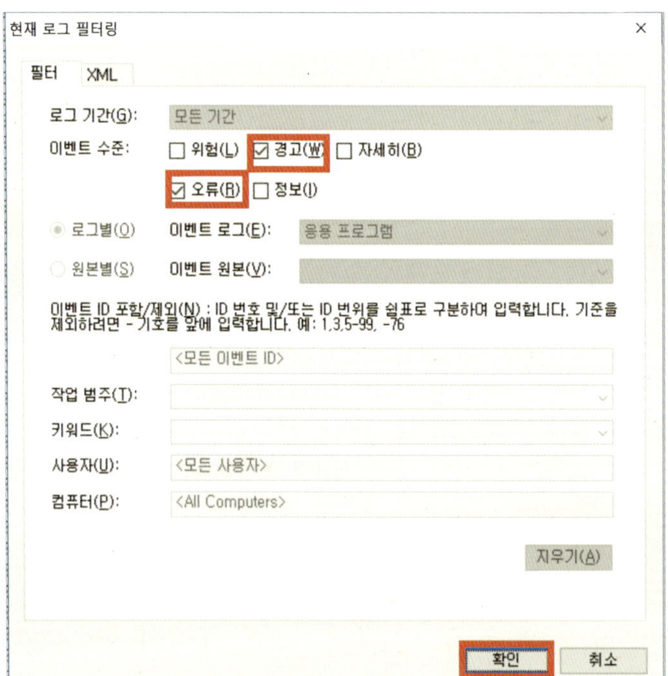

19. 인터넷 정보 서비스 관리자(IIS)

1) IIS란 : Internet Information Server 약자로서 MS에서 Web Service를 목적으로 정의한 서비스 모듈의 Windows방식 서비스의 명칭이다.

2) 학습 포인트

- WWW 사이트 구축 및 보안 설정을 한다.
- FTP 사이트 구축 및 보안 설정을 한다.
- 각 사이트 운영자 및 성능 디렉터리 보안 설정을 한다.
- 홈 디렉터리 및 메시지 등 설정을 한다.

3) 유형별 예제

예제 1

〈제시문자〉와 같이 Web Server를 설정하시오.

제 시 문 제
1. 웹사이트 이름 : ICQAWeb
2. 실제경로: C:₩inetpub₩wwwroot
3. 웹사이트 IP주소: 192.168.100.10
4. 포트: 8080
5. 호스트 이름: http://www.icqa.or.kr
6. 액세스 거부 IP 주소: 192.168.100.128/25
7. 기본문서: index.html만 사용

문제 해결 후 시스템 상태
· 제시문제와 같이 정상적으로 설정되어 있다.

Answer

1. 인터넷 정보 서비스 관리자 – 에뮬레이터 실행

2. 왼쪽의 ICQA Server 우 – 웹 사이트추가

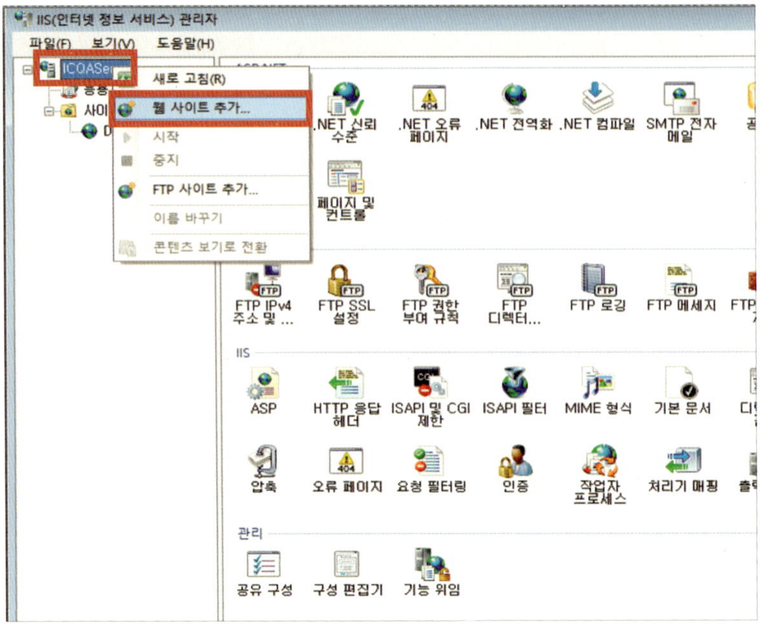

사이트이름 : ICQAWeb

실제 경로 : C:₩inetpub₩wwwroot

〈바인딩〉

IP 주소 : 192.168.100.10

포트 : 8080

호스트이름 : www.icqa.or.kr

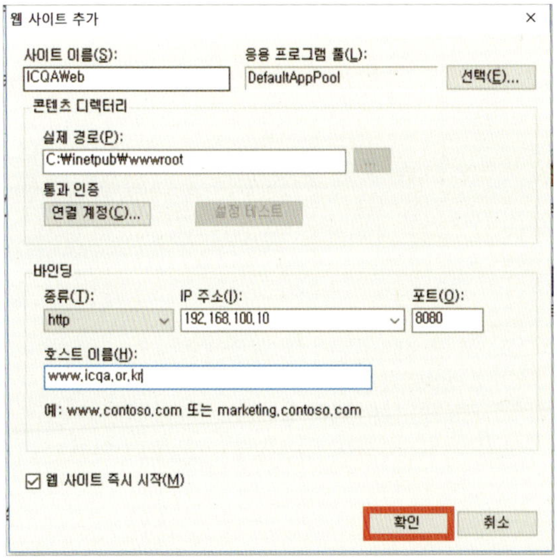

3. 왼쪽에 방금 만든 ICQAWeb 클릭

4. 오른쪽 중간 〈IIS〉 부분 중 「IP 주소 및 도메인 제한」

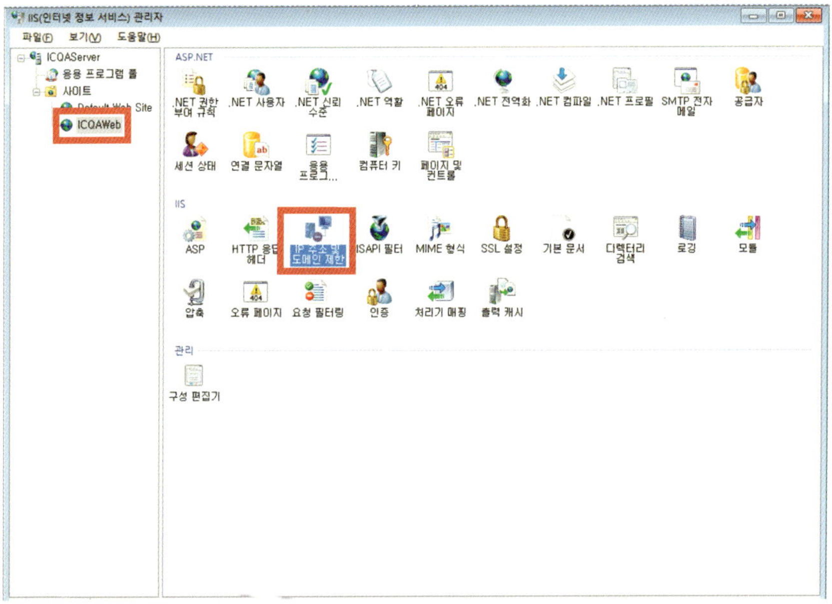

우 – 거부항목 추가

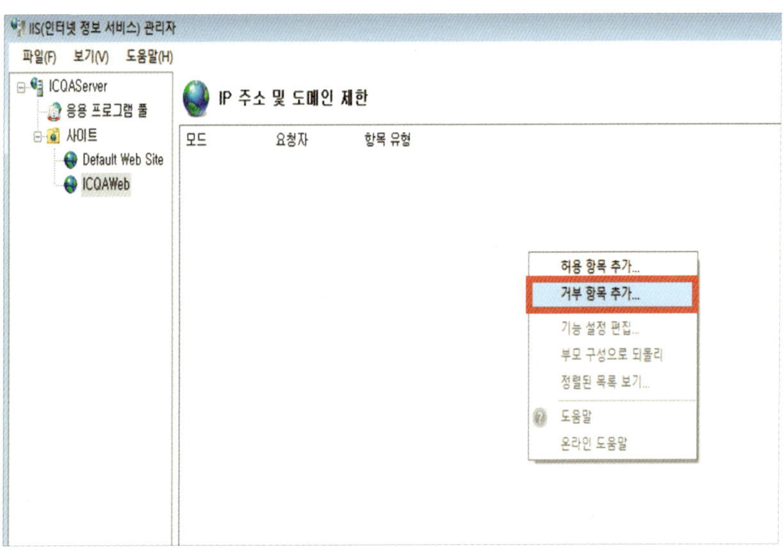

◎ IP 주소 범위 : 192.168.100.128

마스크 또는 접두사 : 255.255.255.128

5. 확인

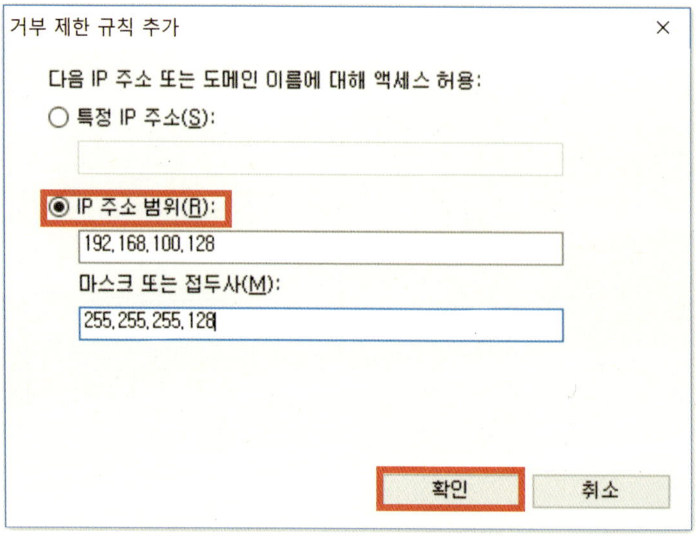

6. 왼쪽에 방금 만든 ICQAWeb 클릭 - 창뜨면 저장

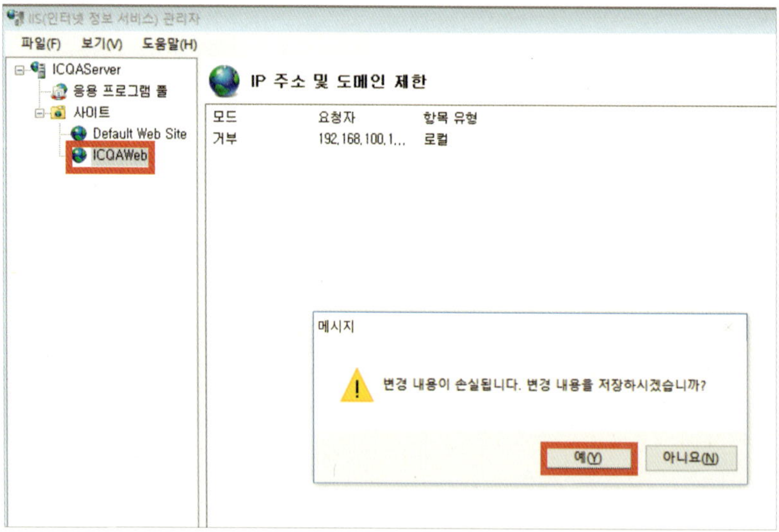

7. 오른쪽 중간 기본문서 더블클릭

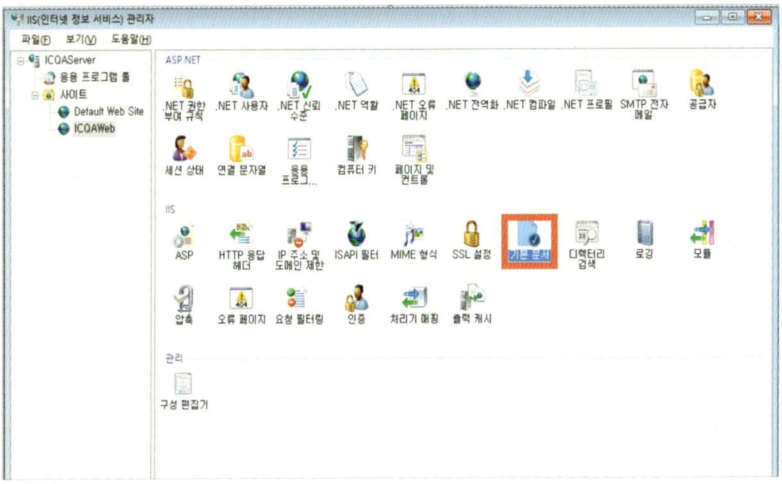

8. index.html 만 남기고 모두 삭제

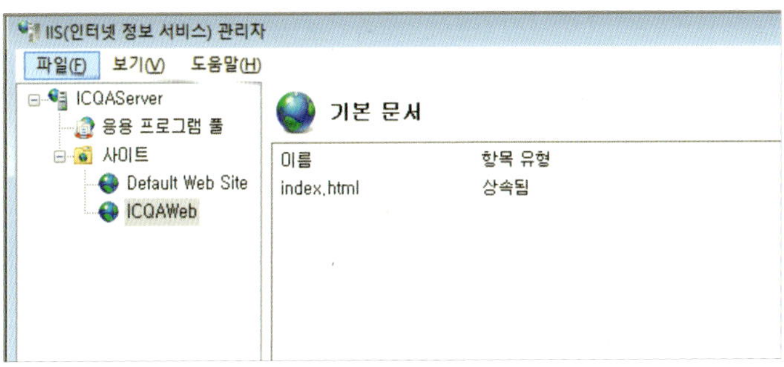

9. 왼쪽에 방금 만든 ICQAWeb 클릭 - 창뜨면 저장

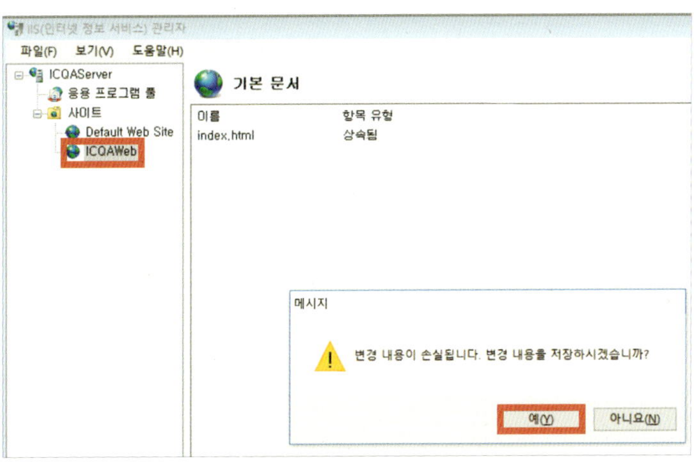

예제 2

〈제시문자〉와 같이 FTP 사이트를 설정하시오.

제 시 문 제
1.FTP사이트 이름 : ICQA 2.실제경로: C:₩inetpub₩ftproot 3.IP주소: 192.168.100.10 , 포트: 2121 4.액세스 허용: 익명 사용자(읽기권한만) 5.액세스 거부 IP 주소: 200.115.100.0/24 6.최대 연결수 메시지: 최대 접속 인원수를 초과하였습니다.

문제 해결 후 시스템 상태
·제시문제와 같이 정상적으로 설정되어 있다.

Answer

1. 인터넷 정보 서비스 관리자 – 에뮬레이터 실행
2. 왼쪽의 ICQA Server 우 – FTP 사이트 추가

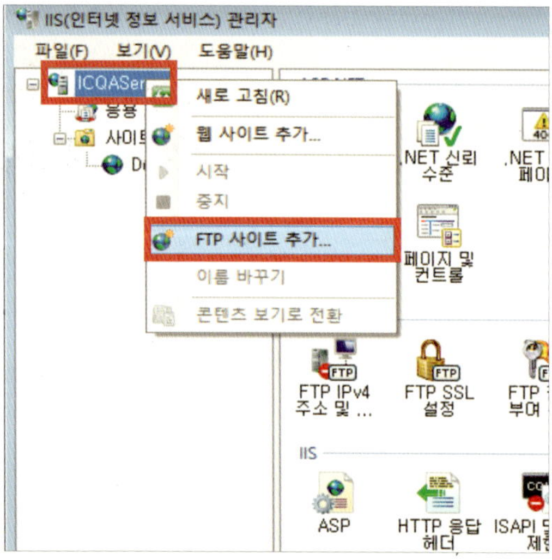

사이트이름 : ICQA

실제 경로 : C:₩inetpub₩ftproot

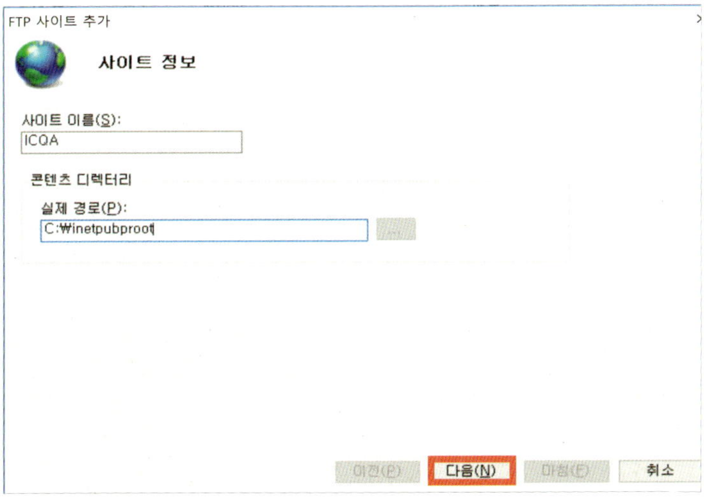

다음

IP 주소 : 192.168.100.10

포트 : 2121

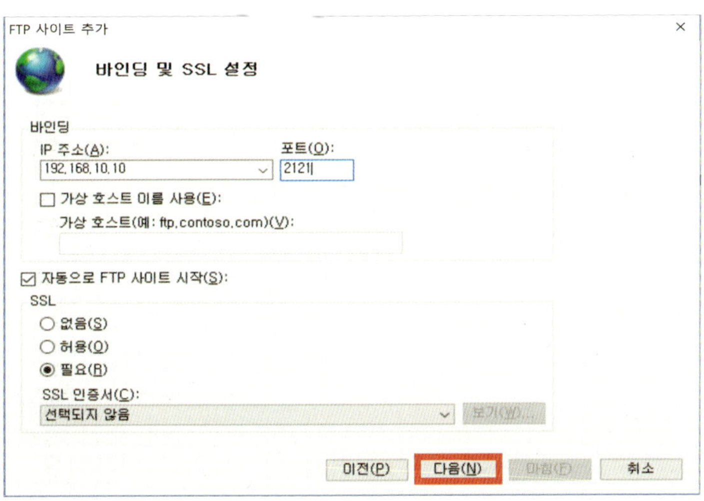

다음

액세스 허용▼ 익명사용자 선택

사용권한 ☑ 읽기 -마침

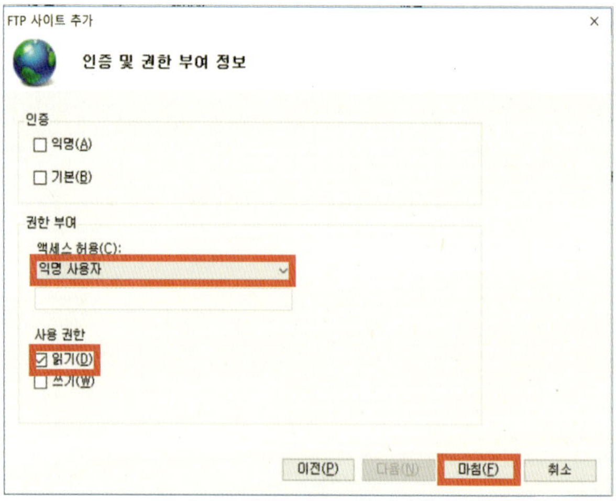

3. 왼쪽에 방금 만든 ICQA 클릭

4. 「FTP IPv4 주소 및 도메인 제한」

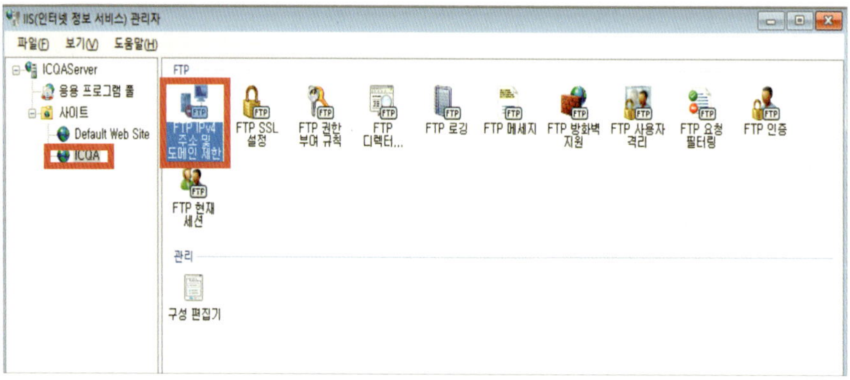

우 - 거부항목 추가

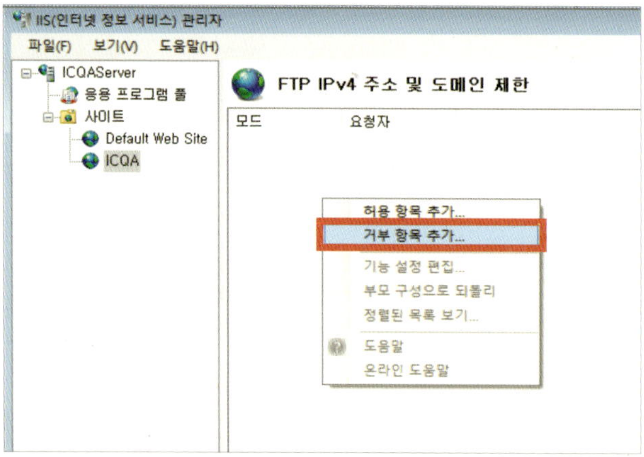

◎ IP 주소 범위 : 200.115.100.0

마스크 또는 접두사 : 255.255.255.0

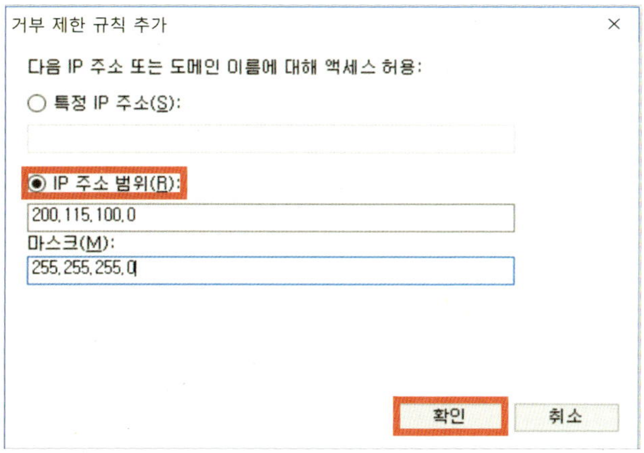

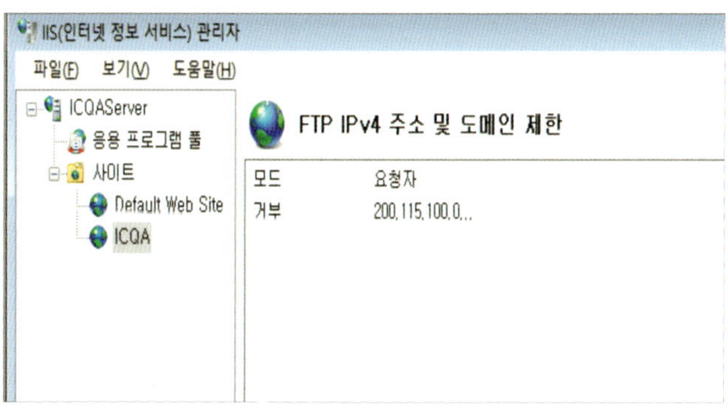

5. FTP 메시지 기능열기

최대 연결수 메시지 : 최대 접속 인원수를 초과하였습니다.

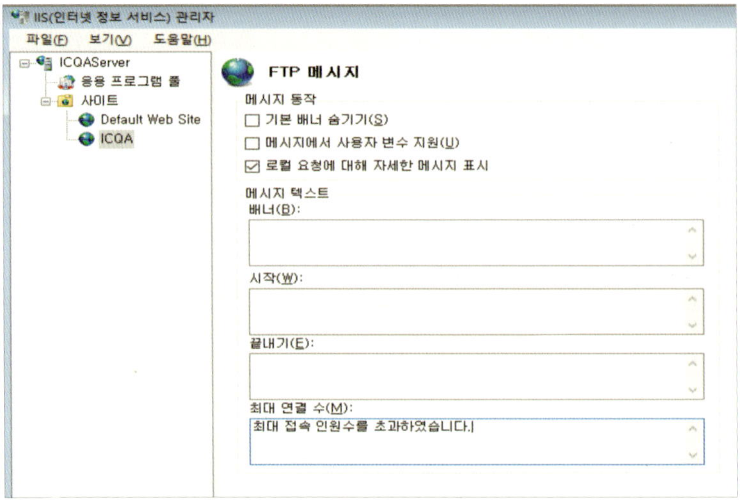

6. 저장하기 !

예제 3

〈제시문자〉와 같이 Web 사이트를 설정하시오.

제 시 문 제	문제 해결 후 시스템 상태
1. 웹 사이트 이름: ICQA-Web1 2. 실제 경로 : C:₩ 3. 웹사이트 IP 주소: 200.210.220.15 4. TCP 포트 : 8080 5. 연결 시간 제한: 180초 6. 최대 대역폭: 2048KB/초 7. 최대 동시 연결 수: 50	·제시문제와 같이 정상적으로 설정되어 있다.

Answer

1. 인터넷 정보 서비스 관리자 – 에뮬레이터 실행

2. 왼쪽의 ICQA Server 우 – 웹 사이트추가

   사이트이름 : ICQA-Web1

   실제 경로 : C:₩

   〈바인딩〉

   IP 주소 : 200.210.220.15

   포트 : 8080

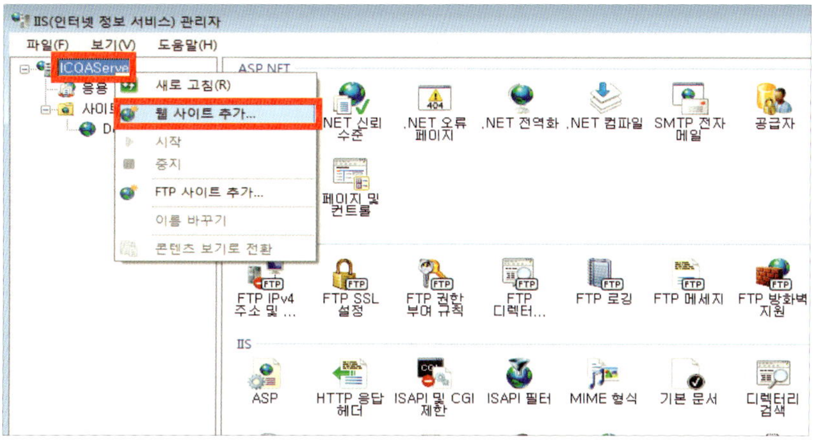

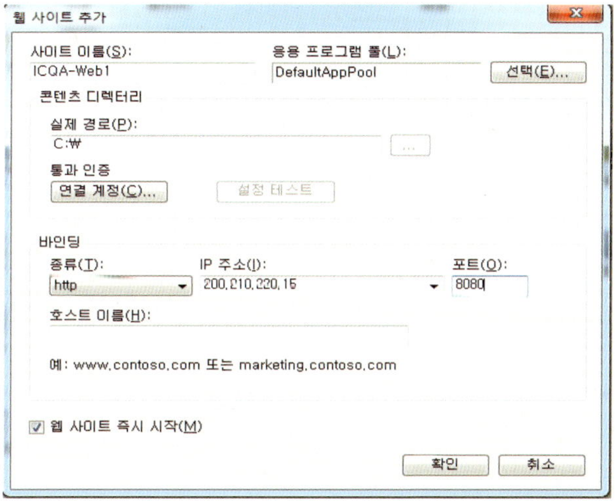

3. 왼쪽에 방금 만든 ICQA-Web1 우클릭 - 웹사이트관리 - 고급설정

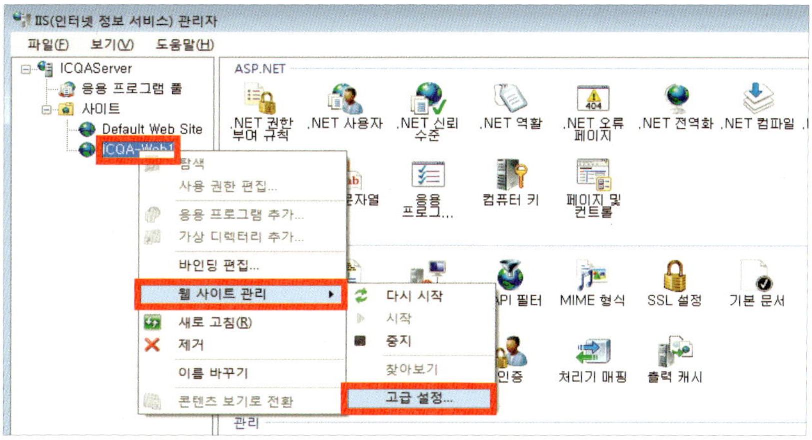

4. 〈연결제한〉

연결 시간 제한(초) : 180

최대 대역폭(바이트/초) : 2097152 (∵단위변환 → 문제는KB 설정은 B / 2048×1024)

최대 동시 연결 수 : 50

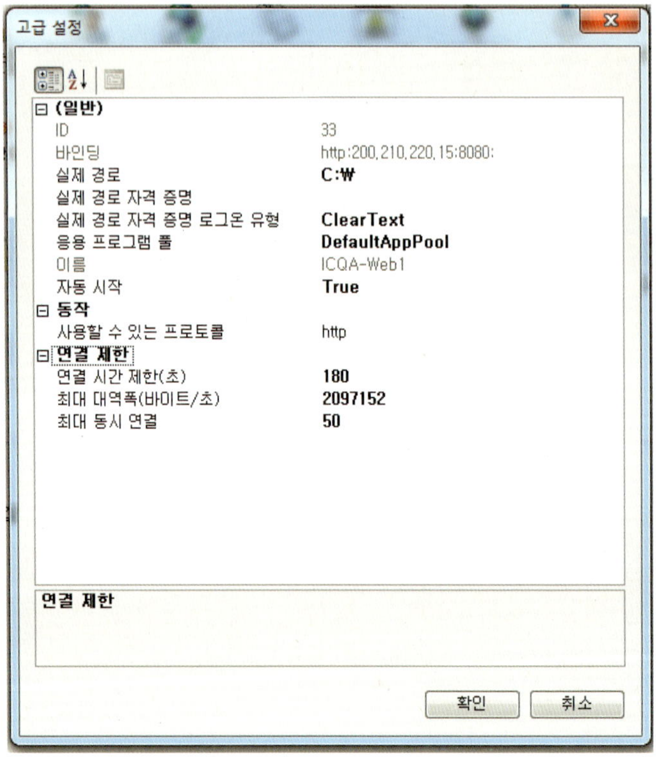

예제 4

〈제시문제〉와 같이 Web Server를 설정하시오.

제 시 문 제	문제 해결 후 시스템 상태
1. 설명 : ICQA 2. TCP Port : 8080 3. IP Address : 211.214.153.124 4. 홈 디렉터리 : D:₩web₩icqa 5. 211.214.100.1 ~ 211.214.100.255 사이의 IP Address만 접근 허용	· 제시문제와 같이 정상적으로 설정되어 있다.

Answer

1. 인터넷 정보 서비스 관리자 – 에뮬레이터 실행

2. 왼쪽의 ICQA Server 우 – 웹 사이트추가

   사이트이름 : ICQA

   실제 경로 : C:₩inetpub₩icqa

   〈바인딩〉

   IP 주소 : 211.214.153.124

   포트 : 8080

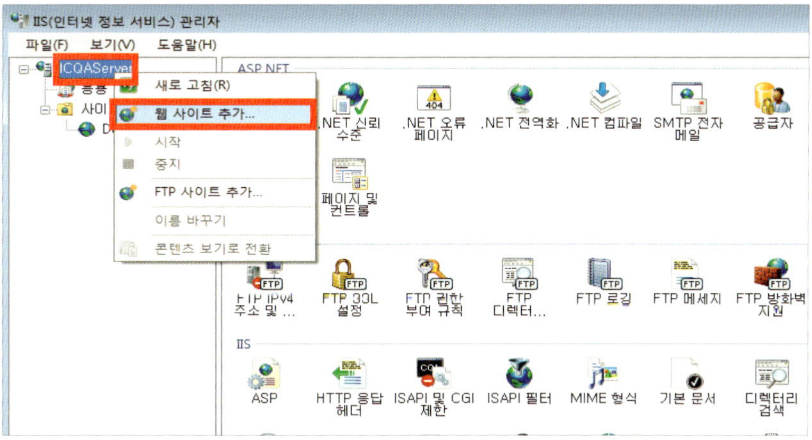

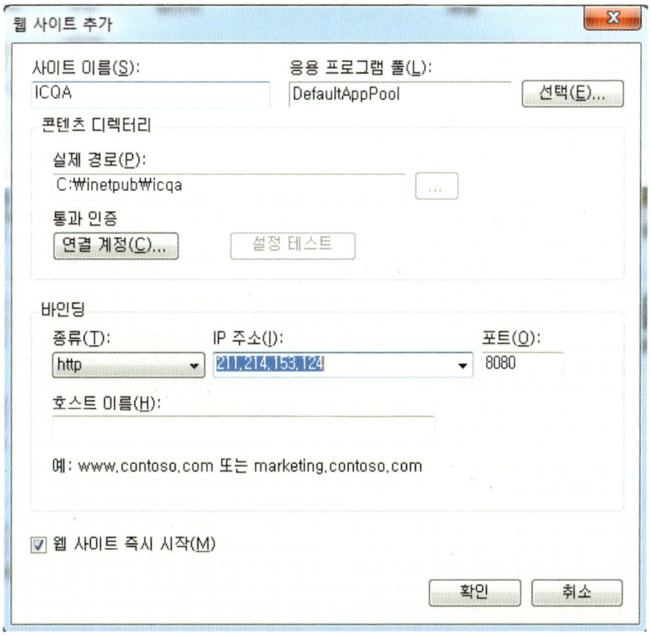

3. 왼쪽에 방금 만든 ICQA 클릭

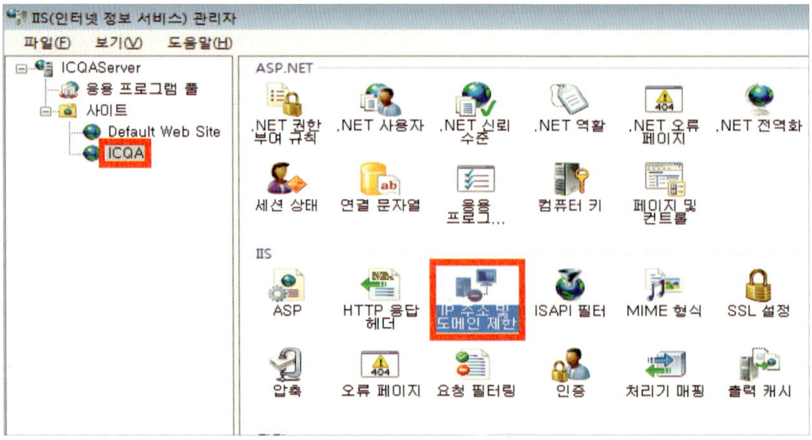

4. 오른쪽 중간 〈IIS〉 부분 중 「IP 주소 및 도메인 제한」 👆

우 👆 – 허용항목 추가 👆

⊙ IP 주소 범위 : 211.214.100.0

마스크 또는 접두사 : 255.255.255.0

211.214.100.1~255 번 컴퓨터가 속한 Class는 C Class 이며 컴퓨터가 1~255번까지 하나의 그룹으로 구성되어 있음을 알 수 있다.

따라서 서브넷 마스크는 255.255.255.0 이고 이를 IP 주소와 AND 연산을 했을 때 나오는 주소인 211.214.100.0은 네트워크의 주소, 즉 네트워크의 ID 이다.

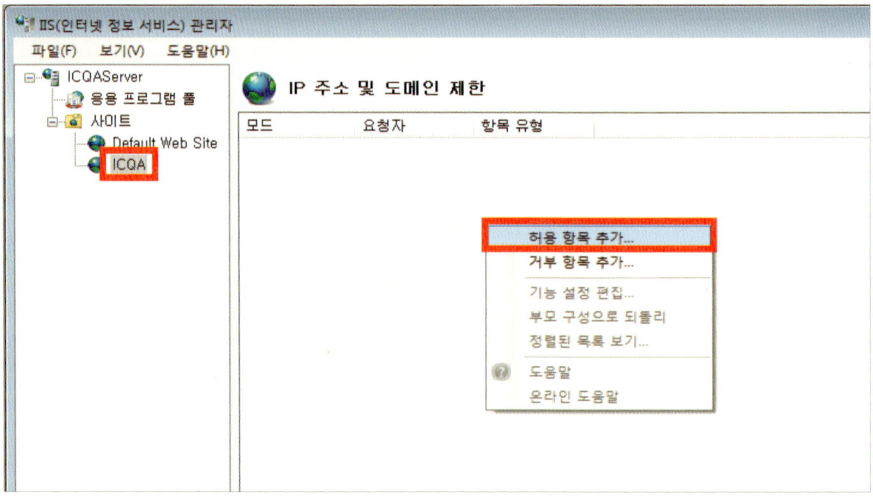

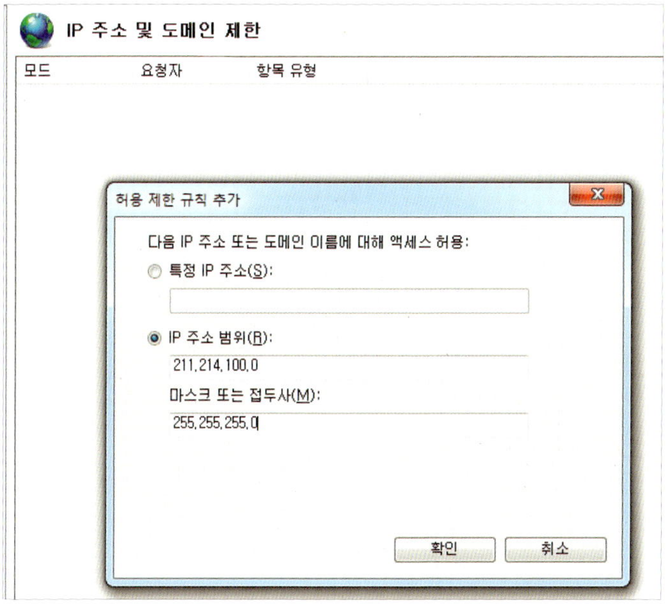
IP 주소 및 도메인 제한
모드
요청자
항목 유형
허용 제한 규칙 추가
다음 IP 주소 또는 도메인 이름에 대해 액세스 허용:
특정 IP 주소(S):
IP 주소 범위(R):
211.214.100.0
마스크 또는 접두사(M):
255.255.255.0
확인
취소

20. 원격 데스크 톱 서비스

1) 원격 데스크 톱 서비스 : 원격터미널 에뮬레이터 역할을 하는 소프트웨어를 통해 서버 데스크톱에 대한 원격 접속을 제공하는 툴이다. 터미널 서비스는 원격지의 컴퓨터에 접속하여 프로그램의 사용자 인터페이스만을 클라이언트로 전송한다. 그러면 클라이언트에서 키보드 및 마우스 입력을 다시 서버로 보내고 서버에서 그 입력을 처리한다. 각 사용자는 자신의 개별 세션에만 로그온하고 그 세션에 대한 결과화면만 보게 됨으로 독자적으로 제어하는 모습을 갖게 된다. 클라이언트 소프트웨어는 컴퓨터와 Windows 기반 터미널을 포함하여 다양한 클라이언트 하드웨어 장치에서 실행할 수 있다.

2) 학습 포인트

- 암호화 수준 설정을 한다.
- 표준 Windows 인증 사용 설정을 한다.
- 세션(연결 끊긴 시간, 활성 세션, 유휴 세션) 설정을 한다.
- 원격 제어 설정을 한다.
- 사용자 권한 설정을 한다.
- 원격 클라이언트 드라이브 등 설정을 한다.

3) 유형별 예제

예제 1

제시문자와 같이 원격데스크톱 서비스를 사용할 수 있도록 시스템을 설정하시오.

제 시 문 제	문제 해결 후 시스템 상태
1.네트워크 수준 인증을 사용하여 원격데스크톱을 실행하는 컴퓨터에서만 연결허용 2.세션 제한에 도달하거나 연결이 끊어지면 세션 끝내기 3.원격제어: 사용자의 허가 필요 4.Remote Desktop Users만 모든 권한 허용	·제시문제와 같이 정상적으로 설정되어 있다.

Answer

1. 원격 데스크 톱 서비스 – 에뮬레이터 실행

2. RD 세션 호스트 구성 – RDP_Tcp 우 – 속성

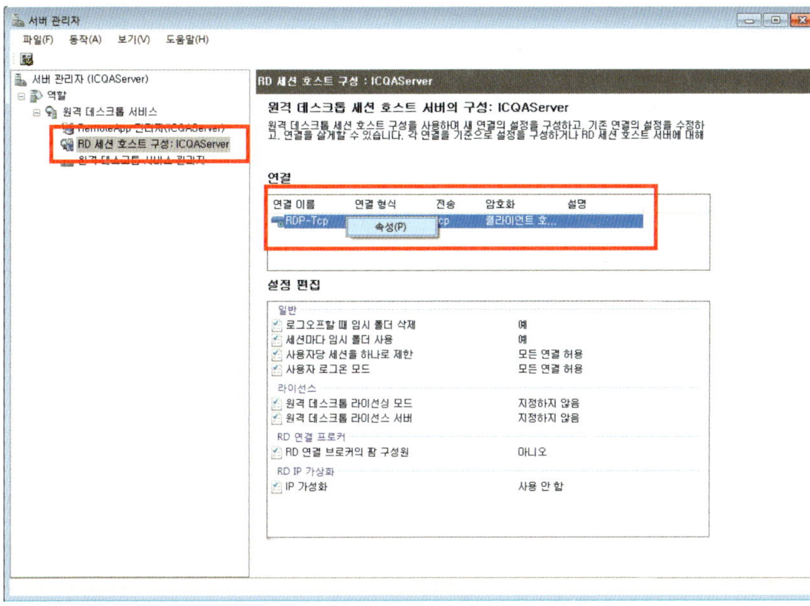

3. 일반

☑ 네트워크 수준 인증을 사용하여 원격데스크톱을 실행하는 컴퓨터에서만 연결 허용

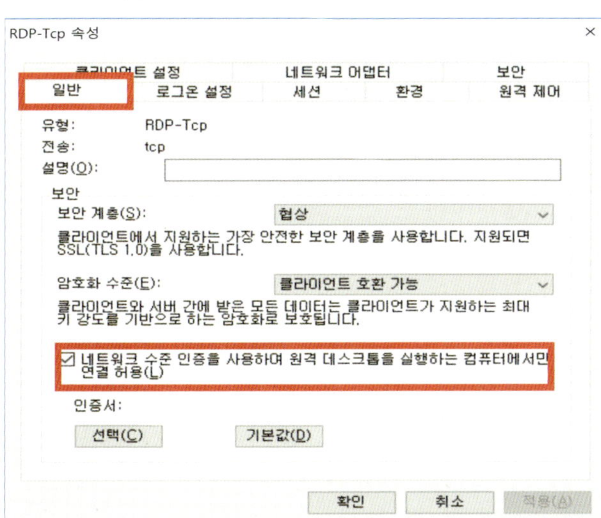

4. 세션

☑ 사용자 설정 무시

세션 제한에 도달하거나 연결이 끊어지면 :

◉ 세션 끝내기

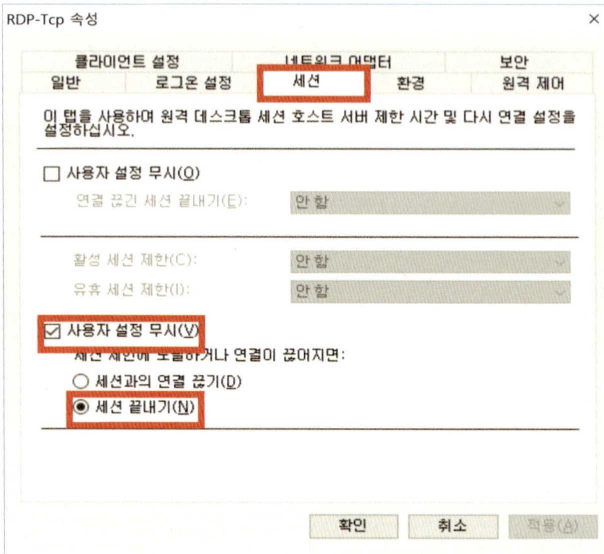

5. 원격제어

☑ 다음 설정을 사용하여 원격제어

☑ 사용자의 허가 필요

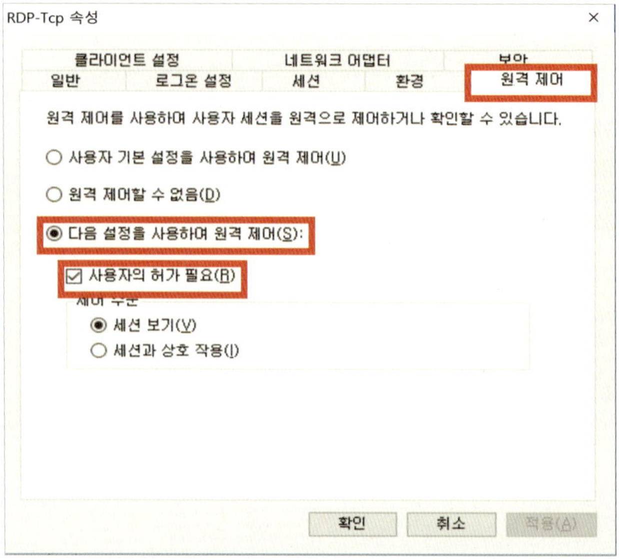

6. 보안 – 그룹 및 사용자 클릭하여 하나하나 확인

(Remote Desktop Users 제외하고 모든 권한 ☒ 체크 해제 할 것!)

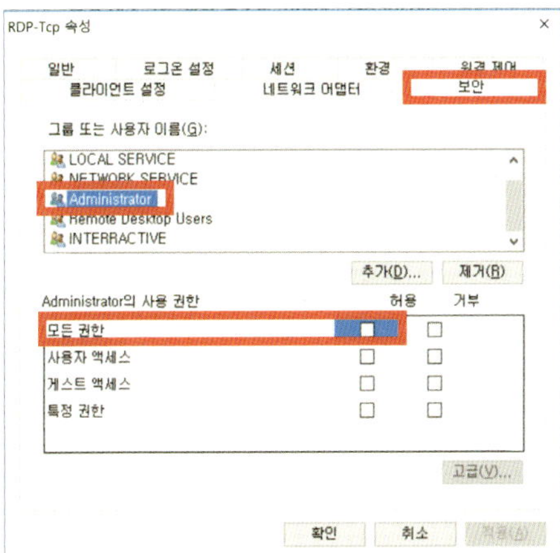

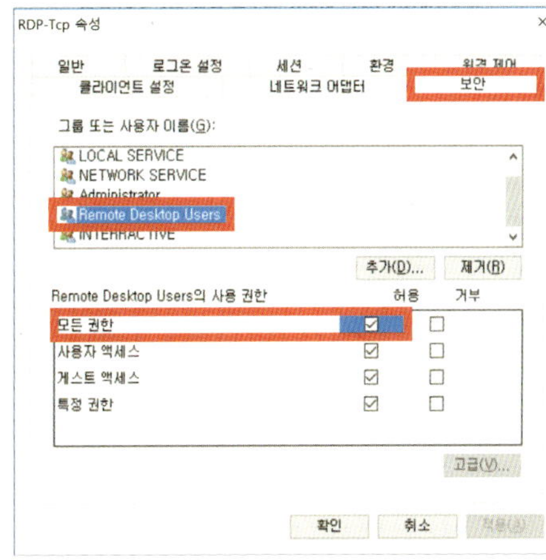

예제 2

아래 〈화면〉과 같이 원격 터미널 접속으로 클라이언트와 서버 사이에 전송되는 데이터를 보호하는데 사용되는 암호화의 사용 가능 수준을 "높음"으로 설정하시오

화 면	문제 해결 후 시스템 상태
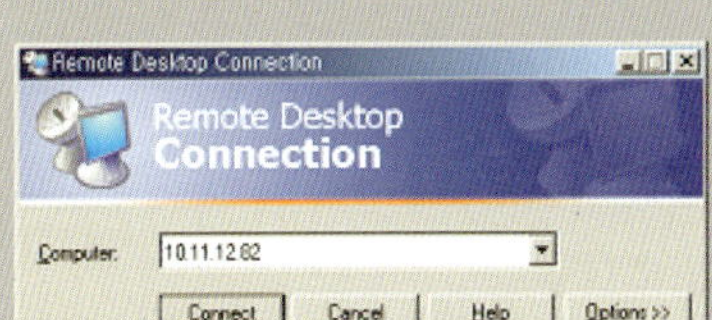	· 제시문제와 같이 정상적으로 설정되어 있다.

Answer

1. 원격 데스크 톱 서비스 – 에뮬레이터 실행

2. RD 세션 호스트 구성 – RDP_Tcp 우 – 속성

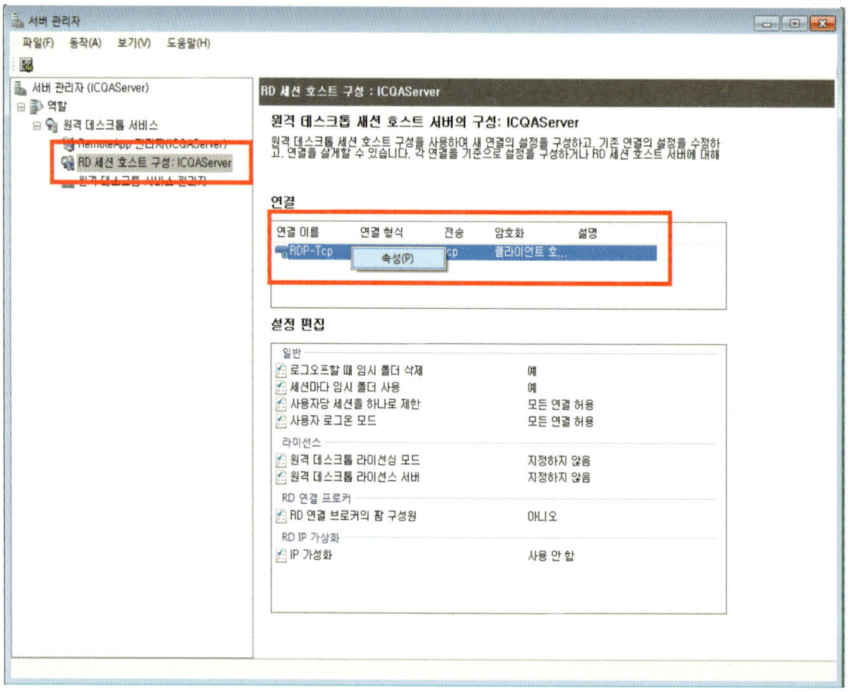

3. 일반 탭 – 암호화 수준(E) – 높음 선택 – 확인

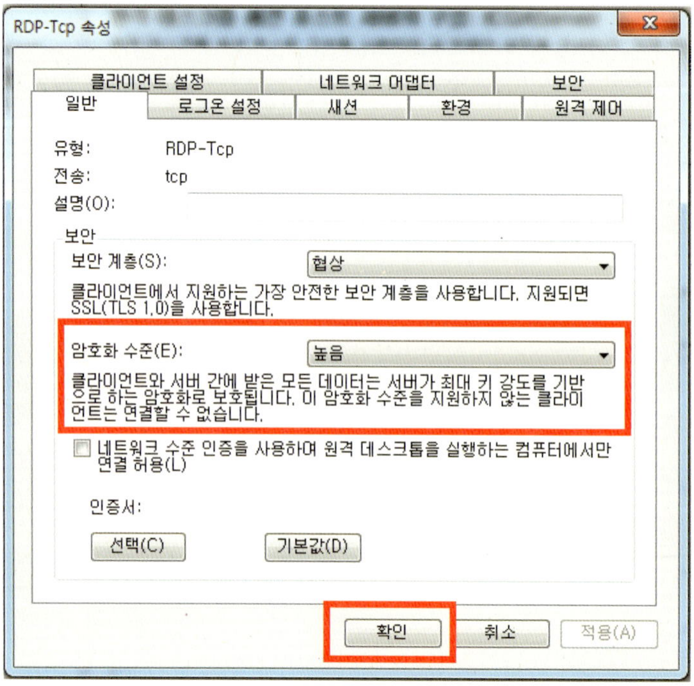

21. 작업 스케줄러

1) 작업 스케줄러 : 작업 스케줄러를 사용하여 지정한 시간에 컴퓨터에서 자동으로 수행되는 일반 작업을 설정하고 관리 할 수 있다. 작업은 작업 스케줄러 라이브러리 내의 폴더에 저장된다.

2) 학습 포인트

- 작업스케줄러를 이용하여 자동 수행 작업을 예약 설정 할수 있다.

3) 유형별 예제

예제 1

제시 문제와 같이 작업 스케줄러를 추가 설정하시오.
(작업이름 : ICQA메일)

제 시 문 제
1. 전자 메일 보내기 - 보내는 사람: admin@icqa.or.kr - 받는 사람: network@icqa.or.kr - 제목: 초대장 - 텍스트: 금번 세미나에 귀하를 초대합니다. 2. SMTP 서버: smtp.icqa.or.kr 3. 컴퓨터가 다음 시간 동안 유휴 상태인 경우에만 작업 시작: 15분 4. 컴퓨터의 유휴 상태가 끝나면 중지 5. 작업이 실패하는 경우 다시 시작 간격: 1분

문제 해결 후 시스템 상태
· 제시문제와 같이 정상적으로 설정되어 있다.

Answer

1. 작업 스케줄러 - 에뮬레이터 실행

2. 동작 - 작업 만들기

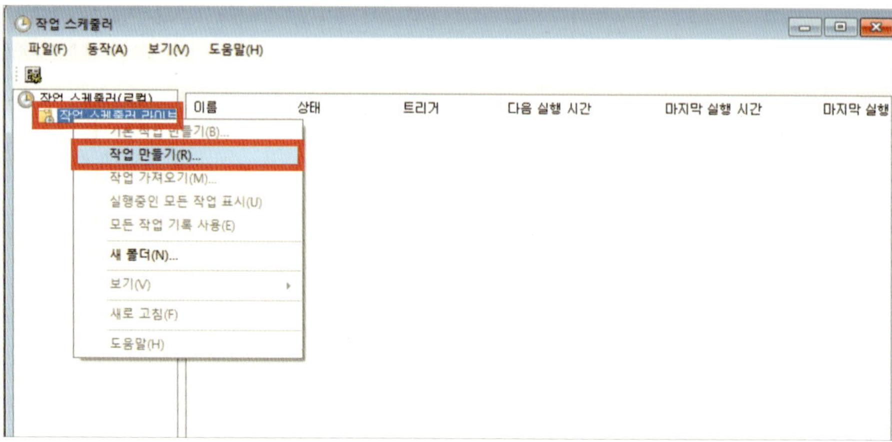

3. 일반 탭 - 이름 입력 (ICQA메일)

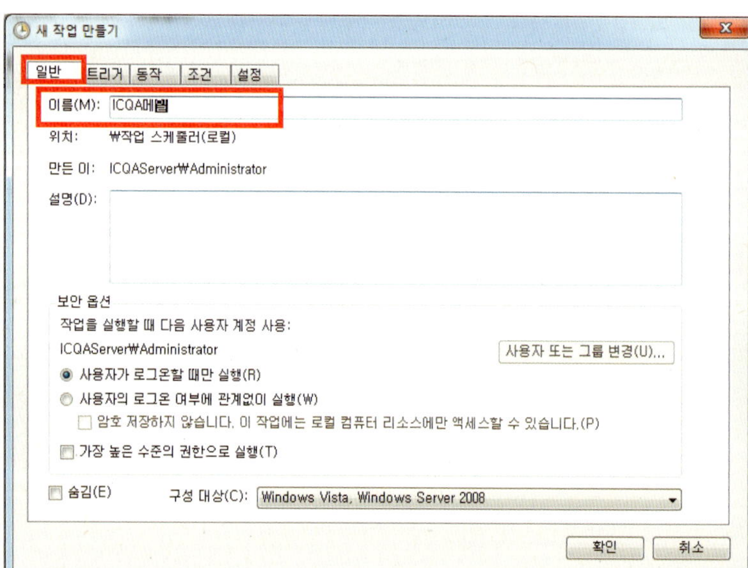

4. 동작 탭 - 새로만들기 - 동작 ▼ - 전자 메일 보내기

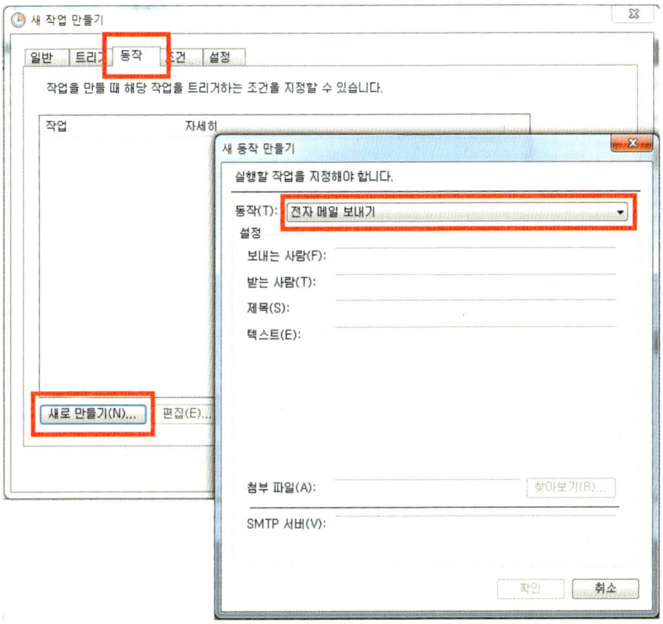

5. 설정 입력

보내는 사람 : admin@icqa.or.kr

받는 사람 : network@icqa.or.kr

제목 : 초대장

텍스트 : 금번 세미나에 귀하를 초대합니다.

SMTP 서버 : smtp.icqa.or.kr

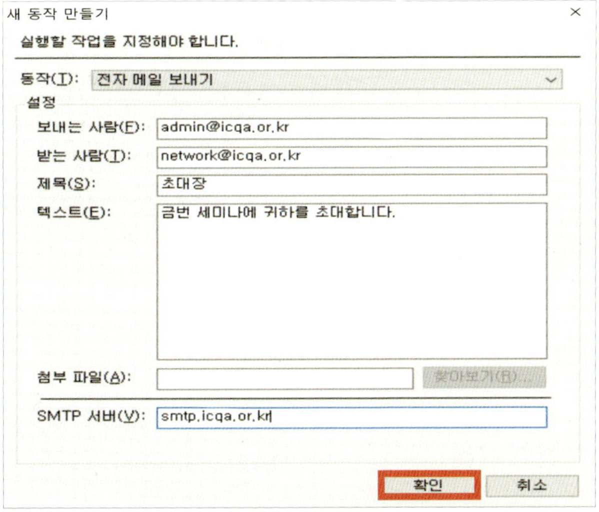

6. 조건 탭

☑ 컴퓨터가 다음 시간동안 유휴 상태인 경우에만 작업시작 - 15분 선택

☑ 컴퓨터의 유휴상태가 끝나면 중지

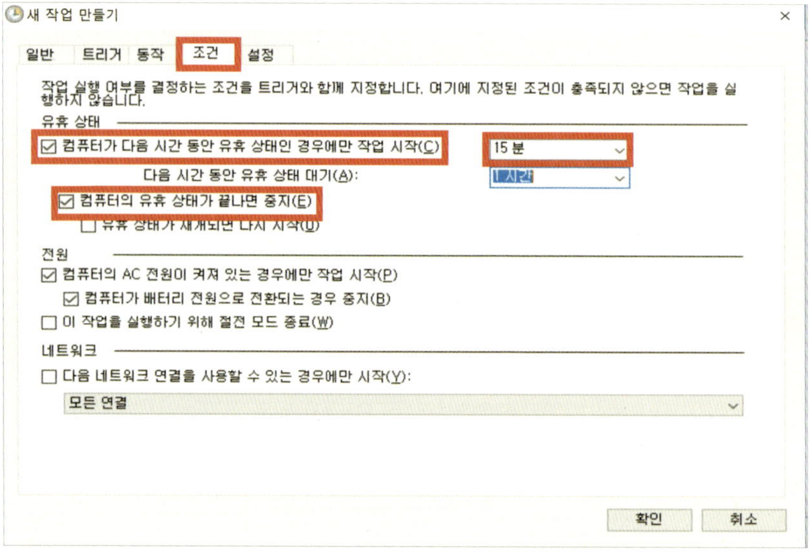

7. 설정

☑ 작업이 실패하는 경우 다시 시작 간격 - 1분 설정 -확인

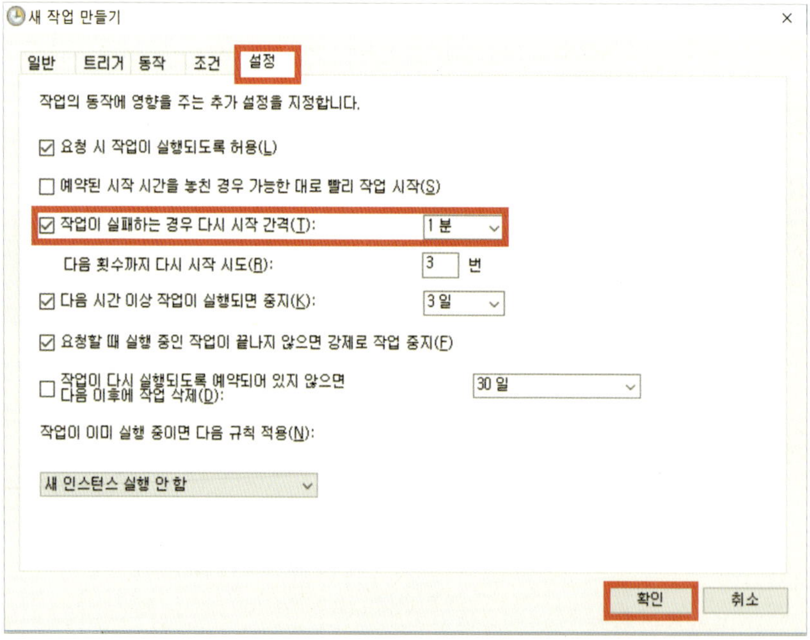

Chapter

03

LINUX

제3장 LINUX

1. LINUX

1) 정의

리눅스는 핀란드의 컴퓨터공학과 학생이던 리누스 토발즈(Linus Torvalds)가 만든 컴퓨터 운영체제(OS). 대형 컴퓨터에서 사용하는 유닉스 소스 코드를 수정해 개인 PC에서도 사용할 수 있는 공개 운영체제(OS)로 개발하고 자신의 이름을 따서 명명했다. 리눅스 운영체제는 누구나 무료로 이용할 수 있는데다 공개된 코드를 기반으로 프로그램을 마음대로 변형할 수도 있다.

2) 학습 포인트

Linux 디렉터리(파일) 구조

- /root, /bin, /boot, /dev, /etc, /home, /lib, /mnt, /proc, /root, /tmp, /usr

Linux 파일 관리 명령어

- cd, ls, mv, rm, rmdir, man, cat, pwd 등...

Linux 프로세스 관리 명령어

- ps, top, cal, date, df, du, su, kill 등...

Linux 사용자 관리 명령어

- chmod, chown, who, adduser 등...

Linux 시스템 설치 및 부팅

2. 리눅스의 디렉터리(파일) 구조

리눅스의 디렉터리 구조는 루트 디렉터리를 기준으로 트리 구조를 보이고 있다.

리눅스는 윈도우즈와는 달리 드라이브라는 개념을 사용하지 않고 파티션(partition)과 마운트(mount)라는 개념을 사용한다. 리눅스는 유닉스와 마찬가지로 모든 것을 파일로 취급하여 처리한다. (디바이스, 소켓 등...)

리눅스의 기본적인 디렉터리 구조는 다음과 같다.

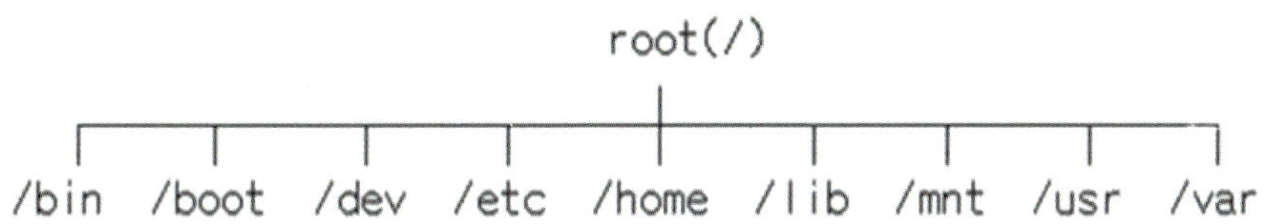

1) / (root)

최상위 디렉터리로서, 루트 디렉터리라고 한다.

모든 디렉터리는 루트를 기준으로 생성되며 루트는 모든 디렉터리의 출발점이자 다른 파티션의 연결점이다.

2) /bin

시스템에서 사용되는 기본 명령어들이 위치하는 디렉터리로 많은 리눅스 명령이 저장되어 있다. 'bin' 이라는 이름은 이곳의 프로그램 대부분이 이진 파일이라는 것을 의미한다.

3) /boot

부팅에 필요한 지원 파일들이 위치하는 디렉터리이며, 시스템 부팅 시 부트 로더가 커널의 위치를 참조 한다.

4) /dev

각 장치에 대한 장치 파일이 위치하는 디렉터리로, 용량을 차지 하지 않는 가상의 디렉터리다. 통상적으로 파일을 저장하지 않는다. /dev 디렉터리에 있는 유용한 파일 가운데 하나는 null 이다. 이파일은 존재하지 않거나 비어 있는 장치를 의미한다.

5) /etc

리눅스에서 사용되는 모든 어플리케이션 및 환경 설정에 필요한 설정 파일들이 존재한다.

실행파일은 존재하지 않고 편집기를 이용하여 해당 파일을 변경하여 시스템의 설정을 변경하는 디렉터리다.

시스템을 관리하는데 필요한 프로그램이나 파일이 있다.

가장 유명한 파일은 시스템의 암호 파일인 passwd가 있다.

6) /home

일반 사용자들의 홈 디렉터리가 위치하는 곳이다.

또한 FTP, MySQL, 등 별도의 공간을 요구하는 서비스를 위한 디렉터리로 사용될 수도 있다.

7) /lib

기본적인 라이브러리가 위치하는 디렉터리로서, 시스템 운영이나 프로그램을 구동할 때 필요한 공유 라이브러리 및 부팅할 때 사용되는 커널 모듈도 포함된다.

8) /mnt

시스템 관리자에 의해 임시로 마운트된 파일 시스템들이 위치할 곳이다.

CD-ROM 이나 USB에 대한 기본 마운트 포인트를 제공한다.

9) /proc

프로세스와 시스템 정보를 제공하기 위한 목적으로 설계된 가상 파일 시스템을 위한 디렉터리다. /proc은 실제로 하드디스크 상에 존재하는 것이 아니라 메모리에 존재하는 것으로서 메모리에 존재하는 내용을 마치 하드디스크에 있는 하나의 파일처럼 다룰수 있게 해 주는 디렉터리다.

10) /sbin

sbin은 시스템 바이너리(system binaries)의 약자로 시스템 관리자가 사용하는 시스템운영에 필요한 명령어가 존재하는 디렉터리다.
즉 관리자만 사용하며 해당 명령어로는 fdisk, reboot 등이 있다.

11) /tmp

프로세스 생성 과정에서 발생되는 임시 파일을 저장하는 디렉터리로, 수시로 파일이 생성되고 삭제된다.
시스템을 재구동하는 경우에는 존재하는 모든 파일이 삭제된다. 일반적으로 짧은 시간 동안만 저장할 필요가 있는 파일을 이곳에 저장한다.

12) /usr

모든 어플리케이션 및 시스템 파일들, 라이브러리 파일 및 실행 파일이 위치하는 디렉터리로, 비교적 많은 공간이 필요하다.

/usr의 하위 디렉터리

/usr/bin	실행 파일을 보관하는데 사용한다.
/usr/dict	리눅스 사전이 사용하는 파일들이 들어 있다.
/usr/include	프로그래머들이 사용하는 파일들이 존재한다.
/usr/lib	/lib의 일부분처럼 프로그램의 라이브러리들이 존재한다.
/usr/local	시스템 관리자가 자신의 프로그램이나 문서를 저장하는데 사용한다.
/usr/man	매뉴얼에서 사용하는 디렉터리와 파일이 들어 있다.

13) /var

내용이 자주 변경되는 가변 자료들이 저장되는 곳으로, 기본적으로는 시스템을 운영할 때 발생되는 로그 파일들이 저장된다.

다음과 같은 서비스를 제공하는 서버로 리눅스를 운영할 때 사용 하면 좋다.

- 메일을 송/수신할 때 임시로 저장되는 스풀
- 프린트로 전송하기 위해 임시로 저장하는 프린트 스풀 데이터
- 레드햇 배포판에서 패키지로 제공하는 아파치 웹 서버 관련 자료
- MySQL의 데이터 베이스
- FTP의 최상위 디렉터리 등등

3. 리눅스 명령어 및 서비스

1) 리눅스 명령어

◉ 파일과 디렉터리 관련 명령

- cd : 지정한 디렉터리로 이동하는데 사용하는 명령
- ls : 지정한 디렉터리의 목록을 확인하는데 사용하는 명령
- pwd : 현재 디렉터리를 확인하는데 사용하는 명령
- mkdir : 디렉터리를 생성할 때 사용하는 명령
- rmdir : 지정한 디렉터리를 삭제할 때 사용하는 명령, 지정한 디렉터리는 현재 디렉터리를 의미하는 '.', 상위 디렉터리를 의미하는 '..'를 제외한 파일들과 디렉터리들이 존재하지 않아야 함
- cp : 지정한 파일이나 디렉터리를 복사하는데 사용하는 명령
- mv : 지정한 파일이나 디렉터리를 이동하는데 사용하는 명령
- rm : 지정한 파일이나 디렉터리를 삭제하는데 사용하는 명령
- ln : 파일이나 디렉터리를 다른 이름으로 연결하는데 사용하는 명령
- which : 사용자 환경 설정에 정의된 경로를 검색하여 명령의 위치를 검색하는 명령
- whereis : 명령 파일과 명령의 소스 및 맨 페이지 파일의 위치를 검색하는 명령
- locate : 파일 목록 데이터베이스를 검색하여 지정한 파일의 위치를 출력하는 명령
- find : 다양한 조건과 패턴을 이용하여 파일 또는 디렉터리를 검색하는 명령

◉ 파일 보기 관련 명령

- touch : 지정한 파일의 시간 정보(최종 접근 시간, 최종 수정 시간)을 변경할 때 사용하는 명령, 파일이 존재하지 않는 경우 내용이 없는 파일을 생성함
- cat : 파일들을 연결하거나 표준 출력(standard output)에 출력하는 명령
- more : 파일 내용을 페이지 단위로 출력하는 명령
- less : 다양한 키를 이용하여 파일 내용을 페이지 단위로 출력하는 명령
- wc : 지정한 파일로부터 문자 개수, 단어 개수, 라인 개수를 출력하는 명령

- head : 지정한 텍스트 파일들의 처음 부분의 내용을 출력하는 명령, 지정하지 않은 경우 처음 10줄
- tail : 지정한 텍스트 파일들의 마지막 부분의 내용을 출력하는 명령, 지정하지 않은 경우 마지막 10줄
- sort : 파일에 포함된 행들을 오름차순으로 정렬하여 출력하는 명령
- grep : 파일이나 명령의 실행 결과에서 주어진 패턴의 문자열을 검색하는 명령
- awk : 패턴 스캐닝 및 처리 명령어
- sed : 대화형 기능이 없는 파일 편집 기능을 제공하는 명령,
- man : 리눅스에서 사용되는 명령과 프로그래밍 시 사용되는 주요 함수에 대한 도움말을 제공하는 명령

◉ **계정, 소유권, 퍼미션 관련 명령**

- useradd : 지정한 계정을 생성할 때 사용하는 명령
- passwd : 지정한 계정의 암호를 설정할 때 사용하는 명령
- userdel : 지정한 계정을 삭제할 때 사용하는 명령
- usermod : 지정한 계정의 속성을 수정할 때 사용하는 명령
- groupadd : 지정한 그룹을 생성할 때 사용하는 명령
- groupdel : 지정한 그룹을 삭제할 때 사용하는 명령
- groups : 사용자 계정이 속한 그룹 목록을 확인할 때 사용하는 명령
- chown : 파일이나 디렉터리의 소유자를 변경할 때 사용하는 명령
- chgrp : 파일이나 디렉터리의 소유 그룹을 변경할 때 사용하는 명령
- chmod : 파일이나 디렉터리에 부여되어 있는 퍼미션을 변경할 때 사용하는 명령
- umask : 시스템의 기본 퍼미션 모드 값을 설정하거나 사용자 계정의 기본 퍼미션을 확인할 때 사용하는 명령
- su : 작업의 연속성을 위해 전환하고자 하는 계정의 암호를 알고 있는 경우 지정한 계정으로 전환할 때 사용하는 명령
- sudo : 일반 사용자들에게 다른 사용자의 보안 특권으로 프로그램을 실행할 수 있도록 하는 유닉스 계열의 운영체제를 위한 명령
- visudo : /etc/sudoers를 편집하는데 사용하는 명령

◉ 셸 관련 명령

- chsh : 사용자 로그인 셸을 변경할 때 사용하는 명령
- sh : Bourne 명령 셸
- file : 파일의 유형을 확정하여 알려주는 명령
- echo : 지정한 문자열이나 환경 변수 내용을 화면에 출력하는 명령
- export : 지정한 셸 변수를 환경 변수로 변경하는 명령
- env :

  (명령) & : 지정한 명령을 백그라운드로 실행함

  (명령) | (명령) : '|'은 파이프라고 하고, 여러 명령을 연결하여 실행함

  〉 : 출력 결과를 지정한 파일에 덮어쓰기 하도록 재지정하는 명령,

  〉〉 : 출력 결과를 지정한 파일의 마지막 부분에 첨부될 수 있도록 재지정하는 명령

  〈 : 표준 입력을 재지정하는 명령
- exit : 현재 로그인한 계정을 로그아웃하는 명령
- shutdown : 보안차원에서 시스템을 종료 사용하는 명령
- alias : 자주 사용되는 명령을 사용하기 쉽도록 별칭을 지정하거나 지정된 별칭을 확인하는 내부 명령,
- unalias : 별칭을 해제할 때 사용하는 내부 명령
- history : 로그인한 사용자가 최근에 사용했던 명령의 목록을 확인하는 데 사용하는 명령
- !〈히스토리 번호〉 : 지정한 히스토리 번호의 명령을 실행함

◉ 프로세스 및 작업 관리 명령

- jobs : 현재 셸에서 백그라운드로 수행 중인 작업을 확인하는데 사용하는 명령
- fg : 백그라운드 프로세스를 포그라운드에서 실행되도록 전환하는데 사용하는 명령
- bg : 지정한 작업번호에 해당하는 백그라운드 프로세스를 백그라운드로 실행하는 명령, 작업번호를 지정하지 않는 경우 가장 최근에 실행한 백그라운드 프로세스를 백그라운드로 실행함
- ps : 현재 동작하고 있는 프로세스의 상태를 확인하는데 사용하는 명령
- pstree : 프로세스들 간의 관계를 출력하는 명령

- kill : 지정한 시그널을 프로세스에게 전송하는 명령, 지정한 시그널이 없는 경우 'SIGTERM' 시그널을 전송하는데, 'SIGTERM' 시그널을 받고도 종료되지 않는 프로세스는 'SIGKILL' 시그널을 전송하여 종료할 수 있음
- killall : 동작중인 특정 이름의 프로세스들을 모두 종료하는 명령
- at : 특정일, 지정된 시간에 정해진 작업을 1회 수행하도록 작업 스케줄링 수행할 때 사용하는 명령
- cron : 주기적으로 반복되는 일을 지정한 시간에 자동적으로 실행될 수 있도록 설정해 놓는데 사용하는 명령
- crontab : 사용자 계정 별 crontab 파일을 관리하는 명령

◉ 프로그램 관리 관련 명령

- rpm : rpm 기반 패키지 관리 프로그램, -i, -q, -V, -e 와 같은 다양한 옵션을 이용하여 패키지를 생성, 설치, 질문, 검증, 삭제를 수행할 수 있음
- yum : 대화형 rpm 기반 패키지 관리 프로그램, 레드햇 계열의 리눅스 배포판에서 RPM 호환 리눅스 운영체제를 위한 네트워크 지원 오픈 소스 명령라인 패키지 관리 유틸리티
- tar : 아카이브 파일을 생성하거나 기존의 아카이브 파일로부터 추출할 때 사용하는 명령
- gzip : Lempel-Ziv(LZ77/LZ78) 압축 알고리즘을 사용하는 압축 명령
- gunzip : Lempel-Ziv(LZ77/LZ78) 압축 알고리즘을 사용하여 압축된 파일의 압축을 해제하는 명령
- bzip2 : Burrows-Wheeler 블럭 정렬 텍스트 압축 알고리즘과 Huffman 코딩을 이용하여 파일을 압축하는 명령
- bzip2 : Burrows-Wheeler 블럭 정렬 텍스트 압축 알고리즘과 Huffman 코딩을 이용하여 압축된 파일을 압축 해제하는 명령
- split : 큰 사이즈의 파일을 여러 개의 작은 파일 분할하는 명령, cat 명령과 첨부 재지정(>>)으로 분할된 파일의 통합이 가능함
- diff : 지정한 파일의 내용을 비교하는 차이를 출력하는 명령

◉ 시스템 정보 확인 및 설정 관련 명령

- uname : 시스템 정보(커널 이름, 호스트 이름, 커널 버전, 하드웨어 머신의

종류, 프로세스 종류, 하드웨어 플랫폼, 운영체제 이름 등)를 출력하는 명령

- hostname : 호스트 이름을 출력하거나 재지정하는 명령
- w : 현재 시스템에 로그인한 사용자와 각 사용자가 실행한 프로세스에 대한 정보를 출력하는 명령
- who : 현재 시스템에 로그인한 사용자의 이름과 사용 중인 터미널 이름, 로그인 시간, 로그인한 호스트 이름을 출력하는 명령
- top : 실시간으로 시스템 작업에 대한 정보를 출력하는 명령
- free : 시스템 메모리에 대한 정보를 출력하는 명령, 시스템 전체 메모리, 사용 중인 메모리, 여유 메모리, 공유 메모리, 버퍼, 캐시 메모리 및 스왑 메모리에 대한 정보를 제공
- vmstat : 메모리 사용을 실시간으로 출력하는 명령
- last : 최근 시스템에 로그인한 사용자 정보를 제공하는 명령
- date : 현재 시스템의 시간과 날짜를 출력 또는 설정하는 명령
- timedatectl : 시스템 클럭의 설정을 변경하는 명령, date를 대체하는 명령

◉ 장치 관리 명령

- dmesg : 커널의 메시지 버퍼 내용을 출력하는 명령
- fdisk : 디스크 파티션 테이블 관리 명령, 파티션 테이블을 지정하거나, 변환 및 검사를 수행함
- mkfs : 지정한 파일 시스템을 생성하는 명령, 유사한 명령으로 mkfs.ext2, mkfs.ext3, mkfs.ext3. mkfs.xfs 등이 있음
- fsck : 리눅스 파일 시스템을 점검하고 수리하는 명령
- mount : 각 장치에 구성된 파일시스템을 지정한 경로에 마운트(리눅스 시스템에 연결)할 때 사용하는 명령
- umount : 지정한 경로에 연결된 장치를 언마운트(리눅스 시스템에서 연결 해제)할 때 사용하는 명령
- du : 특정 파일이나 디렉터리의 디스크 공간 사용 현황을 출력하는 명령
- df : 현재 마운트된 파일 시스템의 디스크 공간 사용 내용을 출력하는 명령

◉ 네트워크 관련 명령

- ifconfig : ip 주소 정보를 확인하는데 사용하는 명령, 네트워크 인터페이스의

설정 확인 및 활성/비활성하는 명령

- ping : 지정한 네트워크 장비에 신호(ECHO_REQUEST)를 보내는 명령
- ip : 라우팅, 디바이스, 정책 라우팅 등을 보여주거나 조작하는 명령
- ifup : 지정한 네트워크 디바이스를 메모리에 적재하여 활성하는 명령
- ifdown : 지정한 네트워크 디바이스를 메모리에 적재하여 비활성하는 명령
- nslookup : 지정한 네임 서버에 질의하여 네임 서버의 동작을 확인하는 명령
- route : 라우팅 테이블을 편집하고 출력하는 명령
- wget : 비대화형(non-interactive)으로 인터넷 프로토콜을 통해 파일을 검색하고 다운로드 하는 검출기, 지정한 url 정보를 이용하여 파일들을 네트워크를 통해 비대화형으로 다운로드 하는 프로그램
- arp : 시스템 ARP(Address Resolution Protocol) 캐쉬를 조작하는 명령, 참고로 ARP는 네트워크 상에서 IP 주소를 물리적 네트워크 주소로 대응(bind)시키기 위해 사용되는 프로토콜
- netstat : 네트워크 연결, 라우팅 테이블, 인터페이스 통계, 위장 연결 및 멀티캐스트 멤버십 등의 네트워크 사용 현황을 출력하는 명령
- traceroute : 지정한 목적지까지 패킷이 전송되는 경로를 출력하는 명령

◉ 시스템 및 보안 관리 명령

- systemctl : systemd 시스템 및 서비스 매니저를 제어하는 명령, start, stop, reload, restart, status 등 다양한 옵션으로 systemd 시스템과 서비스 관리자의 상태를 검사하고, 제어함
- locale : 시스템의 로케일 정보를 가져와 보고하는 명령
- runlevel : 유닉스 시스템 V 유형의 초기화를 구현한 컴퓨터 운영체제의 작동 모드, SysV 런레벨을 확인하는 명령
- firewall-cmd : firewalld 데몬의 실시간 또는 영구적인 설정 인터페이스를 제공하는 명령행 클라이언트
- iptables : 리눅스 커널에서 IPv4/IPv6 패킷 필터링과 NAT(Network Address Translation)를 위한 관리 도구
- setenforce : SELinux가 동작중인 시스템에 대하여 SELinux 모드를 설정하는 명령
- getenforce : SELinux가 동작중인 시스템에 대하여 현재 설정되어 있는

SELinux 모드를 보고하는 명령
- sestatus : SELinux가 동작중인 시스템에 상태를 출력하는 명령
- chcon : 파일(디렉토리, 장치...)의 SELinux 보안 컨텍스트 설정을 변경하는 명령
- restorecon : 사전에 설정된 보안 정책에 의해 컨텍스트를 자동 설정
- getsebool : SELinux 불리어의 상태를 보고하는 명령
- setsebool : SELinux 불리언의 상태를 설정하는 명령
- semanage : SELinux 보안 정책 관리 명령, 보안 정책을 조회, 추가, 변경, 삭제할 수 있음

◉ 기타 참고 자료

○ systemd 역할 : 새로운 프로세스를 생성하고, 생성한 프로세스가 종료되면 재시작하며, 부팅과정에서 스크립트를 실행을 담당. 서비스 데몬을 시작하고, 프로세스들의 상태를 유지하며, 시스템의 상태를 관리함. 전통적인 리눅스 시스템의 1번 프로세스인 init를 대체한 데몬

(1) systemctl : systemd 시스템 및 서비스 매니저를 제어하는 명령

(2) # systemctl reboot : 시스템을 셧다운하고 재부팅한다.
shutdown -r now, # reboot 와 동일함

(3) # systemctl halt :시스템을 셧다운하고 모드 CPU 함수들을 멈춘다. # shutdown -h now와 유사함

(4) # systemctl poweroff 은 셧다운하고 전원을 끈다

(5) nice : 수정된 스케쥴링 우선순위 프로그램

(6) hostnamectl : 시스템의 호스트 이름을 제어하는 명령

○ 패키지 형식이 아닌 소스 기반 설치시

(1) configure : 설치 환경 설정 및 Makefile 생성을 수행하는 스크립트

(2) make : 프로그램의 그룹들을 유지 관리하기 위한 GNU make 도구로 대상 소스들을 컴파일하고, 링크하여 바이너리를 생성함.

(3) make install : 설치 환경 정보에 지정된 디렉터리에 생성된 바이너리들을 복사하는 함.

○ bash에 빌트인 되어 있는 명령들

disown, bash-echo, enable, eval, exec, exit, bash-export, fc, fg, for, getopts, hash,help, history, if, jobs, bash-kill, let, local, logout, popd, pushd, bash-pwd, read, read-only, return, set, shift, shopt, source, suspend, bash-test, times, trap, type, typeset, uimit, umask, unalias, unset, until, wait, while

2) 리눅스 서비스

① Web Server : Apache

아파치는 1995년 NCSA HTTPD 1.3 버젼을 기반으로 탄생.
지금은 기능을 향상시켜 세계에서 가장 많이 사용되는 웹 서버이다.
웹 주소 : http://www.apache.org

② Mail Server : Sendmail

글라이인트 측의 요청에 따라 전자 우편의 송/수신을 처리하는 서버.
메일서버는 인터넷 전자 메일을 사용할 수 있는 서비스를 클라이언트에게 제공하는 것.
웹 주소 : http://www.sendmail.org

③ Telnet Server : Telnet

로컬이 아닌 리모트 시스템에서 서버를 제어 할 수 있도록 하는 서비스.

④ FTP Server : FTP

파일전송 서비스. 텔넷 서비스와 마찬가지로 리눅스/유닉스에서 기본적으로 패키지에 포함.

⑤ DNS Server : DNS

DNS는 도메인 네임과 IP 어드레스를 연결시켜 주는 분산 네이밍 시스템 서비스.
웹 주소 : http://www.bind.com

⑥ DHCP Server : DHCP

Lan에 물려있는 컴퓨터들에게 IP 어드레스를 동적으로 할당해주는 프로토콜.

⑦ DB server : Mysql, Oracle

MySQL 은 멀티유저, 멀티스레드가 가능한 공개된 관계형 데이터베이스.

Oracle은 상업용 관계형 데이터베이스 프로그램으로, 다양한 플랫폼에서 사용 가능.

서버군과 클라이언트 군으로 제품이 나누어짐.

⑧ Personal Home Page : PHP

PHP는 Perl, ASP, JSP, CGI 등과 같은 스크립트 언어의 일종.

4. 유형 문제 풀이

예제 1

Default Server를 ns.kt-idc.com으로 변경하려고 한다.
아래 〈화면〉과 같은 결과가 나올 수 있도록 빈칸(1)의 내용을 적으시오.

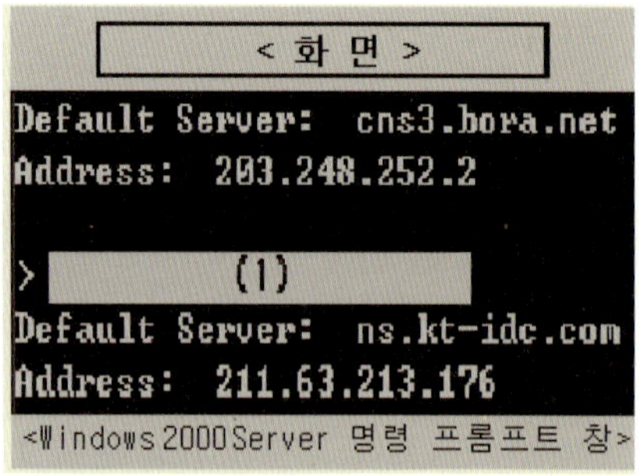

Answer

SERVER ns.kt-idc.com (NSLOOKUP은 이미입력됨 "〉" 이 증명해줌)

예제 2

아래 〈화면〉은 Redhat 7.x Linux의 /etc/inittab 파일 내용이다.
현재 설정 되어 있는 Default RunLevel 번호와 〈내용〉에서 가장 적절한 번호를 답안란에 적으시오.

화 면

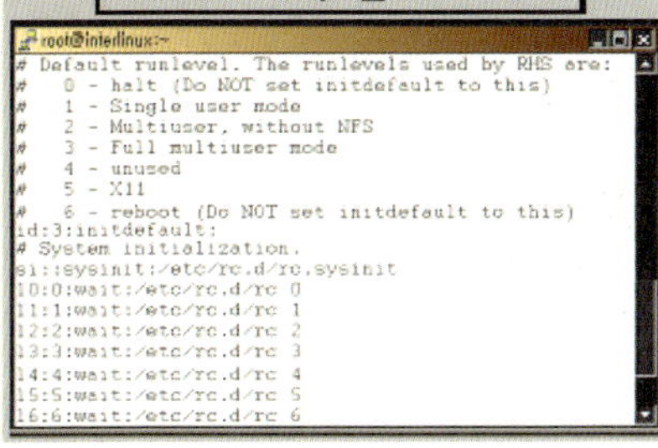

```
# Default runlevel. The runlevels used by RHS are:
#   0 - halt (Do NOT set initdefault to this)
#   1 - Single user mode
#   2 - Multiuser, without NFS
#   3 - Full multiuser mode
#   4 - unused
#   5 - X11
#   6 - reboot (Do NOT set initdefault to this)
id:3:initdefault:
# System initialization.
si::sysinit:/etc/rc.d/rc.sysinit
l0:0:wait:/etc/rc.d/rc 0
l1:1:wait:/etc/rc.d/rc 1
l2:2:wait:/etc/rc.d/rc 2
l3:3:wait:/etc/rc.d/rc 3
l4:4:wait:/etc/rc.d/rc 4
l5:5:wait:/etc/rc.d/rc 5
l6:6:wait:/etc/rc.d/rc 6
```

내 용

1. RunLevel 1 - Single user mode
2. RunLevel 2 - Multiuser, without NFS
3. RunLevel 3 - Full multiuser mode
4. RunLevel 4 - unused
5. RunLevel 5 - X11(X Window)
6. RunLevel 6 - reboot
7. RunLevel 0 - Halt

Answer

level 3 다중 사용자 모드 (text mode)

예제 3

〈화면〉은 Linux 시스템 부팅 시 서비스 되는 목록을 보여주고 있다.
〈화면〉과 같이 나타나게 해주는 명령어를 답안 란에 입력하시오.

화 면

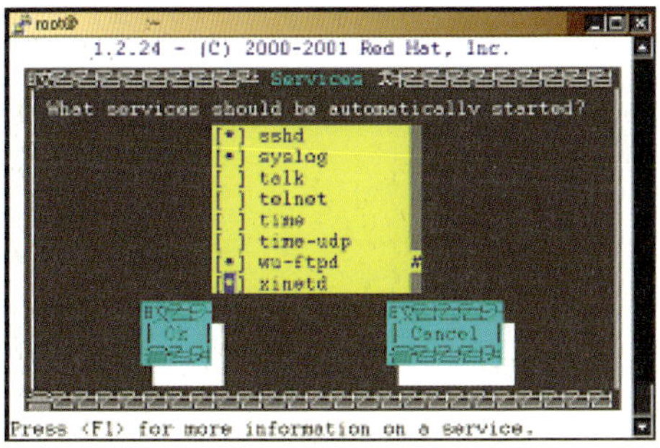

Answer

ntsysv

예제 4

Linux에서 명령어(A)는 네트워크 인터페이스를 점검하고, 연결을 설정하거나 해제하고, 적당한 주소를 할당 할 때 사용하는 명령어이다.
Windows 2000 Server의 "ipconfig"와 유사한 명령어(A)는 무엇인지 아래 〈화면〉을 참조하여 답안란에 서술하시오.

화 면

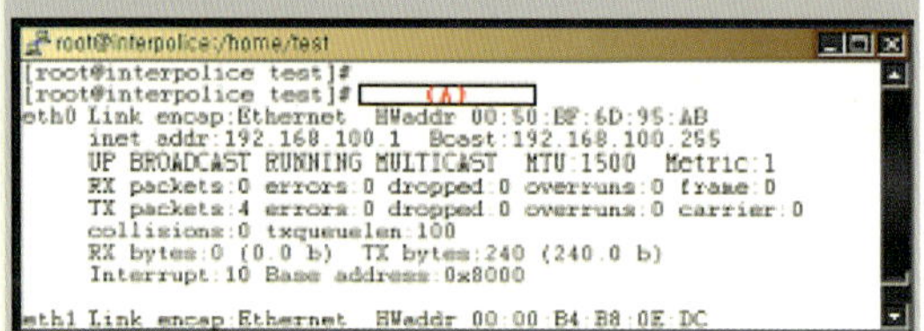

Answer

ifconfig

예제 5

아래 〈화면〉은 Linux에서 계정(icqa)을 생성하는 과정이다. 빈칸(가~라)에 들어갈 내용을 답안란에 서술하시오. (단, icqa 계정 패스워드는 "icqapass" 이다.)

화 면

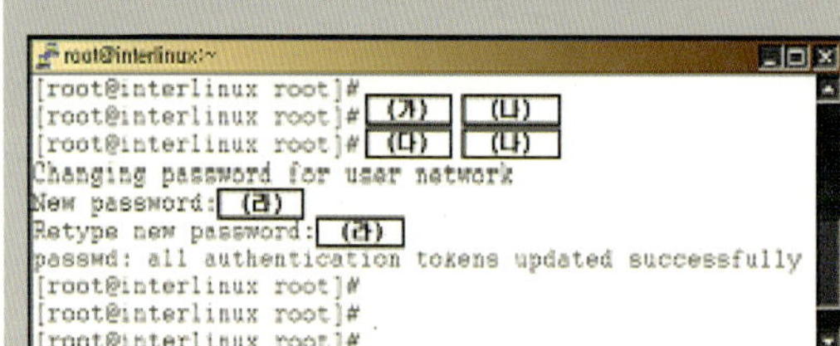

Answer

가. useradd 나. icqa 다. passwd 라. icqapass

예제 6

아래 〈화면〉은 Linux 시스템에서 계정 "network"을 생성하는 과정이다. 빈칸(가~라)에 들어갈 내용을 답안란 에 입력하시오. (단, 계정"network"의 패스워드는 "ICQApass" 이다.) (답안 입력 예 : 가-xxx, 나-xxx, 다-xxx, 라-xxx)

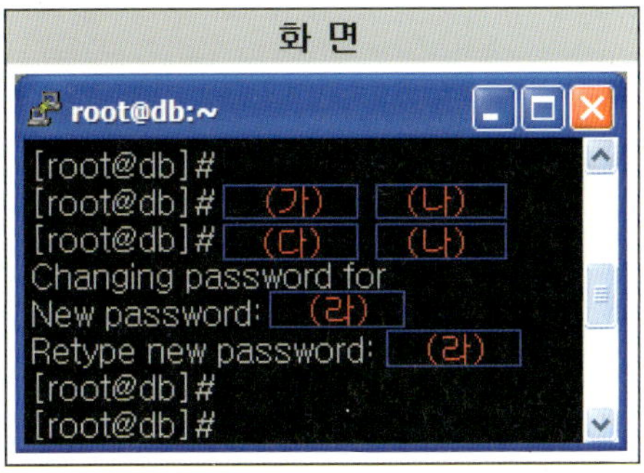

Answer

가 – useradd　나 – network　다 – passwd　라 – ICQApass

예제 7

Linux 시스템에는 명령어 히스토리 기능을 기본으로 제공한다.
아래 〈화면〉과 같이 기존에 사용한 명령어 히스토리를 모두 지우는 명령어 (가)와 옵션(나)을 답안란에 예(가-xxx, 나-yyy)와 같이 입력하시오.

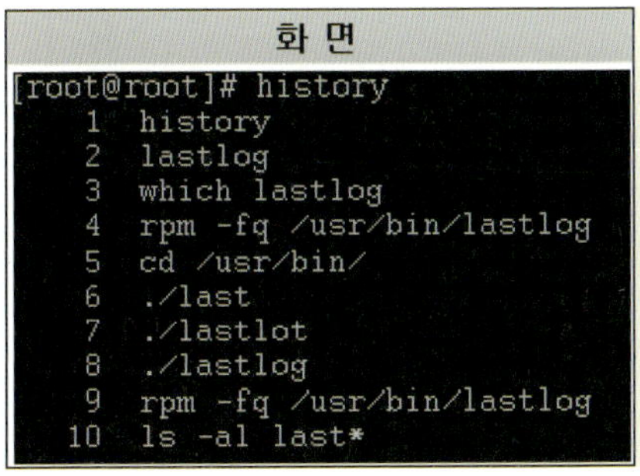

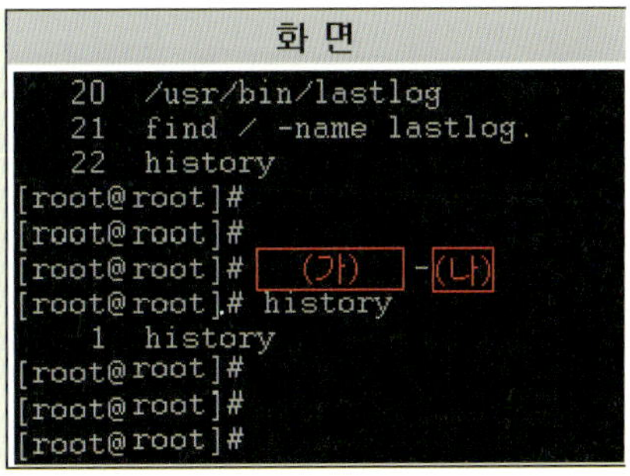

Answer

가 – history　나 –c

예제 8

〈화면〉은 RedHat 7.3의 FTP 환경 설정내용을 보여주고 있다. 시스템 재부팅 시 자동으로 FTP 서비스를 이용할 수 없도록 설정하려고 한다. 어떤 내용을 어떻게 수정해야 하는지 답안란에 예(user=root를 user=icqa로 변경)와 같이 입력하시오.

화 면

```
disable = no
socket_ype          = stream
wait                = yes
user                = root
server              = /usr/sbin/in.ftp
server_args         = -l -a
login_on_success    += DURATION USERID
login_on_failure    += USERID
nice                = 10
```

Answer

disable = yes 로 설정한다.

예제 9

아래 〈화면〉은 RedHat 7.x의 Telnet 환경 설정 내용이다. 재부팅 시 자동으로 Telnet 서비스를 이용할 수 있도록 설정하려고 한다. 어떤 내용을 수정해야 하는지 답안란에 입력하시오.

화 면

```
root@interlinux:/etc/xinetd.d
[root@interlinux xinetd.d]# pwd
/etc/xinetd.d
[root@interlinux xinetd.d]# cat telnet
# default: on
# description: The telnet server serves telnet sessions; it uses \
#       unencrypted username/password pairs for authentication.
service telnet
{
        disable = yes
        flags           = REUSE
        socket_type     = stream
        wait            = no
        user            = root
        server          = /usr/sbin/in.telnetd
        log_on_failure  += USERID
}
[root@interlinux xinetd.d]#
```

Answer

disable=no 로 설정한다.

예제 10

아래 〈화면〉은 Linux 시스템의 하드디스크 정보를 보여주고 있다. 〈보기〉에서 맞는 번호를 하나만 선택하여 답안란에 입력하시오.

화 면

```
[root@NS2 root]# fdisk -l
Disk /dev/hda: 255 heads, 63 sect
Units = cylinders of 16065 * 512
   Device Boot    Start       End
/dev/hda1   *         1       382
/dev/hda2           383      1019
/dev/hda3          1020      1084
/dev/hda4          1085      2438
/dev/hda5          1085      2438
Disk /dev/hdb: 255 heads, 63 sect
Units = cylinders of 16065 * 512
   Device Boot    Start       End
/dev/hdb1             1      2438
[root@NS2 root]#
```

보 기

1. 현재 IDE하드를 1개 사용중이다.
2. 현재 IDE하드를 2개 사용중이다.
3. 현재 IDE하드를 3개 사용중이다.
4. 현재 IDE하드를 5개 사용중이다.
5. 현재 SCSI하드를 1개 사용중이다.
6. 현재 SCSI하드를 2개 사용중이다.
7. 현재 SCSI하드를 3개 사용중이다.
8. 현재 SCSI하드를 5개 사용중이다.

Answer

2번

예제 11

아래 Linux 〈화면〉을 보고 가장 적절한 것을 〈보기〉에서 하나 선택하여 답안란에 해당 번호를 입력하시오.

화 면

```
2:test2.icqa.or.kr - default - SSH Secure Shell
File  Edit  View  Window  Help
[root@web1 /root]# fdisk -l

Disk /dev/hda: 255 heads, 63 sectors, 2110 cylinders
Units = cylinders of 16065 * 512 bytes

   Device Boot    Start       End    Blocks   Id  System
/dev/hda1   *         1         4    32098+   83  Linux
/dev/hda2             5       276   2184840    5  Extended
/dev/hda5             5       259   2048256   83  Linux
/dev/hda6           260       276    136521   82  Linux swap
[root@web1 /root]#
Connected to test2.icqa.or.kr    SSH2 - 3des-cbc - hmac-md5 -
```

보 기

1. 현재 물리적인 IDE 하드를 한 개 사용
2. 현재 물리적인 IDE 하드를 두 개 사용
3. 현재 물리적인 IDE 하드를 다섯 개 사용
4. 현재 물리적인 IDE 하드를 여섯 개 사용
5. 현재 물리적인 SCSI 하드를 한 개 사용
6. 현재 물리적인 SCSI 하드를 두 개 사용
7. 현재 물리적인 SCSI 하드를 다섯 개 사용
8. 현재 물리적인 SCSI 하드를 여섯 개 사용

Answer

1번

예제 12

각 계정들의 최근 접속 정보를 확인하는 명령어로 주로 서버의 보안점검을 위하여 필수적으로 사용한다. 아래 〈화면〉과 같이 출력되는 명령어(A)를 답안 란에 입력하시오.

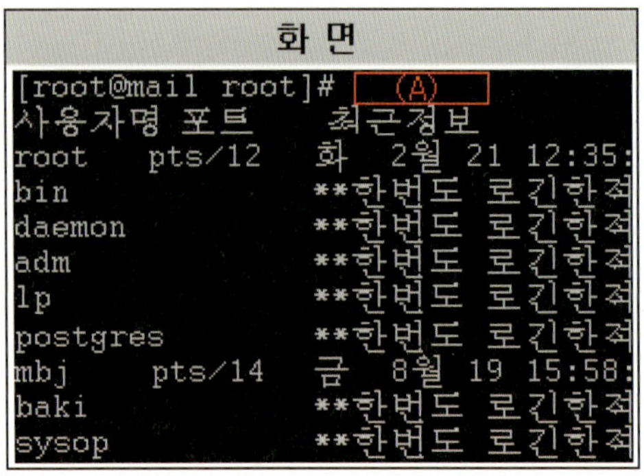

Answer

who lastlog

예제 13

아래 〈화면1〉은 /etc/passwd 파일의 내용을 VI(Visual Interface)로 보여주고 있다. 〈화면2〉와 같이 각 라인별 번호를 나타내는 명령어를 답안란에 입력하시오.

제 시 문 제

문제 해결 후 시스템 상태

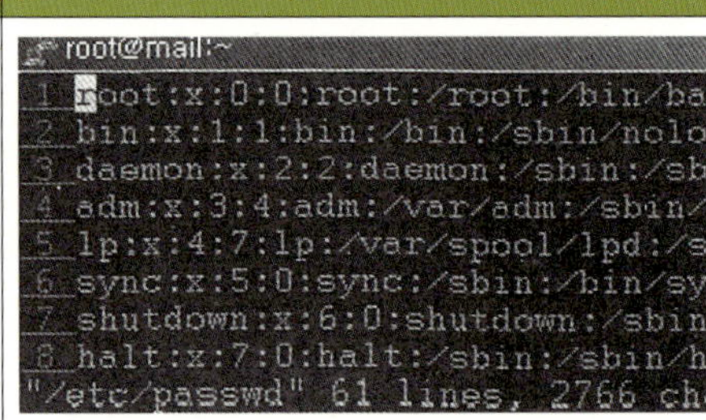

Answer

vi 를 실행하고 :set nu 라 명령한다.

예제 14

아래 〈화면〉은 명령어 'A'를 이용한 파일 권한 변경 과정을 보여주고 있다. 'A'에 올바른 것을 〈보기〉에서 두 개만 선택하여 해당번호를 답안 란에 입력하시오.

제 시 문 제	문제 해결 후 시스템 상태
# ls -l -rw-rw-rw- 1 root root (중간 생략) test # (A) # ls -l -rw-rw-r-- 1 root root (중간 생략) test	1. chmod 664 test 2. chmod a+r test 3. chmod g+r test 4. chmod 633 test 5. chmod o+r test 6. chmod o=r test 7. chmod o-wx test 8. chmod a-r test

Answer

1번, 7빈

예제 15

Linux의 "pwd" 명령어는 현재 사용자가 위치한 디렉터리의 절대경로를 출력해준다. 〈화면〉의 빈칸(A)에 출력되는 디렉터리 절대 경로를 답안 란에 입력(예: /usr/local)하시오. (단, Linux 시스템은 RedHat 7.2 버전으로 계정 생성 시 옵션 사용하지 않았으며, 변경은 없다.)

화 면

```
network@
login as: network
Sent username "network"
network@          's password:
[network@icqa network]$ cd /
[network@icqa /]$ pwd
/
[network@icqa /]$ cd ~
[network@icqa network]$ pwd
      (A)
[network@icqa network]$
```

/etc/default/useradd 파일 내용

```
root@interlinux:~
# useradd defaults file
GROUP=100
HOME=/home
INACTIVE=-1
EXPIRE=
SHELL=/bin/bash
SKEL=/etc/skel
```

Answer

/home/network

예제 16

아래 〈화면〉은 Linux 시스템에서 FTP 서버 프로세스(vsftpd)의 수행을 종료시키는 과정을 보여주고 있다. 빈칸(가)에 해당하는 명령어를 답안 란에 입력하시오.

화 면

```
[root@ICQA root]# ps
 PID    TTY      TIME    CMD
3864   pts/1   00:00:00  bash
3895   pts/1   00:00:00  vsftpd
4397   pts/1   00:00:00  ps
[root@ICQA root]# (가) -9 3895
[root@ICQA root]# ps
 PID    TTY      TIME    CMD
3864   pts/1   00:00:00  bash
4397   pts/1   00:00:00  ps
[root@ICQA root]#
```

Answer

kill

예제 17

아래 〈화면〉은 "ls"라는 명령어가 포함된 Redhat Package Manager를 찾기 위한 과정이다. 빈칸(A)에 해당하는 명령어를 답안란에 입력하시오.

```
[root@icqa root]#
[root@icqa root]#which ls
 /bin/ls
[root@icqa root]#[A] -qf /bin/ls
fileutils-4.1-10.1
[root@icqa root]#
```

Answer

rpm

예제 18

일반적으로 Linux 시스템의 root 계정은 막강한 권한을 가지고 있다. 그래서 대부분의 작업은 따로 일반계정을 만들어서 그 계정으로 작업을 하고 특별히 root 의 권한이 필요한 경우 어떤 명령어 'A'을/를 사용해서 root 의 권한을 가지고 작업을 할 수 있다. 이 명령어 'A'은/는 무엇인지 답안란에 입력하시오.

화 면

```
root@interlinux:~
[mbj@interlinux mbj]$ id
uid=535(mbj) gid=536(mbj) groups=536(mbj),10(wheel)
[mbj@interlinux mbj]$ whoami
mbj
[mbj@interlinux mbj]$  (A)
Password:
[root@interlinux root]# id
uid=0(root) gid=0(root) groups=0(root),1(bin),2(daemon),3(sys),4
(adm),6(disk),10(wheel)
[root@interlinux root]# whoami
root
[root@interlinux root]#
```

Answer

su

예제 19

〈화면〉과 같이 원격지 타임서버(time.bora.net)로부터 날짜시간정보를 가져와 로컬 Linux 시스템의 날짜와 시간을 설정하는 명령어(A)를 답안란에 입력하시오.

```
[root@root]#
[root@root]#date
2003. 05. 06.(화) 01:01:04 KST
[root@root]#
[root@root]# (A) -s time.bora.net
[root@root]#
[root@root]#date
2006. 02. 21.(화) 14:17:44 KST
[root@root]#
[root@root]#
```

Answer

rdate

예제 20

Linux 시스템의 〈화면〉을 보고 〈설명〉 (A)에 해당하는 명령어를 답안란에 입력하시오.

(A)은/는 메모리 소비율과 CPU 점유율등을 실시간 모니터링하기 위한 명령어로, CPU와 메모리 소비율을 20개 내외의 표로 나타내주며, '-q' 옵션을 이용해 지연시간없이 실시간으로 정보를 확인할 수 있다.

```
43 processes: 42 sleeping, 1 running, 0 zombie, 0 stopped
CPU states:  0.5% user,  0.0% system,  0.0% nice, 99.4% idle
Mem:    62204K av,   51340K used,   10864K free,        48K shrd,     13144I
Swap:  522104K av,    3048K used,  519056K free                       23236I
ed

  PID USER      PRI  NI  SIZE  RSS SHARE STAT %CPU %MEM   TIME COMMAND
 1414 root       18   0  1028 1028   832 R     0.5  1.6   0:00 top
    1 root        8   0   116   68    68 S     0.0  0.1   0:06 init
    2 root        8   0     0    0     0 SW    0.0  0.0   0:00 keventd
    3 root        9   0     0    0     0 SW    0.0  0.0   0:00 kapm-idle:
    4 root       19  19     0    0     0 SWN   0.0  0.0   0:00 ksoftirqd_
    5 root        9   0     0    0     0 SW    0.0  0.0   0:01 kswapd
    6 root        9   0     0    0     0 SW    0.0  0.0   0:00 kreclaimd
    7 root        9   0     0    0     0 SW    0.0  0.0   0:00 bdflush
    8 root        9   0     0    0     0 SW    0.0  0.0   0:00 kupdated
    9 root       -1 -20     0    0     0 SW<   0.0  0.0   0:00 mdrecoveryd
   13 root        9   0     0    0     0 SW    0.0  0.0   0:06 kjournald
   89 root        9   0     0    0     0 SW    0.0  0.0   0:00 khubd
  182 root        9   0     0    0     0 SW    0.0  0.0   0:00 kjournald
  579 root        9   0   336  324   324 S     0.0  0.5   0:04 syslogd
  584 root        9   0   804  168   156 S     0.0  0.2   0:00 klogd
  604 rpc         9   0    84    4     4 S     0.0  0.0   0:00 portmap
  632 rpcuser     9   0   100    4     4 S     0.0  0.0   0:00 rpc.statd
```

Answer

top

예제 21

아래 〈화면〉은 Linux의 "/proc/sys/net/ipv4/icmp_echo_ignore_all" 파일 내용을 보여주고 있다. 내용 중 '1'을 '0'으로 수정 할 경우 어떤 영향이 있는지 〈보기〉에서 번호를 하나만 선택하여 답안란에 입력하시오.

보 기

1. Telnet을 사용할 수 없다.
2. Telnet을 사용할 수 있다.
3. SSH을 사용할 수 없다.
4. SSH을 사용할 수 있다.
5. Ping에 대한 응답이 없다.
6. Ping에 대한 응답이 있다.
7. FTP를 사용할 수 없다.
8. FTP를 사용할 수 있다.

화 면

```
[root@]# pwd
/proc/sys/net/ipv4
[root@]# cat icmp_echo_ignore_all
1    '1' 을 '0' 으로 수정
[root@]#
[root@]#
```

Answer

6번

icmp는 ping이며 1을 0으로 수정하면 응답이 있고, 0을 1로 수정하면 응답이 없다.

예제 22

아래 〈Linux 파티션 설정〉 화면을 살펴보면 크게 "/boot", "/", 그리고 유형이 (가)인 파티션이 있다. "/boot"는 부팅에 쓰이는 파티션이며, "/"는 나머지 모든 파일에 쓰인다. 그리고 (가)는 가상 메모리를 만들기 위해 쓰이며, 일반적으로 물리적 메모리의 2배를 권장하고 있다. (가)는 무엇인지 답안란에 입력하시오.

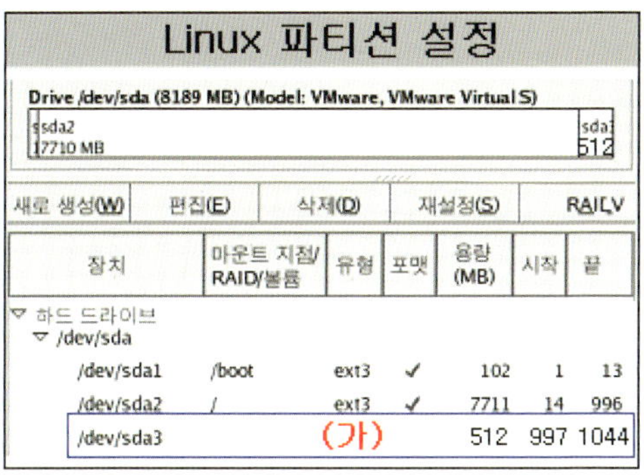

Answer

swap

예제 23

Linux 시스템에서 아래 〈화면〉이 출력되는 명령어(A)를 답안 란에 입력하시오.

화 면

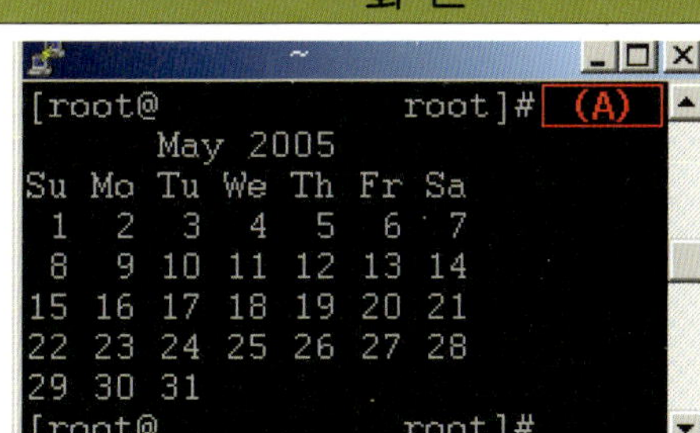

Answer

cal

예제 24

아래 화면은 Linux에서 사용자가 "ls"에 대한 정보(이름, 사용법, 설명, 옵션, 환경, 관련항목 등)를 알고 싶을 때 사용하는 명령어로 Linux에서 도움말에 해당하는 명령어를 답안 란에 기술하시오.

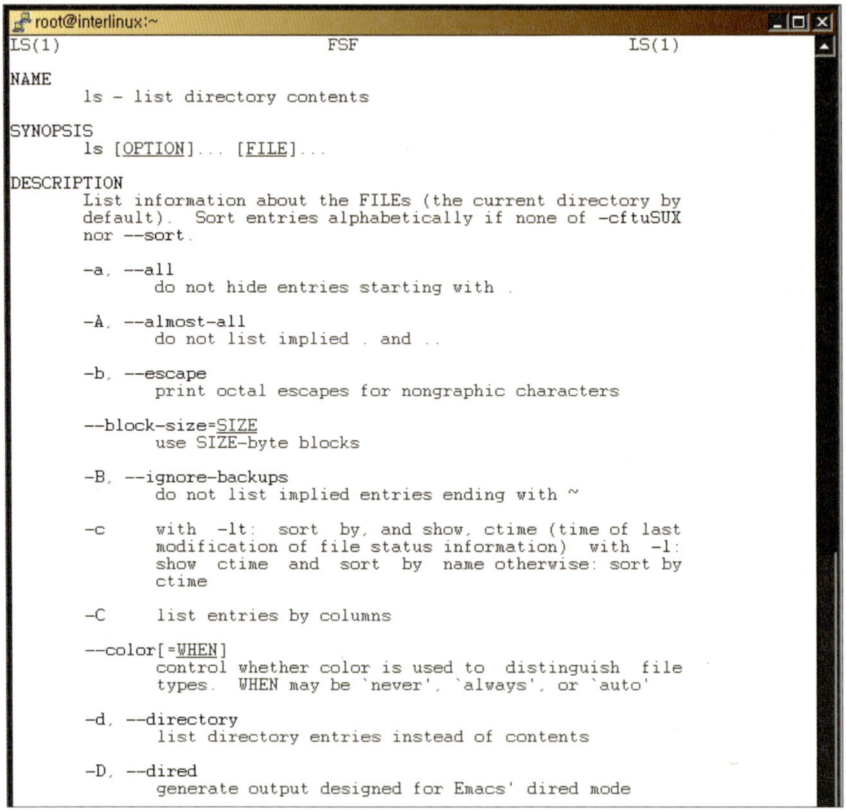

```
root@interlinux:~
LS(1)                          FSF                          LS(1)

NAME
       ls - list directory contents

SYNOPSIS
       ls [OPTION]... [FILE]...

DESCRIPTION
       List information about the FILEs (the current directory by
       default).  Sort entries alphabetically if none of -cftuSUX
       nor --sort.

       -a, --all
              do not hide entries starting with .

       -A, --almost-all
              do not list implied . and ..

       -b, --escape
              print octal escapes for nongraphic characters

       --block-size=SIZE
              use SIZE-byte blocks

       -B, --ignore-backups
              do not list implied entries ending with ~

       -c     with -lt: sort by, and show, ctime (time of last
              modification of file status information) with -l:
              show ctime and sort by name otherwise: sort by
              ctime

       -C     list entries by columns

       --color[=WHEN]
              control whether color is used to distinguish file
              types.  WHEN may be `never', `always', or `auto'

       -d, --directory
              list directory entries instead of contents

       -D, --dired
              generate output designed for Emacs' dired mode
```

Answer

man ls

예제 25

Linux에서 〈화면1〉과 같이 각 파일시스템의 파티션 정보와 디스크의 이용 상태 정보를 확인하는 명령어는 (A)이며, 〈화면2〉와 같이 디렉터리별 디스크의 사용 정보를 확인하는 명령어는 (B)이다. 명령어 A와 B를 답안 란에 서술하시오.

화 면1

```
root@interlinux:~
[root@interlinux root]#
[root@interlinux root]# pwd
/root
[root@interlinux root]# (A)
Filesystem           1k-blocks      Used Available Use% Mounted on
/dev/hda1               256667     87591    155824  36% /
none                     31100         0     31100   0% /dev/shm
/dev/hda2              3352268   2698328    483652  85% /usr
/dev/hdc1              9803940   2250380   7055548  25% /home
[root@interlinux root]#
[root@interlinux root]#
```

화 면2

```
root@interlinux:~
[root@interlinux root]# pwd
/root
[root@interlinux root]# (B)
4       ./.ssh2/hostkeys
6       ./.ssh2
3       ./.ssh
150     ./rc.d
205     .
[root@interlinux root]#
```

Answer

A = df　B =du

Chapter

04

ROUTER

제4장 ROUTER

1. ROUTER

1) 라우터(Router) 정의

라우터(Router)란 네트워크와 네트워크 간의 경로(Route)를 설정하고 가장 빠른 길로 트래픽을 이끌어주는 네트워크 장비다. 우리말로 풀어보면 '경로 설정기'라고 할 수 있다.

이러한 라우터를 관리, 사용하는데 필요한 기본적인 모드는 다음과 같다.

2) 라우터의 모드

(1) User Mode

- 테스트를 목적(ping이나 trace)으로 사용되며, 현재 상태만 확인해 볼 수 있다.

  프롬프트 : Router〉

(2) Privileged Mode

- 유저 모드에서 enable 명령어를 통해 전환되는 모드
- 관리자 모드로서 라우터의 모든 명령어가 가능하다. (라우터의 구성확인 및 변경 가능)

  프롬프트 : Router#

(3) Global Configuration Mode

- Privileged Mode에서 config terminal 명령어를 통해 전환되는 모드
- 라우터의 구성 파일을 변경하는 경우에 사용하는 모드

  프롬프트 : Router(config)#

Line

- 라인의 설정 상태를 변경 할 수 있다.
- 라인의 종류에는 VTY(telnet), AUX, CON이 있다.
- Global Configuration Mode를 통해서만 접근할 수 있다.
- 'line 라인이름 라인번호' 명령어를 통해 전환되는 모드

  프롬프트 : Router(config-line)#

Interface

- 인터페이스의 설정 상태를 변경 할 수 있다.
- 인터페이스의 종류에는 Serial, Ethernet이 있다.
- Global Configuration Mode를 통해서만 접근할 수 있다.
- 'Interface 인터페이스이름 인터페이스번호' 명령어를 통해 전환되는 모드

  프롬프트 : Router(config-if)#

(4) Setup Mode

- Configuration File이 없는 경우, 자동으로 나타나 interactive한 라우터 설정이 가능하다.
- 보통 라우터를 처음 동작 시킬 때 라우터의 구성파일이 없기 때문에 부팅하면서 자동으로 들어가는 모드

2. ROUTER 명령어

1) 라우터에 logging하기

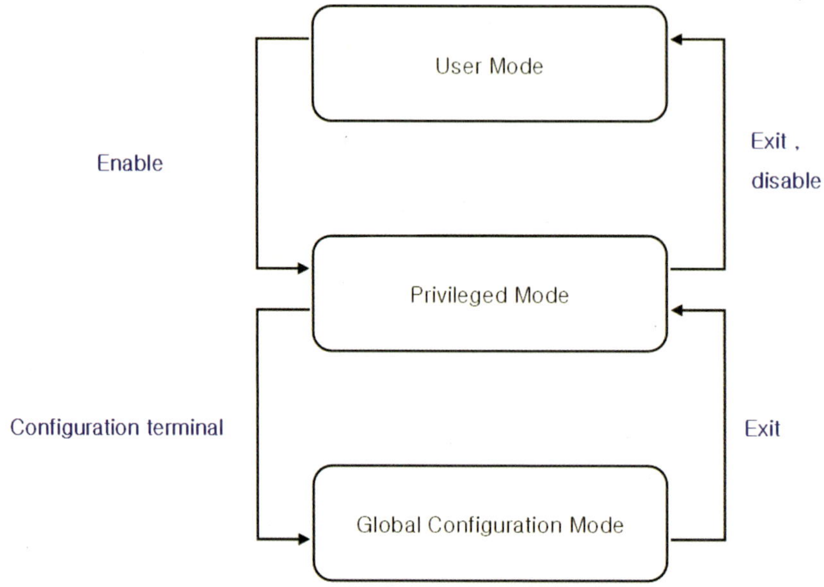

〈라우터 모드 전환 명령어〉

2) 라우터 모드 전환하기 연습

Router>	- 처음 라우터를 부팅하면 User Mode로 시작한다.
Router>en	- enable의 약어
Router#	- Privileged Mode
Router#conf t	- Configuration terminal의 약어
Router(config)#	- Global Configuration Mode
Router(config)#int f 0/0	**- interface fastethernet 0/0 의 약어**
Router(config-if)#	- Interface
Router(config-if)#**exit**	- 한 단계 앞 모드로 이동
Router(config)#	- 다시 Global Configuration Mode
Router(config)#**line aux 0**	
Router(config-line)#	- line
Router(config-line)#**end**	- end 명령으로 Privileged Mode
Router#	- Privileged Mode

3) 라우터 상태 확인하기

show 명령은 Privileged Mode에서 사용

명령어(약어)	기 능
show buffers	버퍼를 통과하는 데이터 패킷에 대한 통계 수치 나열
show cdp entry hostname show cdp neighbor show cdp interface	인접장비의 설정정보를 보여줌(정확한 장비명을 알 경우) 라우터와 직접연결된 장비들의 정보를 보여줌 어떤 인터페이스가 cdp를 사용하고 있는지 알려줌 ※ cdp(cisco discovery protocol)
show flash	플래시 메모리에 현재 어떠한 IOS 이미지 파일이 저장되어 있는지 보여줌
show hosts	라우터에 저장된 host 이름과 주소표를 보여줌
show interfaces (sh int)	라우터 인터페이스에 대한 설정과 작동상태를 보여줌
show interface serial 0/0 (sh int s 0/0)	**serial 0/0에 대한 인터페이스 정보를 보여줌**
show ip interface	ip 인터페이스의 ip 설정 사항과 주소를 보여줌 **line protocol is down 상태** – 인터페이스 장애 or 인터페이스는 작동하지만 신호를 보내지 않는 상태
show ip protocols	설정된 ip라우터 프로토콜과 관련정보를 보여줌
show ipx interface	ipx 인터페이스의 설정 사항과 주소를 보여줌
show memory	라우터의 모든 메모리와 사용통계를 보여줌
show processes	라우터에서 실행되고 있는 프로세스를 보여줌
show protocols	라우터에 설정된 모든 layer3 프로토콜 정보를 보여줌
show stack	스택 사용율 이나 인터럽트 루틴을 알아볼 때 사용
show version	버전정보, 어디에 위치한 부트이미지를 사용했는지 얼마나 오랫동안 문제없이 사용됐는지 등의 정보를 알려줌
show running-config (sh run)	현재 작동중인 라우터의 설정사항을 보여줌 (현재 운용에 관련된 설정정보) 저장 안하고 재부팅 시 적용이 안 됨
show startup-config (sh start)	장비가 저장된 설정 사항을 시작할 때 사용하는데 그 내용을 보여줌
show clock	현재 시간을 보여줌

4) Password 설정하기

(line에 패스워드 설정 시 login)

access 수단	password 설정	기 능
	login **Network**	
보조포트(Aux)	Router(config)# line aux 0 Router(config-line)#login Router(config-line)#password **Network**	보조포트(AUX)에 패스워드 설정
가상터미널 (텔넷세션)	Router(config)# line vty 0 4 Router(config-line)#login Router(config-line)#password **Network**	동시 5개 텔넷 세션 허용 0~4까지의 텔넷에 패스워드 설정
privilege 모드 진입 시	Router#configure terminal Router(config)# enable password **Network**	privilege 모드 진입시 입력하는 패스워드 설정
	Router#configure terminal Router(config)# enable secret **Network**	privilege 모드 진입시 입력하는 패스워드 설정 enable 패스워드 보다 우선적용 MD5해쉬 알고리즘을 이용해 암호화

5) 호스트이름 변경하기

명령어	기 능
Router#conf t Router(config)# hostname **Network** **Network**(config)#	라우터이름을 Network로 변경

6) 히스토리 사이즈 변경하기

(history 버퍼를 통해 이전에 입력한 명령어들을 기억)

명령어	기 능
Router#terminal history size 20	history size를 10(디폴트)에서 20으로 변경
Router#show history	입력했던 명령어를 히스토리 사이즈 만큼 출력

7) 라우터에 유저네임 & 패스워드 설정

명령어	기 능
Router(config)#username **NAME** password **PASS**	유저네임을 'NAME'으로 패스워드를 'PASS'로 설정

8) 환영 메시지 설정하기

(라우터 부팅 시 환영하는 메시지 출력하기)

명령어	내용
Router(config)#banner motd # **환영합니다.** #	'#'은 메시지의 시작과 끝을 나타낸다. '#'말고 '@'나 다른 문자도 사용 가능하다. 라우터 부팅 시 **환영합니다.** 라는 메시지를 출력한다.

9) 시간 설정하기

명령어	기 능
Router#clock set ?	clock set 시 일 월 년도(미국식) 순으로 값들을 입력 정확히 모를 경우 '?' 사용 시간 설정해준다.

10) 라우터 포트에 ip 할당, 삭제하기

(serial, ethernet 모두 가능하다)

명령어	기 능
Router#conf t Router(config)#interface serial **0/0** Router(config-if)#ip address 192.168.2.5 255.255.255.0 Router(config-if)#**no shutdown**	**serial 0/0** 포트에 192.168.2.5의 IP 주소를 할당 서브넷은 255.255.255.0 이며, no shut-down명령을 통해 활성화 시킨다.
Router#conf t Router(config)#interface serial **0/0** Router(config-if)#ip address 192.168.2.6 255.255.255.0 **sec**	IP가 할당된 상태에서 IP를 하나 더 추가한다.
Router#conf t Router(config)#interface serial **0/0** Router(config-if)#**no** ip address	serial **0/0** 포트에 모든 ip를 삭제한다.

※ 아이피를 제시 할 때 CIDR표기법을 사용하는 경우가 있는데 여기서 씨더(CIDR) 표기법이란 192.168.0.1/30 이런 식으로 '/30' 으로 길이를 이용해 서브넷

마스크를 알려주는 방식이다. 방법은 간단하다. 앞에서 30비트를 1로 채워주기만 하면 된다.

즉 1111 1111 . 1111 1111 . 1111 1111 . 1111 1100(2) 를 10진수로 변환을 하면 255.255.255.252(10) 이 된다.

만약에 '/22' 이라고 한다면

	8비트	8비트	8비트	8비트
2진수	1111 1111	1111 1111	1111 1100	0000 0000
10진수	255	255	252	0

이렇게 해서 '/22'의 서브넷 마스크는 255.255.252.0 이 된다.

11) 라우팅 table 보기

(routing table에서 'C' : 직접연결을 의미, 'S' : 정적경로(static)를 의미)

명령어	기 능
Router#show ip route	라우터에 설정된 주소와 포트 관계를 보여줌

12) 라우터 인터페이스에 클럭속도 및 대역폭 설정

명령어	기 능
Router#conf t Router(config)#interface s **0/0** Router(config-if)#**clock rate 56000** Router(config-if)#**bandwidth 56**	Serial **0/0** 번 포트의 클럭속도를 56K 대역폭을 56K로 설정 (대역폭은 기본단위가 K여서 0을 붙이지 안는다.)

13) Running-Config에 있는 정보를 Startup-config에 저장

명령어	기 능
Router#copy running-config startup-config **또는 Router#copy r s**	**startup-config에 저장한다.**

14) 세션 종료

명령어	기 능
Router(config)# line vty 0 4 Router(config-line)#**exec-timeout 4 30**	4분 30초 후에 세션을 종료한다.

15) Static Routing

데이터 통신이 가능해진다. 자기 라우터가 기준이 되어, 목적지 네트워크를 정적으로 묘사하는 방법이다.

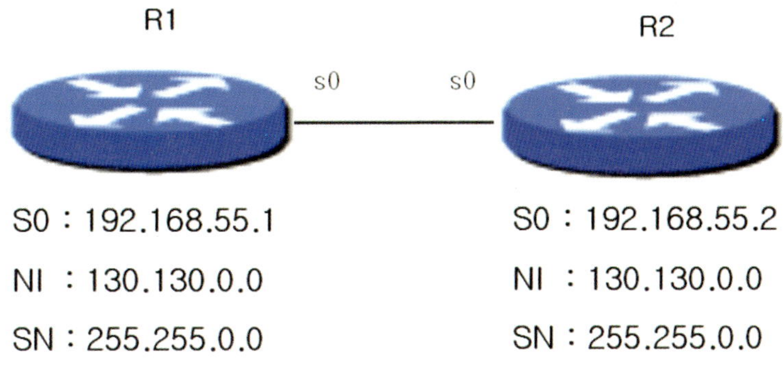

※ R2를 Static Routing을 설정하라고 한다면 R2에서 R1의 주소를 써야한다.

명령어	기 능
R2(config)#ip route 130.130.0.0 255.255.0.0 192.168.55.1 또는 R2(config)#ip route 130.130.0.0 255.255.0.0 **s0**	R2가 R1과 데이터 통신을 할 수 있다

3. 라우팅 프로토콜

1) RIP(Routing Information Protocol)

① 주요 특징

- 동적 라우팅 프로토콜 중에서 가장 구성이 쉬우면서 간단한 프로토콜.
- 메모리를 적게 사용하고 CPU에 부담도 적기 때문에 중소규모 네트워크에서 최적의 프로토콜
- RIP는 인터넷이 지금처럼 활성화되기 전에 만들어진 프로토콜기이 때문에 VLSM(Variable Length Subnet Mask, 가변길이 서브넷 마스크)를 지원하지 않음
- RIP는 서브넷을 사용하지 않고 Classfull 하게 네트워크를 인식한다는 것.
- RIP는 HOP 수를 이용해서 경로를 선택.

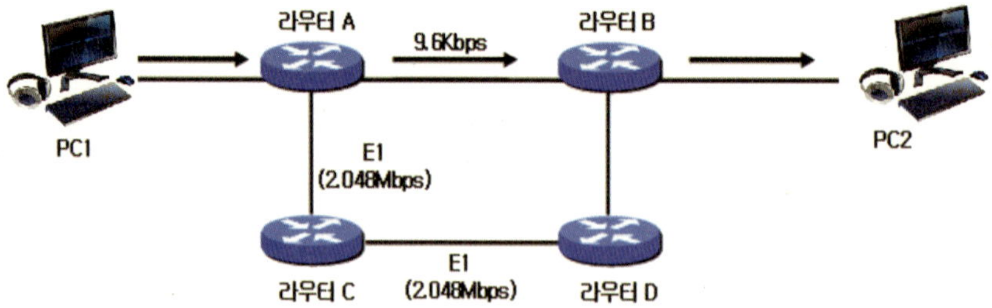


```
Router(config)# router rip          -> RIP 라우팅을 구성하고 사용하겠다는 명령
Router(config-router)# network network-number(A,B,C,D)
                                    -> 네트워크를 지정하기 위해 사용하는 명령어
```

② 네트워크 구성실습 -> 본사와 지사 간의 연결

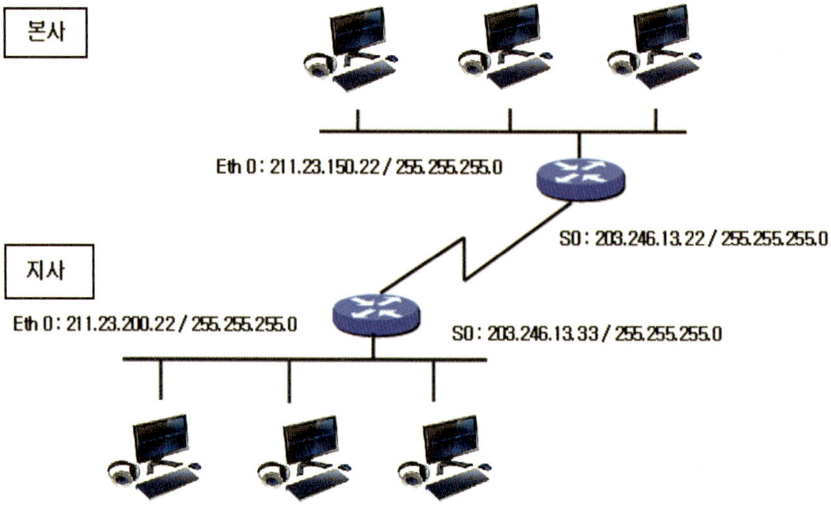

기본 설정 및 인터페이스 설정을 다음과 같이 한다.

[본사라우터]

```
Router> enable
Enter password:
Router# config terminal
Router(config)# hostname Net
```

```
Net(config)#interface ethernet0
Net(config-if)# ip address 211.23.150.22 255.255.255.0
```

Net(config-if)#exit

```
Net(config)#interface serial0
Net(config-if)#ip address 203.246.13.22 255.255.255.0
```

Net(config-if)#exit

```
Net(config)# router rip
Net(config-router)#network 211.23.150.0
Net(config-router)#network 203.246.13.0
```

Net(config-router)#exit

Net(config)#exit

Net#**copy r s**

Net# show running-config

[지사 라우터 구성]

Net>enable

Enter password:

Net# config terminal

Net(config)#hostname ICQA

ICQA(config)#interface ethernet0

ICQA(config-if)# ip address 211.23.200.22 255.255.255.0

ICQA(config-if)#exit

ICQA(config)#interface serial0

ICQA(config-if)#ip address 203.246.13.33 255.255.255.0

ICQA(config-if)#exit

ICQA(config)# router rip

ICQA(config-router)#network 211.23.200.0

ICQA(config-router)#network 203.246.13.0

ICQA(config-router)#exit

ICQA(config)#exit

ICQA#**copy r s**

ICQA#show running-config

ICQA# show ip protocol   - RIP가 잘 구성되었는지 확인

2) IGRP(Internet Gateway Routing Protocol)

내부용 라우팅 프로토콜로서 RIP와는 달리 라우팅 테이블을 AS 번호를 사용하여 공유한다. IGRP는 일반구성 모드에서 명령어를 입력하고 마지막에 AS 번호를 넣어 같은 AS 번호를 사용하는 라우터들 간에 만 라우팅 테이블의 정보를 교환한다.

① 주요 특징

- 동적 라우팅 프로토콜로서 90초마다 라우팅 테이블을 업데이트 한다.
- 거리-벡터 알고리즘을 사용하여 최단 경로를 찾아낸다.
- 시스코 라우터에서만 사용 가능한 비표준 프로토콜이다.
- 대역폭, 지연시간, 신뢰도(안정성), 부하량, MTU(최대전송유닛)의 다섯가지 요인을 이용하여 최적의 경로를 선택한다.
- 홉 카운터의 최대값이 255이다.
- VLSM(가변길이 서브넷 마스크) 을 지원하지 않기 때문에 현재 네트워크 환경에 적합하지 않을 수 있다.

```
Router(config)#router igrp Anutomous system number(1-65535)
                        -> IGRP 라우팅 구성을 사용하겠다는 명령
Router(config-router)# network network-number(A,B,C,D)
                        -> 네트워크를 지정해 주기 위해서 사용하는 명령어
```

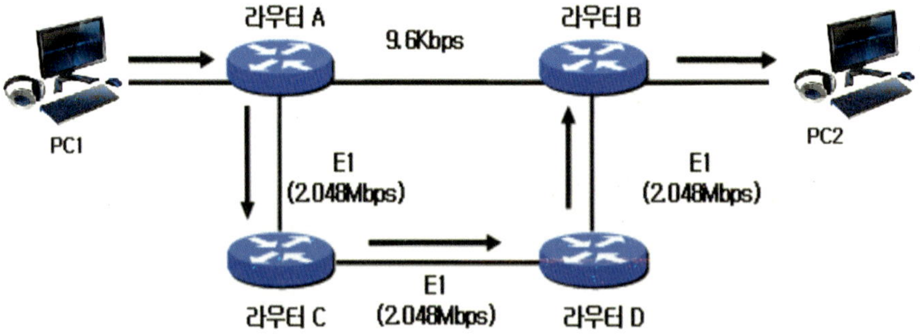

② IGRP 네트워크 구성 실습

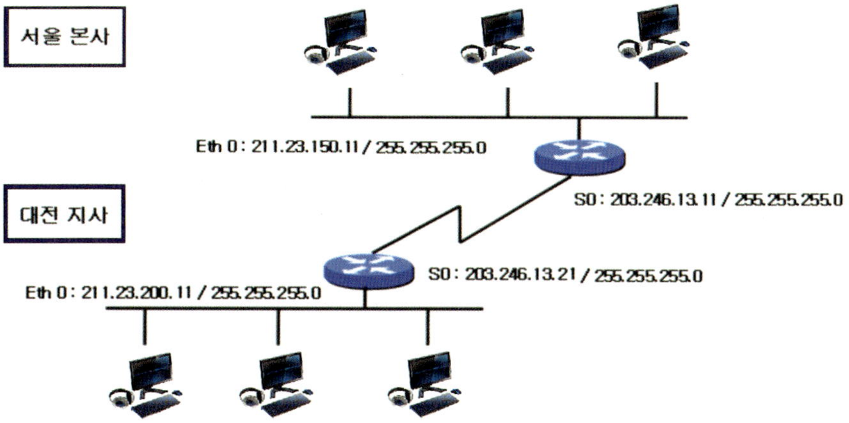

기본 설정 및 인터페이스 설정을 다음과 같이 한다.

[본사 라우터 설정]

Default Administrative Distance 값 : Static(1), RIP(120), IGRP(100), OSPF(10)

```
Router> en
Router# cont t
Router(config)# interface ethernet 0
Router(config-if)# ip address 211.23.150.11  255.255.255.0
Router(config-if)# exit
Router(config)# interface serial 0
Router(config-if)# ip address 203.246.13.11  255.255.255.0
Router(config-if)# exit

Router(config)# router igrp 100
Router(config-router)# network 211.23.150.0
Router(config-router)# network 203.246.13.0
Router(config-router)# ^Z

Router#copy r s
Router#show runnung-config
Router#show ip protocols
```

[대전지사의 라우터 설정]

```
Router> en
Router# cont t
Router(config)# hostname Daejun
Daejun(config)# interface ethernet 0
Daejun(config-if)# ip address 211.23.200.11  255.255.255.0
Router(config-if)# exit
Router(config)# interface serial 0
Daejun(config-if)# ip address 203.246.13.21  255.255.255.0
Daejun(config-if)# exit
Daejun(config)# router igrp 100
Daejun(config-router)# network 211.23.200.0
Daejun(config-router)# network 203.246.13.0
Daejun(config-router)# ^Z
Daejun#show runnung-config
Daejun#show ip protocol
```

③ 라우터의 경로 선택 방법

라우터가 최적의 경로를 선택하는 방법은 다음의 두가지 방법이 있다.

- Static 라우팅 : 관리자가 직접 라우팅 테이블을 만들어서 사용.
- Dynamic 라우팅 : 주변 라우터들과 정보를 교환해서 라우팅 테이블을 만들어 사용.

Administrative Distance는 라우터가 어떤 경로 정보를 IGRP와 OSPF에서 동시에 받았다면, 라우팅 프로토콜로 얻은 경로는 Administrative Distance 값에 따라 얻어진다.

Static 라우팅이 우선순위가 가장 높다.

〈우선순위 예〉

(a) <u>Static route : 1</u>

(b) External BGP : 20

(c) <u>IGRP : 100</u>

(d) EGP : 140

(e) Internal EIGRP : 90

(f) OSPF : 110

(g) RIP : 120

(h) External EIRGP : 170

3) EIGRP(Enhanced Interior Gateway Routing Protocol)

시스코의 독자적인 프로토콜인 IGRP의 문제점을 개선한 프로토콜로서 거리-벡터 알고리즘의 장점과 링크 상태 알고리즘의 장점만을 취합하여 하이브리드(Hybrid) 라우팅 프로토콜이라고도 한다.

① 주요 특징

- 동적 라우팅 프로토콜이며 내부용 라우팅 프로토콜(IGP)이다.
- VLSM(가변길이 서브넷마스크)을 지원한다.
- 시스코 라우터에서만 사용 가능한 비표준 프로토콜이며 라우팅 정보 요약기능이 있다.
- 대역폭, 지연시간, 신뢰도(안정성), 부하량, MTU의 다섯가지 요인을 이용하여 최적의 경로를 선택한다.
- 홉 카운터의 최대 값은 224이다.
- IGRP와 마찬가지로 AS 번호를 사용하여 동일한 AS내에서만 라우팅 정보를 교환한다.

② EIGRP 네트워크 구성 실습

- Classfull 설정

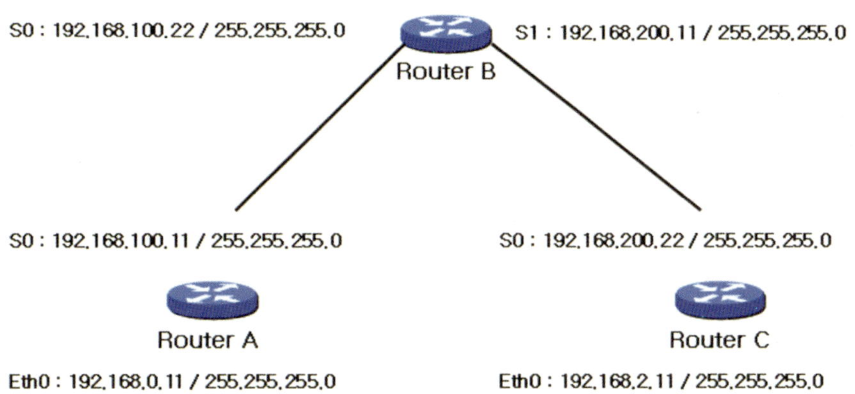

[라우터 A 설정]

Default Administrative Distance 값 : Static(1), RIP(120), IGRP(100), OSPF(10)

```
Router> enable
Router# cont t
Router(config)# hostname R_A
R_A(config)# int e0
R_A(config-if)#ip address 192.168.0.11 255.255.255.0
R_A(config-if)# exit
R_A(config)# int s0
R_A(config-if)#ip add 192.168.100.11 255.255.255.0
R_A(config-if)# exit
R_A(config)#
R_A(config)# router eigrp 100
R_A(config-router)#network 192.168.0.0
R_A(config-router)#network 192.168.100.0
R_A(config-router)# ^Z
R_A#copy r s
R_A#show running-config            라우터 구성 파일 보기
R_A#show ip protocols              라우터 프로토콜 설정 보기
```

[라우터 B 설정]

```
Router> en
Router# cont t
Router(config)# hostname R_B
R_B(config)# int s0
R_B(config-if)#ip address 192.168.100.22 255.255.255.0
R_B(config-if)# interface serial 0
R_B(config-if)#ip add 192.168.200.11 255.255.255.0
R_B(config-if)# exit
R_B(config)# router eigrp 100
R_B(config-router)#network 192.168.100.0
R_B(config-router)#network 192.168.200.0
R_B(config-router)# ^Z
```

[라우터 C 설정]

```
Router> en
Router# cont t
Router(config)# hostname R_C
R_C(config)# int e0
R_C(config-if)#ip address 192.168.2.11 255.255.255.0
R_C(config-if)# interface serial 0
R_C(config-if)#ip add 192.168.200.22 255.255.255.0
R_C(config-if)# exit
R_C(config)# router eigrp 100
R_C(config-router)#network 192.168.2.0
R_C(config-router)#network 192.168.200.0
R_C(config-router)# ^Z
R_C#show running-config
R_C#show ip route
```

- EIGRP Classlcss 설정

  서브넷 마스크의 형식이 classfull 형식과는 반대, 즉 와일드카드(wildcard) 혹은 인버스드(inversed Mask)라고 한다. 150.x.x.x.와 172.x.x.x 가 B 클래스 주소이며, 서브넷 마스크를 이용해 마치 C 클래스인 것처럼 사용할 수 있다.

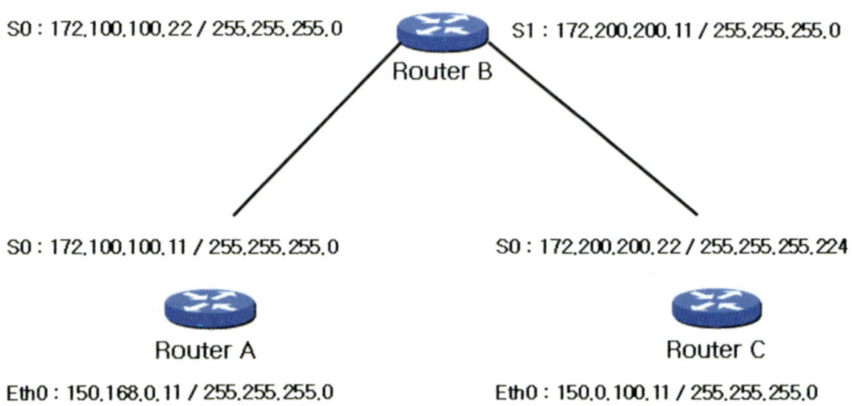

[라우터 A 설정]

```
Router# conf t
Router(config)#hostname R_A
```

```
R_A(config)#int e0
R_A(config-if)#ip add 150.168.0.11  255.255.255.0
R_A(config-if)#exit
R_A(config)#int s0
R_A(config-if)#ip add 172.100.100.11  255.255.255.0
R_A(config-if)#router eigrp 100
R_A(config-router)#network 150.0.0.0   0.0.0.255
R_A(config-router)#network 172.100.100.0  0.0.0.255
R_A(config-router)#^Z
R_A#
```

[라우터 B 설정]

```
Router# conf t
Router(config)#hostname R_B
R_B(config)#int s0
R_B(config-if)#ip add 172.100.100.22  255.255.255.0
R_B(config-if)#int s1
R_B(config-if)#ip add 172.200.200.11  255.255.255.224
R_B(config-if)#router eigrp 100
R_B(config-router)#network 172.100.100.0  0.0.0.255
R_B(config-router)#network 172.200.200.0  0.0.0.31
R_B(config-router)#^Z
R_B#
```

[라우터 C 설정]

```
Router# conf t
Router(config)#hostname R_C
R_C(config)#int e0
R_C(config-if)#ip add 150.0.100.11   255.255.255.0
R_C(config-if)#int s0
R_C(config-if)#ip add 172.200.200.22   255.255.255.224
R_C(config-if)#router eigrp 100
R_C(config-router)#network 150.0.100.0   0.0.0.255
R_C(config-router)#network 172.200.200.0   0.0.0.31
R_C(config-router)#^Z
R_C#
```

[설정확인하기]

```
R_A# show run
R_A# show ip route
```

4) OSPF(Open Shortest Path First)

RIP의 한계성을 극복하기 위해서 개발된 표준 IGP로서 링크-상태 알고리즘을 사용하는 대표적인 라우팅 프로토콜이다.

① 주요 특징

- Hop Count의 제한이 없어 대규모 네트워크에 적합하다.
- 컨버전스 타임이 짧고 Area 개념을 이용한 계층적 네트워크 구조를 갖는다.
- Classless 라우팅 프로토콜로 VLSM과 슈퍼네팅을 지원한다.
- 여러 경로에 동일 Cost Load Balancing 지원.
- 안정적 라우팅을 위한 인증 지원하고 외부 경로의 추적을 위한 Route Tagging 지원.
- OSPF가 실장된 라우터가 이웃 OSPF 라우터들로부터 수집한 정보는 완전한 라우팅 테이블이 아니라 OSPF 라우터들의 연결 상태 정보.
- 자신의 인터페이스 상태를 LSA 패킷을 이용해 다른 라우터들에게 전달. LSA패킷 안에는 라우터가 사용하고 있는 인터페이스에 대한 정보와 메트릭 값 포함.
- 전달을 받은 라우터들은 링크 상태 정보를 가공해서 링크상태 데이터베이스를 구축.
- Area 내의 모든 라우터들은 동일한 링크상태 데이터베이스를 가지고 있어야 하고 라우터는 독립적으로 SPF알고리즘을 이 데이터베이스에 적용하여 라우팅 테이블을 만들어 냄.

② OSPF 네트워크 타입

- Point-to-Point : 두 대의 라우터가 1:1로 만 연결되는 구조로 전용선이 그 대표적인 예이다.

· Broadcast Multi-Access : 네트워크에 두 대 이상의 라우터가 연결되어 Broadcast 되는 구조.

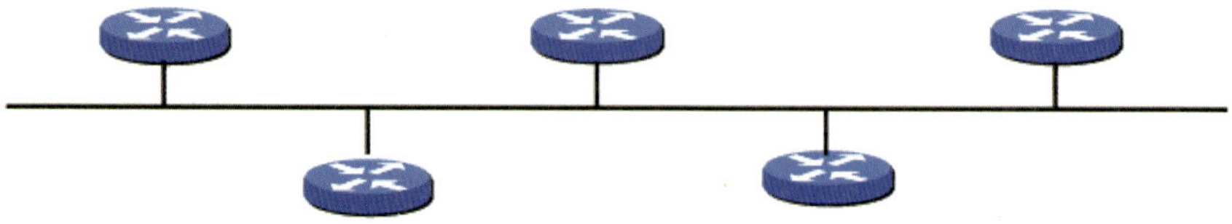

· NBMA(Non Broadcast Multi-Access) : 네트워크에 두 대 이상의 라우터가 연결되어 있으나 브로드캐스트 되지 않는 네트워크.

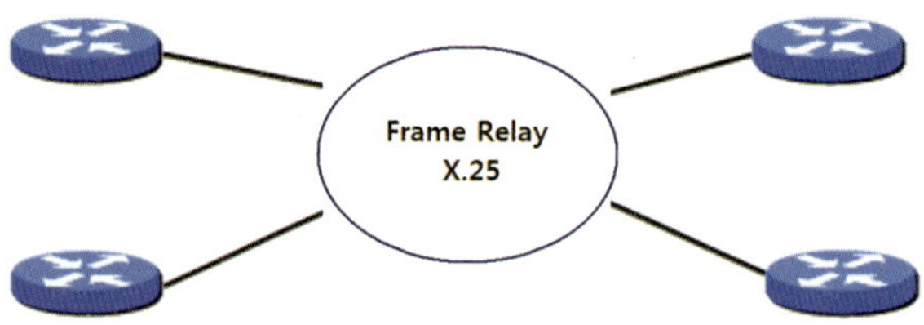

· Point-to-MultiPoint : NBMA네트워크를 Point-to-Point 링크의 집합으로 취급하고자 할 때 사용.

③ OSPF 네트워크 예제 실습

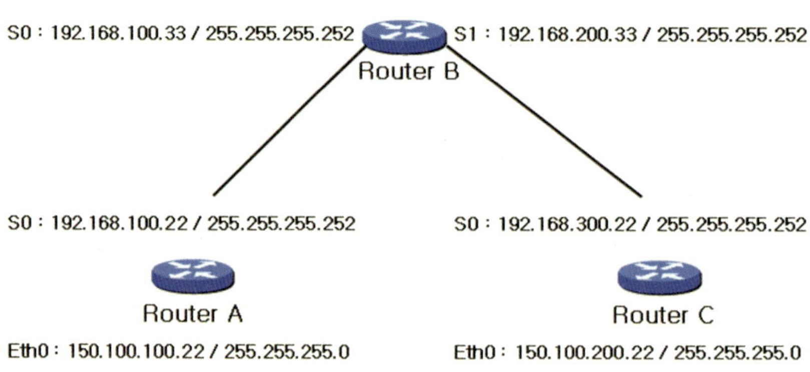

[라우터 A 설정]

```
Router# config terminal
Router(config)# hostname R_A
R_A(config)# interface ethernet0
R_A(config-if)# ip address 150.100.100.22  255.255.255.0
R_A(config-if)# no shutdown
R_A(config-if)# interface serial0
R_A(config-if)# ip address 192.168.100.22  255.255.255.252
R_A(config-if)# no shutdown
R_A(config-if)# router ospf 0
R_A(config-router)# network  150.100.100.0  0.0.0.255  area 0
R_A(config-router)# network  192.168.100.0  0.0.0.3  area 0
R_A(config-router)#
```

[라우터 B 설정]

```
Router# config terminal
Router(config)# hostname R_B
R_B(config)# interface serial0
R_B(config-if)# ip address 192.168.100.33   255.255.255.252
R_B(config-if)# no shutdown
R_B(config-if)# interface serial1
R_B(config-if)# ip address 192.168.200.33   255.255.255.252
R_B(config-if)# no shutdown
R_B(config-if)# router ospf 0
R_B(config-router)# network 192.168.100.0  0.0.0.3  area 0
R_B(config-router)# network 192.168.200.0  0.0.0.3  area 0
R_B(config-if)#
```

[라우터 C 설정]

```
Router# config terminal
Router(config)# hostname R_C
R_C(config)# interface ethernet0
R_C(config-if)# ip address 150.100.200.22  255.255.255.0
R_C(config-if)# no shutdown
R_C(config-if)# interface serial0
```

```
R_C(config-if)# ip address 192.168.200.22  255.255.255.252
R_C(config-if)# no shutdown
R_C(config-if)# router ospf 0
R_C(config-router)# network 150.100.200.0   0.0.0.255 area 0
R_C(config-router)# network 192.168.200.0   0.0.0.3 area 0
R_C(config-router)#
```

[설정 확인하기]

R_B# show ip protocols	프로토콜 설정 확인
R_B# show ip route	라우팅 테이블 확인
R_B# show ip ospf interface	OSPF 접속방식 확인
R_B# show ip ospf enighboir	라우터 주변에 어떤 라우터가 있는지 확인

4. 유형 문제 풀이

문제 1

Console 포트로 접속할 때, 암호를 묻는 Console 패스워드를 설정하고, 현재 상태를 저장하시오. **(단, Console 패스워드는 "ICQAConsole"이며, 저장 명령은 Router#copy r s 으로 입력하시오.)**

```
Router> en
Router# config t
Router(config)# line con 0
Router(config-line)# login
Router(config-line)# password ICQAConsole
Router(config-line)# exit
Router(config)# exit
Router# copy r s
```

문제 2

Enable 패스워드를 "ICQAPass"로 설정하고, 현재 상태를 저장하시오. **(저장 명령은 Router#copy r s 으로 입력하시오.)**

```
Router> en
Router# config t
Router(config)# enable password ICQAPass
Router(config)# exit
Router# copy r s
```

문제 3

Hostname(Network)과 Secret 패스워드(Network)를 Router1에 설정하고, 현재 상태를 저장하시오. **(단, Hostname과 패스워드는 대/소문자 구분하며, 저장 명령은 Router#copy r s 으로 입력하시오.)**

```
Router> en
Router# config t
Router(config)# hostname Network
Router(config)# enable secret Network
Router(config)# exit
Router# copy r s
```

문제 4

Cisco 2500 Series Router의 History 기본 크기는 "10"으로 설정되어 있다. Router1에 History 크기를 "25"로 설정하고, 현재 상태를 저장하시오. **(저장 명령은 Router#copy r s 으로 입력하시오.)**

```
Router> en
Router# terminal history size 25
Router# copy r s
```

문제 5

Router2에 Console, AUX, Telnet에 접근하는 패스워드를 "NETpass"로 설정하고, 현재 상태를 저장하시오. (저장 명령은 Router#copy r s 으로 입력하시오.)

```
Router> en
Router# config t
Router(config)# line con 0
Router(config-line)# login
Router(config-line)# password NETpass
Router(config)# line aux 0
Router(config-line)# login
Router(config-line)# password NETpass
Router(config)# line vty 0 4
Router(config-line)# login
Router(config-line)# password NETpass
Router(config-line)# exit
Router(config)# exit
Router# copy r s
```

문제 6

Router1의 Interface Ethernet 0을 아래와 같이 설정하고, 현재 상태를 저장하시오. (저장 명령은 Router#copy r s 으로 입력하시오.)

```
!
interface Ethernet 0
  ip address 192.168.0.1  255.255.255.0
  no ip directed-broadcast
!
interface Serial 0
  no ip address
  no ip directed-broadcast
  shutdown
  ppp authent ication
!
```

```
Router> en
Router# config t
Router(config)# interface e0
```

```
Router(config-if)# ip address 192.158.0.1 255.255.255.0
Router(config-if)# no shutdown
Router(config-if)# exit
Router(config)# exit
Router# copy r s
```

문제 7

Router1의 Interface Serial 0/0의 IP Address를 "192.168.0.1/30"로 설정하고, 현재 상태를 startup-config에 저장하시오.

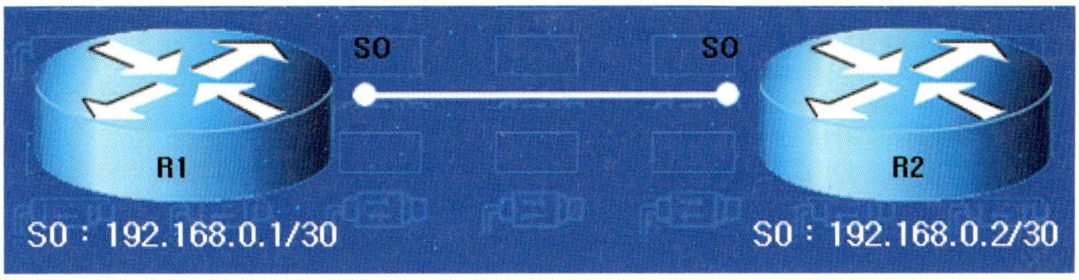


```
Router> en
Router# config t
Router(config)# interface s0/0
Router(config-if)# ip address 192.158.0.1 255.255.255.252
Router(config-if)# no shutdown
Router(config-if)# exit
Router(config)# exit
Router# copy r s
```

문제 8

아래 〈화면〉과 같이 설정하고, 현재 상태를 startup-config에 저장하시오.

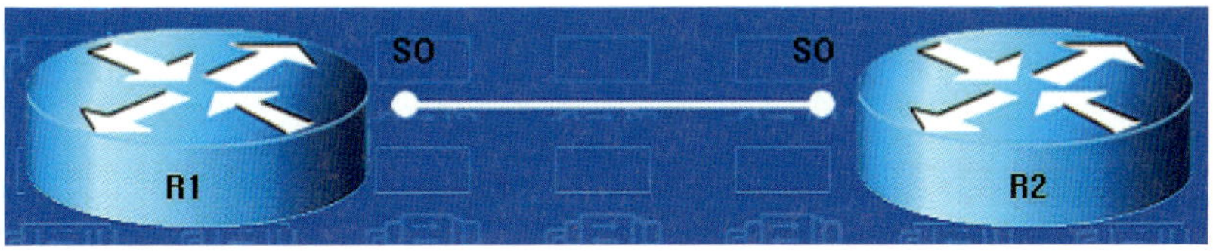

Router 1,2의 **Serial 0/0 인터페이스를 활성화로 설정**

```
Router> en
Router# config t
Router(config)# interface s0/0
Router(config-if)# no shutdown
Router(config-if)# exit
Router(config)# exit
Router# copy r s
```

문제 9

Cisco 의 Web Management 를 할 수 있게 라우터 R1에 설정하라.

```
Router> en
Router# config t
Router(config)# ip http server
Router(config)# exit
Router# copy r s
```

문제 10

Router2(ICQA)가 Router1(한국-ISP)라인을 통해 인터넷을 이용할 수 있도록 Router2에 Static Routing을 설정하고, 현재 상태를 저장하시오. (단, Default Network(0.0.0.0 0.0.0.0)로 설정 시 오답으로 처리하며, "[문제R2]"가 설정 되었을 경우 패스워드 적용 됨.)

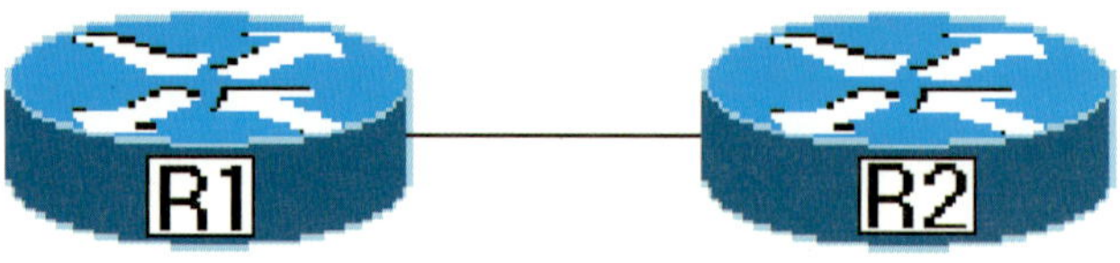

Router1(한국-ISP)
S0.1:192.168.150.1
NI:151.151.0.0
SN:255.255.0.0

Router2(ICQA)
S0:192.168.150.2
E0:233.234.201.1
SN:255.255.255.0

```
Router> en
Router# config t
Router(config)# ip route 151.151.0.0  255.255.0.0  s0
        또는  ip route 151.151.0.0  255.255.0.0  192.168.150.1
Router(config)# exit
Router# copy r s
```

문제 11

아래 〈화면〉과 같이 Router1의 접근 계정(icqa)을 설정하고, 현재 상태를 저장하시오(단, 계정(icqa) 의 패스워드는 network 이고 대/소문자 구분하며, 저장 명령은 Router#copy r s 으로 입력하시오.)

```
hostname Router
!
username  icqa password  0   network
!
interface Ethernet0
!
```

```
Router> en
Router# config t
Router(config)# username icqa password network
Router(config)# line vty 0 4
Router(config-line)# login local
Router(config-line)# exit
Router(config)# exit
Router# copy r s
```

문제 12

Router1에 〈화면〉과 같이 활동 중인 CPU의 Process 상태를 확인하는 명령어를 수행하고, 현재 상태를 저장하시오. **(저장 명령은 Router#copy r s 으로 입력하시오.)**

```
192.168.10.80 - PuTTY
CPU utilization for five seconds: 16%/8%; one minute: 27%; five minutes: 24%
 PID  Runtime(ms)  Invoked  uSecs    5Sec    1Min    5Min TTY Process
   1       994740  4261875    233   0.00%   0.00%   0.00%   0 Load Meter
   2         6652     1206   5515   7.70%   5.38%   1.39%   2 Virtual Exec
   3     47502532  3238952  14666   0.00%   0.20%   0.18%   0 Check heaps
   4            0        1      0   0.00%   0.00%   0.00%   0 Pool Manager
   5            4        2   2000   0.00%   0.00%   0.00%   0 Timers
   6            0        2      0   0.00%   0.00%   0.00%   0 Serial Backgroun
   7      1784012   803082   2221   0.00%   0.00%   0.00%   0 ARP Input
   8            4        2   2000   0.00%   0.00%   0.00%   0 DDR Timers
   9           16        2   8000   0.00%   0.00%   0.00%   0 Entity MIB API
  10            0        1      0   0.00%   0.00%   0.00%   0 SERIAL A'detect
  11       926408 21303099     43   0.00%   0.00%   0.00%   0 Partition Check
  12      1487068  1557736    954   0.24%   0.12%   0.03%   0 IP Input
  13      6433396  2130426   3019   0.00%   0.00%   0.00%   0 CDP Protocol
  14            0        1      0   0.00%   0.00%   0.00%   0 PPP IP Add Route
  15            0        1      0   0.00%   0.00%   0.00%   0 X.25 Encaps Mana
  16           76      473    160   0.00%   0.00%   0.00%   0 TCP Timer
  17          244       57   4280   0.00%   0.00%   0.00%   0 TCP Protocols
  18            0        1      0   0.00%   0.00%   0.00%   0 Probe Input
  19            0        1      0   0.00%   0.00%   0.00%   0 RARP Input
  20        49608    20155   2461   0.00%   0.00%   0.00%   0 BOOTP Server
  21            0        1      0   0.00%   0.00%   0.00%   0 SNMP Timers
 --More--
```

```
Router> en
Router# sh processes CPU
Router# copy r s
```

문제 13

아래와 같이 설정하고, 현재 상태를 저장하시오. **(단, Hostname은 대/소문자 구분하며, 저장 명령은 Router#copy r s 으로 입력하시오.)**

1. Hostname: ICQA　　(대/소문자 구분)
2. Interface Serial 0 Bandwidth: 512Kbps

```
Router> en
Router# config t
Router(config)# hostname ICQA
ICQA(config)# interface s0
ICQA(config-if)# bandwidth 512
ICQA(config-if)# no shutdown
```

```
ICQA(config-if)# exit
ICQA(config)# exit
ICQA# copy r s
```

문제 14

Router1의 Clock Rate를 72000으로 설정하고, 현재 상태를 저장하시오.
(저장 명령은 Router#copy r s 으로 입력하시오.)

```
Router> en
Router# config t
Router(config)# interface s0
Router(config-if)# clock rate 72000
Router(config-if)# exit
Router(config)# exit
Router# copy r s
```

문제 15

Router1의 bandwidth를 512KByte로 설정하고, 현재 상태를 저장하시오.
(저장 명령은 Router#copy r s 으로 입력하시오.)

```
Router> en
Router# config t
Router(config)# interface s0
Router(config-if)# bandwidth 512
Router(config-if)# exit
Router(config)# exit
Router# copy r s
```

문제 16

아래와 같이 Router1을 설정하고, 현재 상태를 저장하시오.
(저장 명령은 Router#copy r s 으로 입력하시오.)

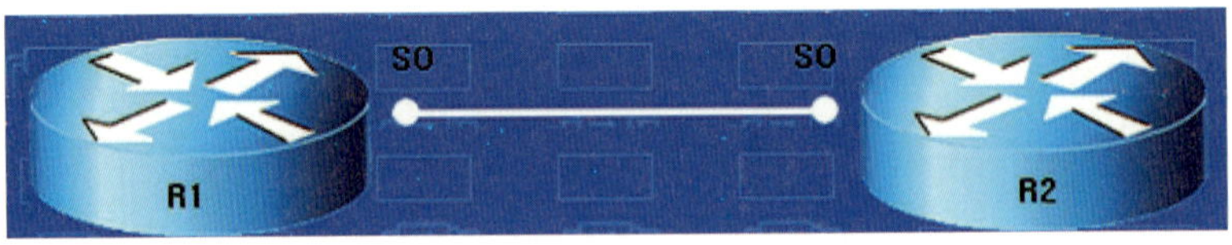

line vty 0 4
exec-timeout 4 40

```
Router> en
Router# config t
Router(config)# line vty 0 4
Router(config-line)# exec-timeout 4 40
Router(config-line)# exit
Router(config)# exit
Router# copy r s
```

문제 17

Router는 SNMP 통신을 통해 모니터링 할 수 있는 기능을 가지고 있다. R2에서 network라는 Community 값을 통해 모니터링 할 수 있도록 설정하고, 현재 상태를 저장(**Router#copy r s**)하시오.

```
Router> en
Router# config t
Router(config)# snmp-server community network
Router(config)# exit
Router# copy r s
```

문제 18

이 명령어는 모든 인터페이스 타입(Serial, Ethernet, Token Ring)과 WAN 타입(X.25, 전용선, 프레임 릴레이)등의 다양한 정보를 제공해 준다. 따라서 이 명령어를 이용하여 일차적으로 예상되는 장애 유형을 분석할 수 있다. 아래 〈화면〉과 같은 정보를 이 명령어를 사용하여 Router2에서 확인하고, 현재 상태를 저장하시오.
(저장 명령은 Router#copy r s 으로 입력하시오.)

```
Ethernet0 is administratively down, line protocol is down
  Hardware is Lance, address is 0050.736b.a62e1 (bia 0050.736b.a62e1)
  MTU 1500 bytes, BW 10000 Kbit, DLY 1000 usec, rely 252/255, load 1/255
  Encapsulation ARPA, loopback not set, keepalive set (10 sec)
    ARP type: ARPA, ARP Timeout 04:00:00
    Last input never, output 00:02:08, output hang never
   Last clearing of "show interface" counters never
     Queueing strategy: fifo
   Output queue 0/40, 0 drops; input queue 0/75, 0 drops
   5 minute input rate 0 bits/sec, 0 packets/sec
   5 minute output rate 0 bits/sec, 0 packets/sec
                      중간생략
 Serial0 is administratively down, line protocol is down
  Hardware is HD64570
  MTU 1500 bytes, BW 1544 Kbit, DLY 20000 usec, rely 255/255, load 1/255
  Encapsulation HDCL, loopback not set, keepalive set (10 sec)
  Last input never, output never, output hang never
  Last clearing of "show interface" counters never
  Queueing strategy: fifo
  Output queue 0/40, 0 drops; input queue 0/75, 0 drops
  5 minute input rate 0 bits/sec, 0 packets/sec
  5 minute output rate 0 bits/sec, 0 packets/sec
                      중간생략
 Serial1 is administratively down, line protocol is down
   Hardware is HD64570
   MTU 1500 bytes, BW 1544 Kbit, DLY 20000 usec, rely 255/255, load 1/255
   Encapsulation HDCL, loopback not set, keepalive set (10 sec)
   Last input never, output never, output hang never
   Last clearing of "show interface" counters never
```

```
Router> en
Router# sh interface
Router# copy r s
```

문제 19

다음과 같이 설정하시오.
IP 192.168.2.1 255.255.255.252
IP 192.168.3.1 255.255.255.252 secondary

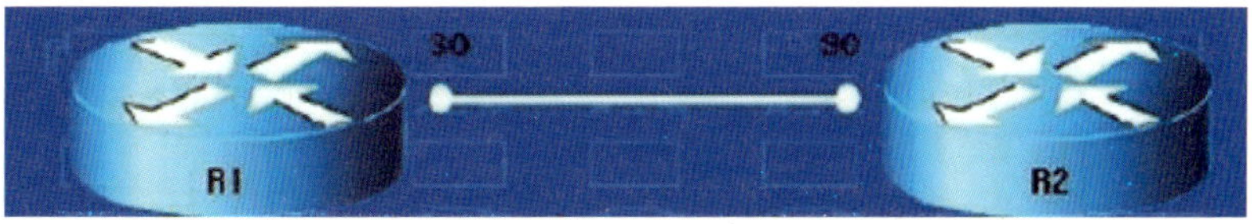

```
Router> en
Router# config t
Router(config)# int s 0
Router(config-if)# ip add 192.168.2.1 255.255.255.252
Router(config-if)# ip add 192.168.3.1 255.255.255.252 secondary
Router(config-if)# no shutdown
Router(config-if)# exit
Router(config)# exit
Router# copy r s
```

문제 20

Router1의 기본적인 정보(Software 버전, InterFace 종류, IOS 부팅)를 보여주고 있다. 〈화면〉이 나오도록 Router1에 명령을 입력하고, 저장하시오.

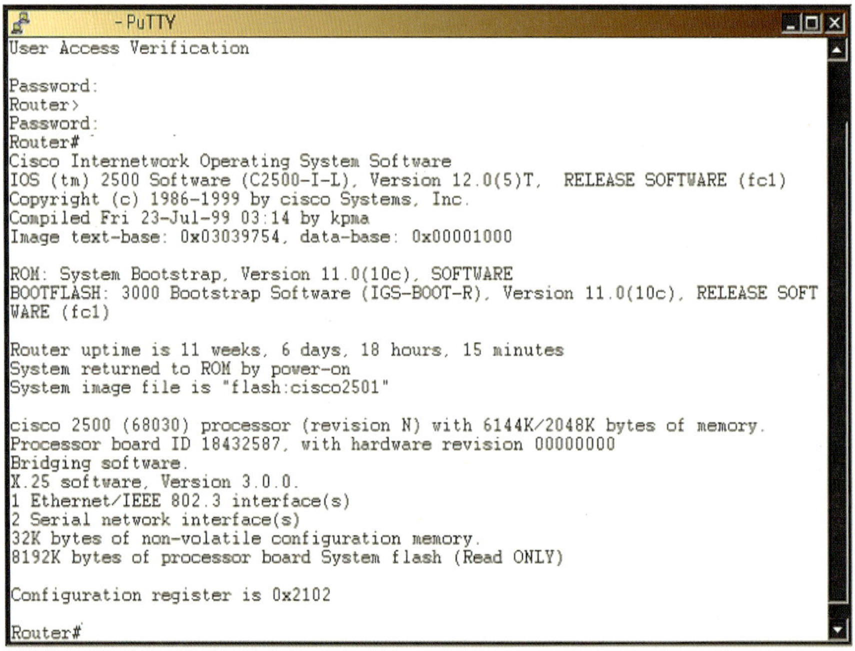

```
- PuTTY
User Access Verification

Password:
Router>
Password:
Router#
Cisco Internetwork Operating System Software
IOS (tm) 2500 Software (C2500-I-L), Version 12.0(5)T,  RELEASE SOFTWARE (fc1)
Copyright (c) 1986-1999 by cisco Systems, Inc.
Compiled Fri 23-Jul-99 03:14 by kpma
Image text-base: 0x03039754, data-base: 0x00001000

ROM: System Bootstrap, Version 11.0(10c), SOFTWARE
BOOTFLASH: 3000 Bootstrap Software (IGS-BOOT-R), Version 11.0(10c), RELEASE SOFT
WARE (fc1)

Router uptime is 11 weeks, 6 days, 18 hours, 15 minutes
System returned to ROM by power-on
System image file is "flash:cisco2501"

cisco 2500 (68030) processor (revision N) with 6144K/2048K bytes of memory.
Processor board ID 18432587, with hardware revision 00000000
Bridging software.
X.25 software, Version 3.0.0.
1 Ethernet/IEEE 802.3 interface(s)
2 Serial network interface(s)
32K bytes of non-volatile configuration memory.
8192K bytes of processor board System flash (Read ONLY)

Configuration register is 0x2102

Router#
```

```
Router> en
Router# sh version
Router# copy r s
```

문제 21

다음과 같은 정보를 확인하고 저장하시오

```
Codes: C - connected, S - static, I - IGRP, R - RIP, M - mobile, B - BGP
       D - EIGRP, EX - EIGRP external, O - OSPF, IA - OSPF inter area
       N1 - OSPF NSSA external type 1, N2 - OSPF NSSA external type 2
       E1 - OSPF external type 1, E2 - OSPF external type 2, E - EGP
       i - IS-IS, L1 - IS-IS level-1, L2 - IS-IS level-2, * - candidate default
       U - per-user static route, o - ODR, P - periodic downloaded static route
       T - traffic engineered route

Gateway of last resort is not set

    100.0.0.0/8 is variably subnetted, 2 subnets, 2 masks
C     100.100.100.0/24 is directly connected, Serial0/1
```

```
Router> en
Router# sh ip route
Router# copy r s
```

문제 22

다음과 같은 정보를 확인하고 저장하시오

```
System flash directory:
File  Length   Name/status
  1   6973004  c2600-bin-mz.122-13.T1.bin
[6973068 bytes used, 891252 available, 7864320 total]
8192K bytes of processor board System flash (Read/Write)
```

```
Router> en
Router# sh flash
Router# copy r s
```

문제 23

다음 fastethernet 0/0의 Description 을 ICQA network로 설정하고 저장하시오

```
FastEthernet0/0 is administratively down, line protocol is down
  Hardware is AmdFE, address is 00b0.9550.8c88 (bia 00b0.9550.8c88)
  Description: ICQA network
  MTU 1500 bytes, BW 100000 Kbit, DLY 100 usec,
     reliablility 255/255, txload 1/255, rxload 1/255
  Encapsulation ARPA, loopback not set
  Keepalive set (10)
  Full -duplex, 100Mb/s, 100BaseTX/FX
```

```
Router> en
Router# config t
Router(config)# int f 0/0
Router(config-if)# description ICQA network
Router(config-if)# exit
Router(config)# exit
Router# copy r s
```

Chapter

05

네트워크 장비 및 기술 용어

제5장 네트워크 장비 및 기술 용어

1. 네트워크 장비

1) Transceiver(Media Attachment Unit)

이더넷 네트워크나 IEEE 802.3 네트워크에서 스테이션의 AUI 포트와 이더넷의 공통 미디어사이에서 인터페이스를 제공하는데 사용되는 장치. 스테이션에 내장된 장치이거나 독립적인 장치인 MAU는 이더넷 인터페이스로부터 디지털 데이터를 변환하는 것, 충돌을 감지하는 것, 비트를 네트워크에 투입하는 것 등과 같은 물리적 계층 기능을 수행한다. 때때로 약어가 MAU인 Media Access Unit(미디어 액세스 장치)라고도 하고, Transceiver(트랜시버)라고도 한다. 토큰링에서, MAU는 Multistation Access Unit(멀티스테이션 액세스 장치)라고 하며, 혼동을 피하기 위해 일반적으로 MSAU라는 약어로 표기한다.

2) Repeater

LAN의 전송 매체 상에 흐르는 신호를 정형, 증폭, 중계하는 장비로 신호를 받아 증폭 시켜서 신호가 더 먼 거리에 다다를 수 있도록 도와 주는 전자 기기이다. 다른 전송매체로 구성된 Network인 segment와 segment연결을 위해 사용하고 OSI 참조 모델의 물리 계층에서 동작한다.

3) Hub

일반적으로 스타 토폴로지 네트워크의 중심 역할을 하는 장치를 가리키는데 사용되는 용어이다. 다수의 독립적이면서도 서로 연결되어 있는 네트워크 모듈과 인터네트워크 장비들이 포함돼 있는 하드웨어나 소프트웨어 장치. 허브는 액티브(허브를 통과하는 신호를 리피트 처리하는 상태)나 패시브(허브를 통과하는 신호를 리피트 처리하지 않고 단순히 분할하는 상태) 상태이다. 이더넷과 IEEE 802.3에서, 이더넷 멀티포트 리피터. 때때로 집중기(Contentrator)라고도 한다.

4) Bridge

동일한 통신 프로토콜을 사용하는 두 네트워크 세그먼트 사이에서 패킷을 연결하고 전달하는 장치. 브리지들은 OSI 참조 모델의 데이터 링크 계층(2계층)에서 작동한다. 일반적으로, 브리지는 수신되는 프레임의 MAC 주소를 기준으로 프레임을 필터링하거나 진행 방향으로 전달하거나 흐르게 한다.

5) Switch

각 프레임의 수신 주소를 기초로 프레임을 필터 처리하고 포워딩하고 플러딩하는 네트워크 장치이다. 스위치는 OSI 모델의 데이터 링크 계층에서 작동한다. 필요할 때 연결 통로를 설정하고 더 이상 지원할 세션이 없게 되면 연결을 종료할 수 있는 전자식 장치나 기계식 장치에 적용되는 일반적인 용어.

(1) 더미 스위치 - 더미 허브의 경우에는 내부 네트워크 구성 시에 A에서 B로 데이터를 전송할 때 다른 C와 D는 대기를 하게 된다. 그리고 A와 B가 파일전송이 끝나게 되면 C와 D가 파일을 전송할 수 있게 된다. 이렇게 데이터를 주고받을 수 있는 선로를 같이 공유하고 있다고 해서 공유네트워크이라고 한다.

(2) 인텔리젼트 스위치 - 기능상 분류로서 허브 내에 자체 중앙처리장치 및 소량의 버퍼를 보유 하고 클라이언트 PC 또는 상위 계층의 장비들의 데이터를 일시 분석 전송 하는 기능을 보유한 허브이다. 기능상 분류로서 대부분의 일반 스위치에 해당함, 스위치 내에 자체 중앙 처리 장치 및 버퍼를 보유하고 클라이언트 PC 또는 상위 계층의 장비들의 데이터 목적지를 일시 분석 전송하는 기능을 보유한 스위치

(3) 스텍커블 스위치 - 구조상 분류로서 여러 대의 허브를 쌓아 Backbone-Bus를 상호 연결할 수 있도록 별도의 트렁크 포트를 구비한 허브

(4) 이더넷 스위치 - 속도의 구분으로 10Mbps 인터페이스포트를 구비한 스위치이다.

(5) 패스트 이더넷 스위치 - 속도의 구분으로 100Mbps 인터페이스 포트를 구비한 스위치로 속도의 대부분은 100Mbps 이다.

(6) 기가비트 이더넷 스위치 - 속도의 구분으로 1,000Mbps(1Gbps) 인터페이스 포트를 구비한 스위치로 대부분의 인터페이스는 광으로 구성되어 있다.

6) Router

동일한 전송 프로토콜을 사용하는 분리된 네트워크를 연결하는 장치로 네트워크 계층 간을 서로 연결한다. 라우터는 브리지가 가지는 기능에 추가하여 경로 배정표에 따라 다른 네트워크 또는 자신의 네트워크 내의 노드를 결정한다. 그리고 여러 경로 중 가장 효율적인 경로를 선택하여 패킷을 보낸다. 라우터는 흐름 제어를 하며, 인터 네트워크 내부에서 여러 서브 네트워크를 구성하고, 다양한 네트워크 관리 기능을 수행한다. 브리지와 라우터의 차이점을 간단히 살펴보면, 라우터는 네트워크 계층까지의 기능을 담당하고 있으면서 경로 설정을 해주는 반면, 브리지는 데이터링크 계층까지의 기능만으로 목적지 주소에 따른 선별 및 간단한 경로 결정을 한다.

(1) 라우터 장점

- 환경설정 가능 : 관리 방침에 따라 라우팅 방식이 결정, 전체 네트워크 성능이 개선된다.
- 유지보수의 용이 : 알고리즘에 따라 자동으로 경로가 결정된다.
- 확장이 용이 : 네트워크 형상에 구애받지 않으므로 대규모 네트워크 구성이 용이하다.

(2) 라우터 단점

- 초기 환경설정이 어렵다.
- 특정 프로토콜이나 하위 프로토콜 지원이 불가능하고 복잡하므로 가격이 비싸다.

7) Gateway

한 네트워크에서 다른 네트워크로 들어가는 입구 역할을 하는 장치로 근거리통신망(LAN)과 같은 하나의 네트워크를 다른 네트워크와 연결할 때 사용된다.

게이트웨이가 필요한 것은 네트워크마다 데이터를 전송하는 방식이 다르기 때문이다.
다시 말해 각각의 네트워크는 다른 네트워크와 구별되는 프로토콜(데이터를 처리하는 방식으로 미리 정해 놓은 약속)로 데이터를 전송한다.
다른 프로토콜을 사용하는 네트워크와 직접 연결하면 데이터를 공유할 수 없다.
흔히 인터넷으로 보내온 전자우편을 PC통신 서비스에서도 받아 볼 수 있는데, 이것은 인터넷과 PC통신 서비스 회사의 통신망을 중개하는 게이트웨이가 있기 때문이다.

8) 유형 문제 풀이

예제 1

〈OSI 7 Layer〉에 맞는 〈장비〉를 A~C로 드래그 하시오. (선택형)

> ※ 오른쪽 그림을 더블클릭하면 장비 종류를 확대해서 볼 수 있습니다.
> ※ 정확한 위치에 드래그 하지 않으면 처음 위치로 되돌아갑니다.

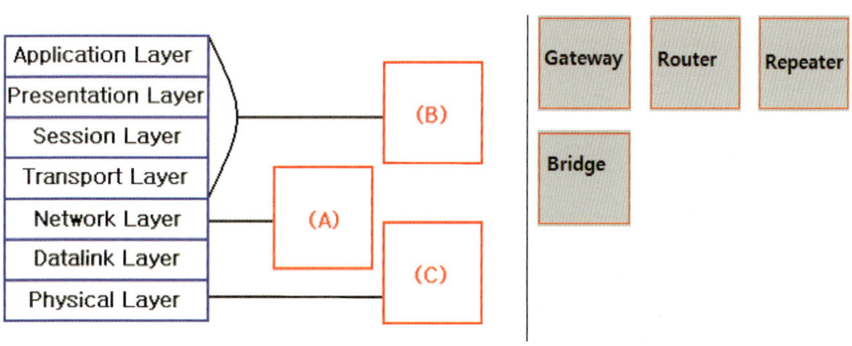

Answer

(A) Router (B) Gateway (C) Repeater

예제 2

아래 〈내용〉은 〈그림〉의 'A'를 설명한 것이다. 〈보기〉에서 맞는 번호를 답안란에 입력하시오.

※ OSI 7 Layer에서 3계층인 네트워크 계층에 속한다.
※ LAN과 LAN 또는 LAN과 WAN등을 연결하는 인터네트워킹 장치이다.
※ 네트워크 계층 간을 연결하여 접속할 호스트의 최적 경로를 설정한다.

그 림

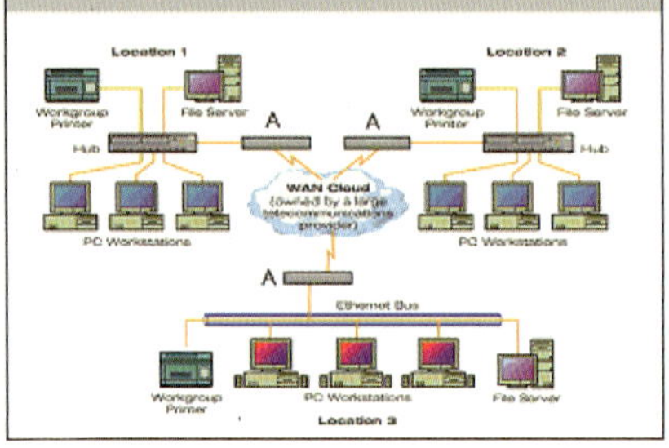

보 기

1. Switch Hub
2. Repeater
3. Bridge
4. Router
5. Firewall
6. IDS
7. IPS

Answer

2. Router

랜을 연결 정보를 주고 받을 때 송신정보에 담긴 수신처의 주소를 읽고 가장 적절한 통신통로를 이용하여 다른 통신망으로 전송하는 장치.

예제 3

아래 구성도와 같이 물리계층(Physical Layer)에서 동작하는 장비로 연속적으로 2개 이상의 케이블을 연결함으로써 케이블의 거리제한사항을 극복하고 네트워크 반경을 연장하는 효과를 제공하는 장비를 (A) 위치로 드래그 하시오.

※ 오른쪽 그림을 더블클릭하면 종류를 확대해서 볼 수 있습니다.
※ 정확한 위치에 드래그 하지 않으면 처음 위치로 되돌아갑니다.

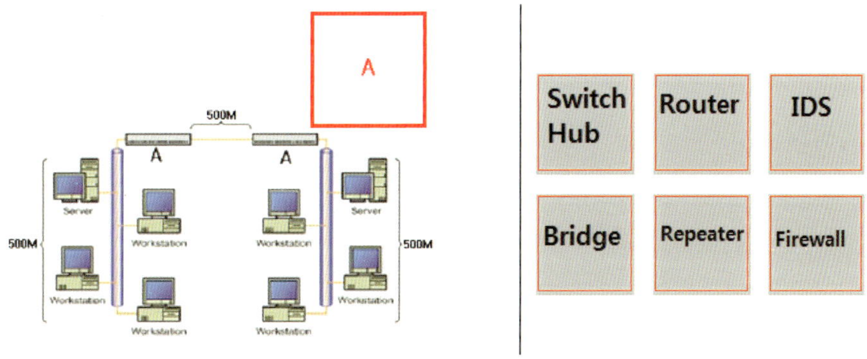

Answer

(A) Repeater

예제 4

(A), (B)에 해당하는 Port를 제 위치로 드래그 하시오.

※ 오른쪽 그림을 더블클릭하면 종류를 확대해서 볼 수 있습니다. ※ 정확한 위치에 드래그 하지 않으면 처음 위치로 되돌아갑니다.

Answer

(A) Serial 0 Port

(B) Ethernet AUI Port

예제 5

알맞은 〈장비〉를 선택하여 〈구성도〉의 올바른 위치로 드래그 하시오.

※ 오른쪽 그림을 더블클릭하면 종류를 확대해서 볼 수 있습니다.
※ 정확한 위치에 드래그 하지 않으면 처음 위치로 되돌아갑니다.

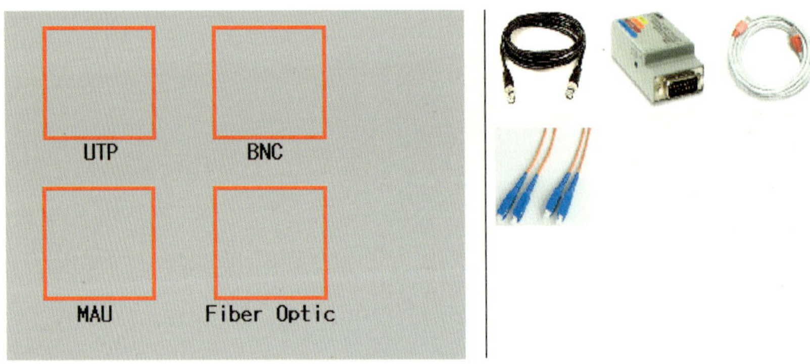

Answer

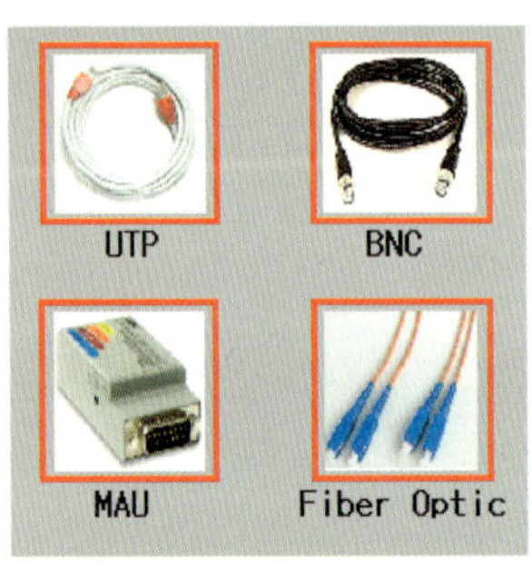

예제 6

아래 〈그림〉의 (A)은/는 OSI 7 Layer 모델에서 모든 계층의 기능(프로토콜 변환기)을 수행하는 장치이다. (A)은/는 무엇인지 해당 번호를 하나만 답안란에 입력하시오.

그 림

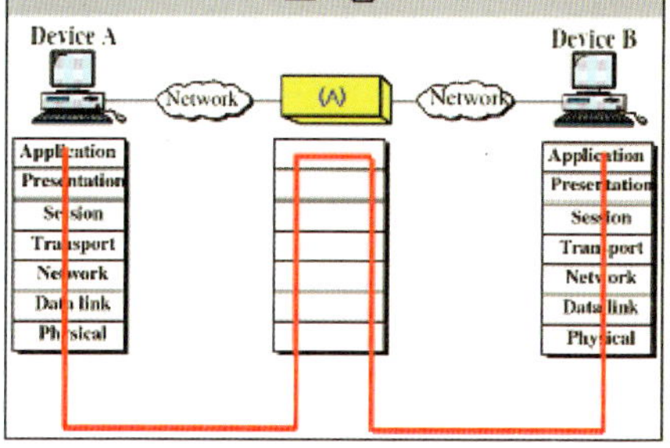

보 기

1. Hub
2. Router
3. Bridge
4. Gateway
5. Repeater
6. IP 공유기

Answer

4. Gateway

2. 신경향 기술 문제 및 관련 용어

◉ 신경향 기술 문제

문제 1

다음 그림과 같이 실제 영상이나 화면 등에 필요한 정보나 가상의 영상 등을 더하여 보다 효율적인 정보를 제공하거나 가상의 현실들을 보여줄 수 있도록 하는 기술로 개발되어 포켓몬 Go 등의 게임이나 네비게이션 및 지도 등에 이를 적용하기 시작하면서 널리 알려진 기술은 무엇인가?

Answer

Augmented Reality
또는 AR
또는 증강현실

문제 2

현재의 네트워크 구조로는 급증하는 인터넷 트래픽를 삼당하기 위해서는 엄청난 비용을 감당하거나 또는 제한적인 네트워크의 사용을 제시할 수밖에 없는 상황이다. 이에 따라 새로운 기술을 제시하여 이를 해결할 필요성이 대두되어 제시된 대안으로 현재의 네트워크 구조를 아래의 그림처럼 네트워크의 하드웨어와 소프트웨어를 분리하여 제어영역을 감당하는 소프트웨어 그리고 어플리케이션 영역으로 나누어 네트워크를 확장하는 방법으로 제시된 기술은 무엇인가?

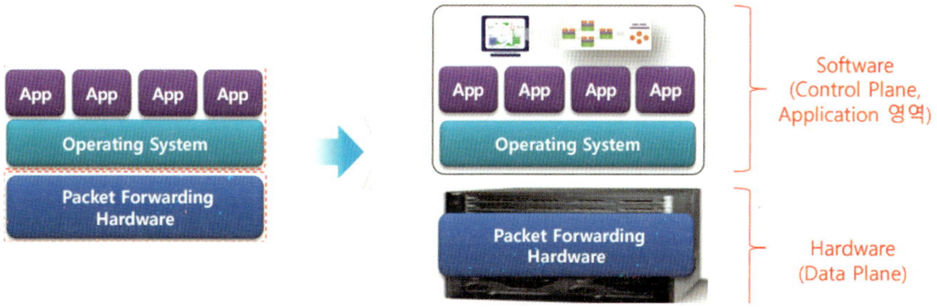

Answer

software Defined Networking

문제 3

3D프린터는 x축, y축에 더해 높이인 z축을 대상으로 프린팅하게 되는데 이러한 3D프린팅은 프린팅하는 방식에 따라 (　　　),(　　　)의 두가지 방식으로 구별하여 출력하게 된다. (　　)안에 들어갈 출력방식을 기술하라.

Answer

적층형(잉크를 각 축의 위치에 쌓아가면서 출력하는 방식),
절삭형(원 재료(덩어리)를 위치에 따라 깍아가면서 출력하는 방식)

문제 4

은행을 거치지 않고 개인과 개인이 직접 돈을 주고받을 수 있도록 '분산화된 거래장부' 방식을 도입하여 시스템 상에서 거래가 이뤄질 때마다 공개된 장부에는 새로운 기록이 추가하는 방식으로 피투피(P2P) 네트워크 분산 환경에서 중앙 관리 서버가 아닌 참여자(피어, peer)들의 개인 디지털 장비에 분산·저장시켜 공동으로 관리하는 방식으로 사용되는 비트코인에 이용되는 방식을 무엇이라 하는가?

Answer

블록 체인

문제 5

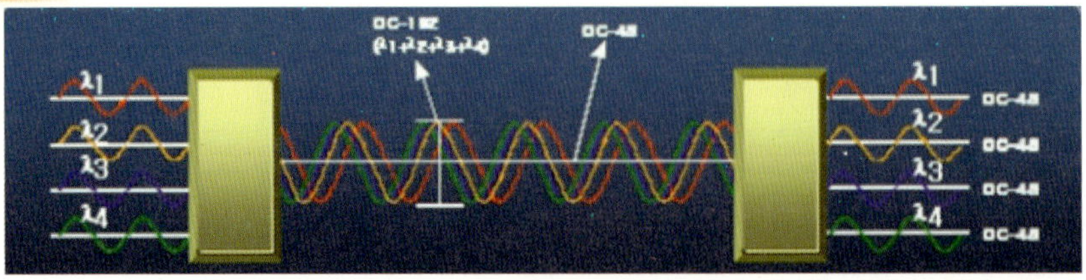

위 그림과 같은 방식으로 대용량 광전송 시스템에서 각 광케이블로부터 입력되는 서로 다른 광신호인 여러개의 파장을 하나의 광섬유를 통해 전송하는 파장분할다중화(WDM:Wavelength Division Multiplexing) 방식을 사용하여 더 많은 채널을 제공하므로 광케이블의 추가설치 없이 기존 네트워크망을 사용하여 전송용량을 즉시 몇 배 이상으로 늘릴 수 있는 기술은 무엇인가?,

Answer

DWDM(Dense Wave Division Multiplexing

문제 6

아래의 설명과 같은 목적과 특징을 가진 초단시간 펄스를 사용함으로서 약 500MHz 이상의 광대역을 점유하면서도 단독적으로 데이터를 전송 할 수 있는 기술로 고속전송이 가능한 무선 홈네트워크 핵심기술로 나노초 이하의 극히 짧은 펄스를 이용 대역폭이 광대역이며 기존 무선기술들이 반송파 변조를 사용 전송되는 것과 다르게 반송파를 사용하지 않고 기저대역(baseband) 신호를 이용 반송파 주파수와 위상을 복원하기 위한 과정이 생략 될 수 있어 간단하면서도 저비용을 구현이 가능한 기술은 무엇인가?

Answer

UWB(Ultra Wide Band)

목적	- 다른 통신 시스템에 영향을 주지 않고 신호 에너지를 수Ghz 대역폭에 걸쳐 스펙트럼을 통해 분산 송신 - 다른 대역 신호에 간섭을 주지 않고 주파수와 관계없이 통신

특징	- 100~500Mbps 무선전송, - 35% 이하의 저전력 소모, - Ghz 이상의 넓은 주파수 대역을 사용
응용분야	- 고속 근거리 무선접속망 - 보안용 이동체 추적 시스템 - 의료용 검침기, 자동차 센서, RF인증 추적 시스템

문제 7

그림과 같은 구조로 기존 동선이나 동축케이블이 아닌 광케이블을 이용하여 일반가정에까지 수십Mbps 이상의 초고속 광대역 서비스를 제공할 수 있도록 하는 광가입자망 구축 기술인 PON(Passive Optical Network)은 수동형 광분기소자를 이용하여 하나의 OLT가 다수의 ONU 또는 ONT에 접속할 수 있도록 하는 방식이다. ATM, Broadband, Ethernet 등을 통합 수용하는 PON 기술은 무엇인가?

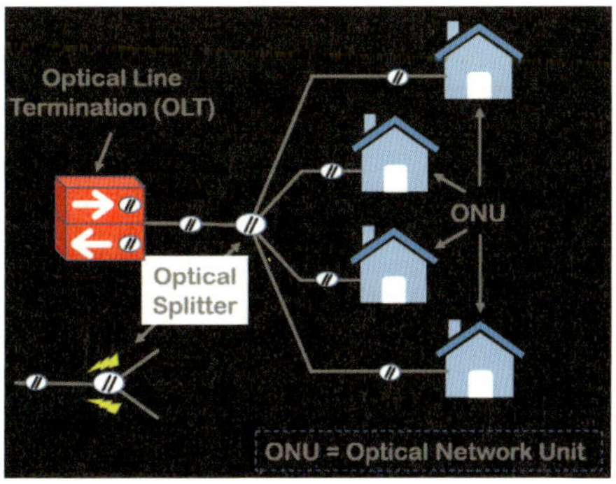

Answer

hybrid PON

문제 8

스마트 시대에는 스마트기기들을 자신의 신체 가까이에 두어야 활용성이 높아진다. 그러므로 이러한 니즈를 해결할 수 있는 여러 가지 방안들을 연구 개발하게 된다. 최근에 많은 연구와 개발을 통해 전력 문제, 통신 문제, 신체의 신호를 받아들이기 위한 연구 등을 통해 이를 조금씩 해결해나가고 있다. 이는 점차 주변의 환경 정보뿐만 아니라 자신의 신체 정보를 통한 효율적 대응이 가능해 지는 것으로 컴퓨터의 효율성을 극대화 할 수 있다는 장점이 있다. 이러한 문제에 대한 연구를 지칭하여 무엇이라 하는가?

Answer

웨어러블 컴퓨터

문제 9

자신의 신체 부근에 컴퓨터를 배치할 수 있도록하는 기술이 연구되기 시작한 것은 이미 오래전의 일이다. 최근에는 몸에 붙이는 스티커를 이용하여 놀이 공원이나 공연장에서 본인 임을 증명하도록 이용하는 데 이용할 수 있는 기술들이 상용화되기 시작하였다. 이러한 기술을 포함하여 이러한 기술을 연구하는 분야를 무엇이라 하는가?

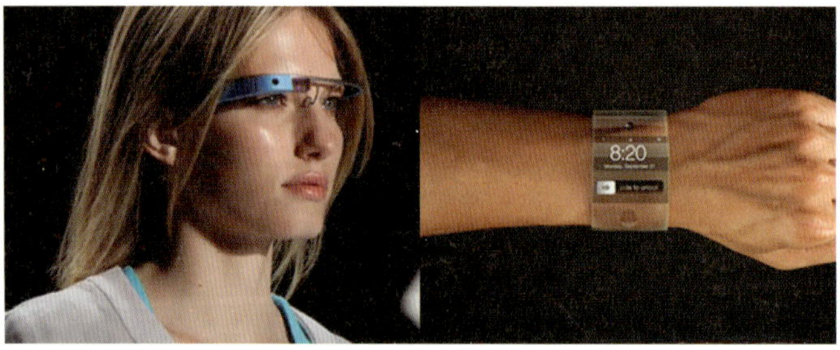

Answer

착용 컴퓨터(웨어러블)

문제 10

해커들이 컴퓨터나 또는 네트웍에 침입한 사실을 숨긴 채 관리자용 접근권한을 획득하는데 사용하는 프로그램으로 침입자는 먼저 알려져 있는 시스템 취약점을 찾아내거나 또는 암호를 크래킹 하는 등의 방법으로 사용자용 접근권한을 획득한 뒤, 컴퓨터에 이 프로그램을 설치하여 네트웍 상의 다른 컴퓨터에 있는 사용자 ID와 암호들을 수집함으로써, 해커에게 루트 권한이나 기타 특수한 접근권한을 제공하도록 만드는 프로그램들을 무엇이라 하는가?

Answer

Rootkit

문제 11

웹에서 제공하는 정보 및 서비스를 이용하여 새로운 소프트웨어나 서비스, 데이터베이스 등을 만드는 기술로 예를 들어 구글이 공개한 검색 관련 응용프로그램 인터페이스(API)와 지도 관련 API, 그리고 기타 여러 웹 서비스 정보들을 혼합하여 부동산 매매에 응용(예: HousingMaps.com)한 것처럼 다수의 정보원으로부터 제공되는 콘텐츠를 조합하여 하나의 서비스로 제공하는 웹 사이트 또는 애플리케이션으로 팝 뮤직에서 여러 곡을 섞어 하나의 곡으로 연주하는 것으로부터 시작하여 엡 또는 웹에서 활용하는 이러한 기술을 가리키는 용어는 무엇인가?

Answer

Mashup

문제 12

주파수 재사용률을 다르게 적용하여 전체 시스템의 주파수 이용 효율을 높이는 기술로, 주파수 이용 효율을 높이고, 셀 가장자리에 위치한 단말의 데이터 전송률을 높이기 위하여 사용자 위치에 따라 주파수 재사용률을 다르게 적용하는 기술을 의미한다. 이는 사용자가 기지국과 가까이 있는 경우에는 주파수 재사용률이 1이 되도록 서비스하고, 가장자리에 있는 경우에는 주파수 재사용률이 3이 되도록 서비스를 제공함으로 주파수의 이용율을 효율적으로 높이는 기술을 이르는 용어는 무엇인가?

Answer

FFR(Fractional Frequency Reuse)

문제 13

디지털 신호의 처리속도 또는 용량을 표시하는 단위로 2의 60승 바이트(또는 1024의 6승 바이트, 2의 70승 바이트(또는 1024의 7승바이트), 2의 80승 바이트(또는 1024의 8승바이트)나타내는 단위를 차례대로 기술하라?

Answer

EB(exabyte), ZB(ZettaByte), YB(YottaByte)

문제 14

공격의 대상이 되는 컴퓨터에 공격 도구가 되는 프로그램을 몰래 설치하여 컴퓨터 사용자(공격대상자)의 키보드 움직임을 탐지해 ID나 패스워드, 계좌번호, 카드번호, 주민 번호 등 개인의 중요한 정보를 몰래 빼내가는 해킹 기술을 무엇이라 하는가?

Answer

Key Logger Attack

문제 15

콘텐츠 중심 네트워크(CNC)와 동일한 개념으로 기존의 인터넷 프로토콜(IP) 망에서는 콘텐츠와는 아무 상관 없이 클라이언트와 서버가 패킷의 해더에 내장되어 있는 주소 정보만으로 이용되는 것과는 달리 해시테밍블에 기반을 두는 p2p 시스템과 유사하게 인터넷에서 콘텐츠 자체의 정보와 라우터 기능만을 이용하여 목적지로 데이터를 전송하는 기술을 무엇이라 하는가?

Answer

NDN(Named Data Networking)

문제 16

아래의 그림과 같이 하나의 주파수 채널을 사용하면서도 송신과 수신을 동시에 수행할 수 있는 통신 방식으로 FDD 방식에 비해 주파수 이용효율을 두 배로 높일 수 있는 기술은 무엇인가?

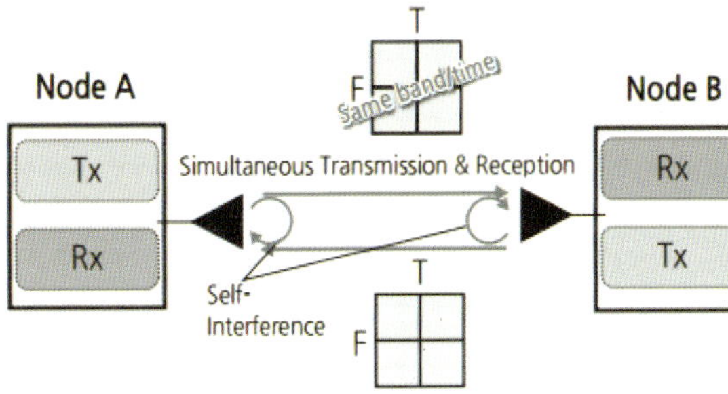

Answer

IBFD(In Band Full Duplex radio) 또는 IFD(Inband Full Duplex)

문제 17

아래 그림은 2012년 구글이 1000대의 컴퓨터를 사용하여 1000만개의 유투브 이미지를 이 방식으로 분석해 사람과 고양이를 구분해는 과정을 그린 그림이다. 이와 같이 인간의 두뇌를 모델로 하는 인공신경망을 기반으로 컴퓨터가 특정 업무를 수행할 때 정형화된 데이터를 입력 받지 않고 스스로 필요한 데이터를 수집하고 분석하여 고속으로 처리하도록 하는 기계 학습 기술을 무엇이라 하는가?

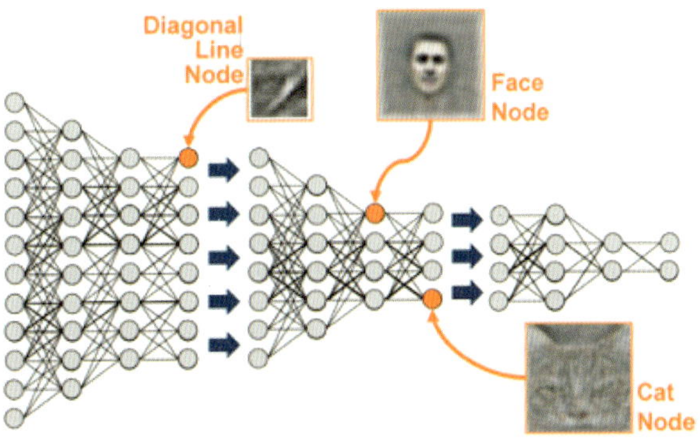

Answer

딥러닝(Deep learning)

문제 18

사물인터넷은 가전제품, 모바일 장비, 웨어러블 컴퓨터 등 다양한 임베디드 시스템들이 각종 사물에 센서와 통신 기능을 내장하여 자신을 구별할 수 있는 유일한 아이피를 가지고 인터넷으로 연결되어 상호 자신의 정보와 상대의 상태 정보를 교환 분석하여 가장 최적의 상황을 만들어 가는 것으로 이 때 이러한 정보 전달을 방법을 확립하기 위해 HTTP를 대체할 표준 프로토콜로 제시된 것은 무엇인가?

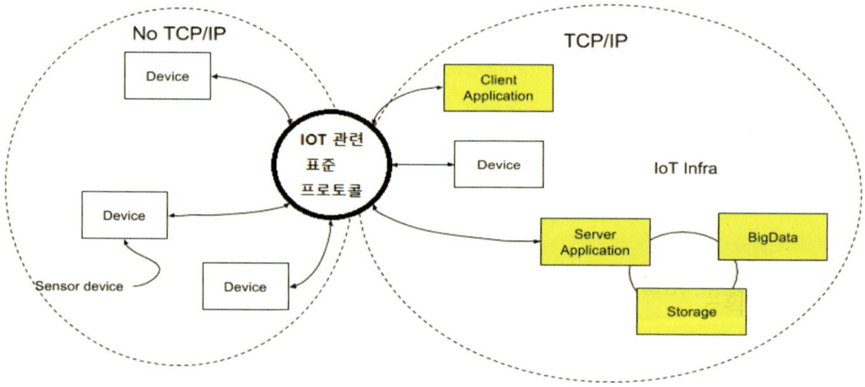

Answer

MQTT(MQ Telemetry Transport)

문제 19

애플의 애플 페이 삼성의 삼성 페이 안드로이드 페이나 알리 페이 등과 같이 이동통신과 인터넷 기술을 금융 산업에 접목하여 모바일을 통한 결제, 송금, 자산관리, 디지털 화폐, 그리고 대중 투자(클라우드 펀딩) 등의 금융서비스가 가능하도록 한 기술은 무엇인가?

Answer

핀테크(FinTech)

문제 20

디지털 환경이 점차 모바일이 대세가 되면서 SNS 등을 통한 정보의 교류와 확산이 엄청나게 확대되고 있어 이러한 환경에서 생성되는 데이터도 그 규모가 방대하며 그 주기도 짧은 특징을 보이고 있다. 또한 이러한 데이터는 수치, 문자뿐만 아니라 이미지와 영상 등 멀티미디어를 활용하는 데이터들이 대부분이어서 데이터의 크기도 엄청나게 크다. 이러한 데이터들은 이를 이용하고 전파하는 사람들의 행동과 위치정보 등을 통해 그들의 의견과 생각의 성향까지도 분석되고 예측되어 산업에 이용되고 있다. 향후는 사물의 통신들로 인하여 폭발적으로 정보가 늘어날 것으로 보인다. 아래의 그림처럼 이러한 정보들로부터 유용한 정보들과 상황들을 데이터로 저장하고 이를 분석하여 산업에 이용할 수 있도록 하고 있는데 이러한 것을 가능케 하는 기술을 무엇이라 하는가?

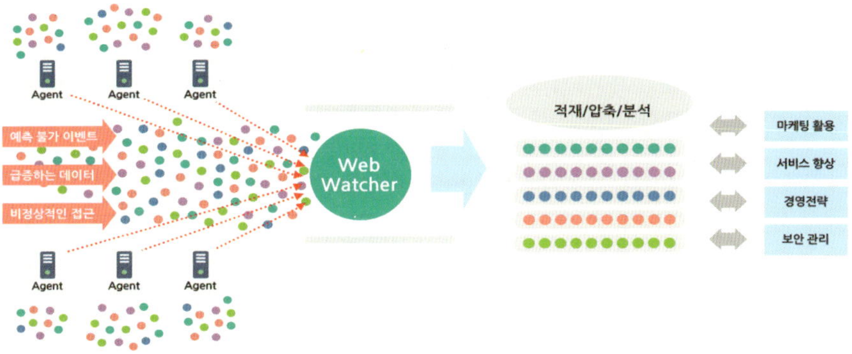

Answer

빅데이터(Big Data)

◉ 신기술 관련 용어

1) 펨토셀 기지국(Femtocell Base Station)

사무실이나 집에 설치하는 초소형 이동 통신 기지국. 인터넷에 연결하는 펨토셀 기지국은 1,000조분의 1을 뜻하는 펨토(femto)와 이동 전화 커버리지 단위인 셀(cell)의 합성어로, 집이나 사무실 같은 건물이나 지하의 작은 지역(30 ~ 50m)에 서비스하려고 설치하는 소출력 초소형 이동 통신 기지국을 말한다. 스마트폰이나 스마트패드 같은 기기 보급이 확대되면서 인구 밀집 지역을 중심으로 급증하는 트래픽을 수용하는 데 적합한 기지국이다.

2) 소셜 티브이(TV) - Social TV

TV에 소셜 네트워크 서비스(SNS)를 접붙인 서비스. 소셜 티브이 서비스를 이용하는 방식은 크게 두 가지로 나눌 수 있다. 첫째는 TV로 직접 소통하는 방법으로 특정 장면에서 이모티콘, 메시지 따위를 화면에 띄워 의견을 교환하는 방법이고, 둘째는 TV를 보면서 스마트폰이나 PC로 의견을 교환하는 방식이다. TV 프로그램 가이드(EPG)로 방영하는 프로그램을 자동으로 연결하는 편의를 제공하기도 하고, MS 메신저를 TV로 가져오거나, 특정 채팅룸에서 TV 프로그램을 함께 보면서 이야기를 나눌 수 있다.

3) 유비쿼터스

시간과 장소에 구애받지 않고 언제나 네트워크에 접속할 수 있는 통신 환경.

라틴어의 유비쿼터스는 '언제나 어디에나 존재한다'는 뜻을 가지고 있으며, 정보 통신 분야에서는 시간, 장소를 초월한 통신 환경을 목표로 서비스 경쟁을 하고 있다.

유비쿼터스는 환경적, 기술적 제약으로 아직까지 일반화되지는 않았지만, 각종 이동 통신 기기는 휴대성과 편의성을 강조하여 출시되고 있다. 예를 들면, 전화 또는 인터넷으로 가정에 있는 보일러를 켜고 끌 수 있으며, 해외 공장에 있는 기계를 자기 자리에서 컨트롤할 수 있다. 유비쿼터스는 이러한 여러 가지 기기나 사물에 컴퓨터를 집어 넣어 사용자와의 커뮤니케이션을 쉽게 주는 정보 기술(IT) 환경 또는 정보 기술 패러다임을 뜻한다.

즉 실세계의 각종 사물과 물리공간에 컴퓨터를 장착하되 컴퓨터의 겉모습은 드러나지 않도록 환경 내에 효과적으로 심어지고 융합될 수 있도록 하는 것이다.

또 하나는 사용자가 거부감을 느끼지 않고 언제 어디서나 존재하는 컴퓨터(대상에 맞는 특수한 기능을 보유)를 편리하게 이용할 수 있도록 만드는 일이다. 즉 유비쿼터스 컴퓨팅, 유비쿼터스 네트워크란 물이나 공기처럼 우리 주변 환경에 내재돼 모든 사물 및 사람이 보이지 않는 네트워크로 연결된 새로운 공간이다.

이러한 유비쿼터스 환경을 위한 기술로는 임베디드 시스템, 무선ID, 초소형 정밀기계, 텔레매틱스, 위치기반서비스(LBS), IPv6 등이 있다. 한편, 정보통신부는 '유비쿼터스 사회'를 목표로, 'u-Korea(유비쿼터스 코리아)'는 이름으로 유비쿼터스 관련 기술과 서비스를 추진하고 있다.

4) 유비쿼터스 센서 네트워크 (Ubiquitous Sensor Network, u-sensor network, USN)

각종 센서에서 감지한 정보를 무선으로 수집할 수 있도록 구성한 네트워크. WPAN (wireless personal area network), ad-hoc network 등의 기술이 발전함에 따라 u센서 네트워크 기술이 매우 활성화되고 있다.

센서의 종류로는 온도, 가속도, 위치 정보, 압력, 지문, 가스 등 다양하게 존재한다. 최근에는 물류의 흐름을 파악하기 위하여 RFID(radio frequency identification) 기술을 이용하여 사물에 태그(tag)를 부착하여 각종 물류정보의 흐름을 파악하는 기술도 등장하고 있다.

5) RFID

IC칩과 무선을 통해 식품, 동물, 사물 등 다양한 개체의 정보를 관리할 수 있는 차세대 인식 기술이다. RFID 시스템은 안테나, 트랜시버, 트랜스폰더라고도 불리는 태그의 세 가지 요소로 구성된다. 고유 정보 기록 방식에 따라서는 읽기 전용(read-only)형과 판독 기록(read-write)형으로도 구분된다. 현재 150KHz 이하 저주파로부터 5GHz 이상 마이크로파까지의 다양한 주파수대의 시스템이 상용화되고 있고, 이의 표준화는 국제 표준화 기구인 ISO 산하 IEC JTC1/SC31/WG4에서 표준(안)의 개발, 운용, 관리를 맡고 있다. RFID는 RFID 기술은 출입 통제 시스템이나 전자 요금 지불 시스템, 물류, 교통, 보안, 안전 등의 다양한 응용 분야에 활용된다.

기존 바코드 시스템과의 차이점은 다음과 같다.

구분	전파 식별(RFID)	바코드
인식 방법	무선(Read/Write)	광학식(Read Only)
정보량	수천 단어	수십 단어
인식 거리	최대 수m	최대 수십cm
인식 속도	최대 수백 개 (전파 규제에 의해 좌우)	개별 스캐닝
관리 레벨	개개 상품(일련번호)	상품 그룹
가격	태그 최하 수백 원 (EPC 5센트 목표)	라벨 인쇄 10원 미만

6) UNC

컴퓨터 내의 공유 파일이 저장되어 있는 장치를 명시하지 않고서도, 그 파일을 확인하기 위한 방법이다. 윈도우 운영체계, 노벨 네트웨어, 그리고 어쩌면 많은 다른 운영체계들에서도, 자체적인 명명 시스템 대신 UNC가 사용될 수 있다.

7) VoIP(Voice over IP)

정상적인 텔레포니 스타일 음성을 POTS와 같은 기능, 신뢰도, 음성 품질로 IP 기반 인터넷을 통해 전달할 수 있는 능력.

8) NAT(Network Address Translation)

고유한 IP 주소의 필요성을 줄이기 위한 메커니즘. NAT를 이용하면 고유하지 않은 주소를 가진 조직체가 그 주소를 라우팅 할 수 있는 주소 공간으로 변환해 인터넷에 연결할 수 있다. Network Address Translator(네트워크 주소 변환기)라고도 한다.

9) VLAN(Virtual LAN)

하나 이상의 LAN에 있는 여러 장치들이 실제로는 많은 수의 서로 다른 LAN 세그먼트 상에 존재하는데도 마치 동일한 배선에 연결돼 있는 것처럼 서로 의사소통을 할 수 있도록 관리 소프트웨어를 사용해 설정한 장치 그룹이다. VLAN은 물리적 연결이 아니라 논리적 연결에 기초하고 있기 때문에 유연성이 매우 높다.

10) 블루투스

IEEE 802.15.1 규격을 사용하는 블루투스는 PANs(Personal Area Networks)의 산업 표준이다. 블루투스는 다양한 기기들이 안전하고 저렴한 비용으로 전 세계적으로 이용할 수 있는 라디오 주파수를 이용해 서로 통신할 수 있게 한다. 블루투스라는 이름은 10세기의 덴마크 왕 헤럴드 블루투스에서 유래했는데, 대립국면에 있는 파벌들과 협상하는데 있어서 특히 유명했다. 다시 말해, 다른 장치들끼리 통신할 수 있게 하는 이 기술에 적합한 이름이다. 블루투스는 ISM 대역인 2.45GHz를 사용한다. 버전 1.1과 1.2의 경우 속도가 초당 723.1 킬로비트에 달하며, 버전 2.0의 경우 EDR(Enhanced Data Rate)을 특징으로 하는데, 이를 통해 초당 2.1 메가비트의 속도를 낼 수 있다. 블루투스는 유선 USB를 대체하는 개념이며, 와이파이(Wi-Fi)는 이더넷(Ethernet)을 대체하는 개념이다. 암호화에는 SAFER(Secure And Fast Encryption Routine)를 사용한다. 장치끼리 믿음직한 연결을 성립하려면 키워드를 이용한 페어링(Pairng)이 이루어지는데, 이 과정이 없는 경우도 있다.

11) AD-Hoc

애드혹 네트워크는 영어로 "Ad Hoc Network"라고 쓰며, "임시변통의 네트워크"로 번역할 수 있다. 애드혹 네트워크는 주로 무선 네트워크에서 사용되는 기술이며 무선 애드혹 네트워크로 표기하는 것이 정확한 표현에 가깝지만 일반적으로 애드혹 네트워크로 표기한다. 애드혹 네트워크는 AP(Access Point)가 없이 흩어져 있는 무선으로 통신이 가능한 노드들끼리 서로 통신을 하는 자율적인 구조의 네트워크이다. 이 구조에서는 중간에서 제어하는 노드가 없으므로 각 노드들은 자신이 가질 수가 있는 정보를 최대한 활용하여 네트워크에서 통신해야 하고 먼 거리의 노드와의 통신에는 다른 노드들을 경유하여 통신한다. 이에 따라 통신비용(Hop수, 전력 등)을 최소화 하는 경로를 구하는 라우팅이 필요하다. 애드혹 네트워크는 노드들끼리의 통신을 통해서 토폴로지를 구성하기 때문에 무선 네트워크 통신이 가지는 거리상의 한계를 극복할 수 있다. 그리고 고정된 라우터를 사용하는 방식(정적인 방식)과 비교하여 노드의 이동이 자유롭기 때문에 네트워크 토폴로지가 동적으로 변하는 특징을 가지고 있다. 최초의 무선 애드혹 네트워크는 "패킷 라디오" 네트워크라 불렸는데 1970년도 초반 DARPA에 의해 개발되었다. BBN

Technologiese와 SRI International이 디자인과 개발하여 이러한 초기의 시스템들을 시험하였다.

12) IPTV

광대역(Broadband) 연결 상에서 인터넷 프로토콜을 사용하여 소비자에게 디지털 텔레비전 서비스를 제공하는 시스템을 말한다. 또한 같은 기반구조를 이용하는 주문형 비디오(VOD - Video on Demand)는 물론 기존 웹에서 이루어지던 정보검색, 쇼핑이나 VoIP(Voice over Internet Protocol)등과 같은 인터넷 서비스를 부가적으로 제공할 수 있게 되어 사용자와의 활발한 상호작용이 가능하다. 주로 가정용으로 많이 제공되며 주문형 비디오 서비스 상품과 인터넷 서비스 상품을 결합하여 제공하며 인터넷 전화를 같이 제공하기도 한다. 최근에는 모바일 인터넷이나 휴대폰을 이용한 IPTV 서비스도 발전하고 있다.

IPTV는 Internet Protocol 기반의 플랫폼이기 때문에 VoIP와 같은 고속통신망 서비스와 통합되어 서비스 되기 때문에 많은 장점들을 제공한다. 기존의 케이블이나 위성과같은 TV는 일방적으로 다운로드 받는 스트림과, 동시에 많은 채널들이 전송되기 때문에 사용자는 하나의 콘텐츠를 선택해서 보게 되어있다. 하지만 IPTV는 양방향 서비스로 콘텐츠의 내용이 네트워크에 남아 있기 때문에 사용자들이 원하는 시간에 콘텐츠를 골라서 볼 수있다. 또한 시청과 동시에 웹 서핑, VoIP를 통한 통신을 할 수 있다. 최근에는 와이브로 등을 이용한 Mobile IPTV로 발전이 예상되고 있다

13) UDDI

웹 서비스 관련 정보의 공개와 탐색을 위한 표준이다. 서비스 제공자는 UDDI라는 서비스 소비자에게 이미 알려진 온라인 저장소에 그들이 제공하는 서비스들을 저장하게 되고, 서비스 소비자들은 그 저장소에 접근함으로써 원하는 서비스들의 목록을 찾을 수 있게 된다. UDDI 비즈니스 등록은 다음과 같이 세 가지 구성요소를 갖는다.

14) 지그비 (Zigbee)

통신프로토콜의 일종. 근거리 통신을 하는데 사용되는 규격

15) Hot Swap

고장난 부품을 진단하고 제거하고 교체하는 동안 장치의 나머지 부분은 정상적으로 작동하게 하는 기능.

16) WIPI

대한민국의 표준 모바일 플랫폼의 이름이다. 통신사간의 모바일 플랫폼을 표준화 함으로서, 하나의 콘텐츠를 여러 통신사에서 서비스할 수 있도록 하기 위해 제정되었다. WIPI는 한국어로 '위피'라 읽는다. WIPI는 Java (MIDP 2.0)와 C 언어를 모두 지원하며 이용한 언어에 따라서 자바로 생성한 콘텐츠를 Jlet, C로 생성한 콘텐츠를 Clet이라고 한다. 바이너리 형식에 대한 호환성은 제공하고 있지 않으며, 프로그래밍 모델과 API에 대한 표준만을 정의하고 있다. WIPI Version 1에서는 별도의 자바 규격을 채택하였으나, 현재 사용되는 Version 2에서는 MIDP2.0 규격을 채택하고 있다.

17) HomeNetwork

홈 네트워크 구축 대상은 아날로그 형이 아닌 디지털 기기로 인터넷으로 작동이 가능한 냉장고나 세탁기, 디지털TV, 디지털 캠코더, 카메라, 컴퓨터, 에어콘 등이 모두 연결될 수 있다. 전송 기술로는 유, 무선 기술이 모두 활용된다. 최근 집중적인 연구 대상인 무선 기술에는 RF(Radio Frequency)를 이용하는 홈RF, 블루투스 무선 LAN, 적외선을 이용하는 IrDA 등이 있고 위치에 상관없이 각종 서비스를 제공받고 제어할 수 있을 뿐만 아니라 비상 상황이 발생했을 때 이를 통보받고 이에 대한 적절한 조치를 취할 수 있게 된다.

18) HomePNA

홈PNA(Home Phoneline Networking Alliance)는 가정에서 전화선을 이용하여 2대 이상의 컴퓨터 자원들을 서로 공유할 수 있도록 하는 전화라인 네트워크 솔루션으로, 원래는 유선 기술을 기반으로 한 홈네트워킹 표준화 단체를 말하는 것이다.

홈PNA는 1998년말 표준 스펙을 확정, 1999년 상반기부터 이 표준기술을 지원하고 집안에 설치돼 있는 전화선을 이용해 1Mbps의 전송속도로 홈 네트워크를 구성하는 홈네트워킹 제품을 출시하고 있어, 홈PNA는 홈네트워킹 제품의 총칭으로 사용되기도 한다. IEEE 802.3 Ethernet 네트워크와 UADSL(Universal Asymmetric Digital Subscrber Line), Modem, ISDN 등과 완벽하게 호환된다. 전화 또는 그 외 다른 서비스가 사용하는 대역폭보다 높은 고유한 대역폭(2MHz 이상)을 사용하기 때문에 네트워크 사용 중에 전화선상의 모든 방해전파를 피할 수 있다. 신호는 집안에서 전화라인을 통해서 이동하기 때문에 방해를 받지 않기 때문에 외부 조건과 관계없이 매우 신뢰성이 있으며 안전하다

19) 와이브로

와이브로는 무선 인터넷 접속 규격의 하나이다. 와이브로는 동시 송수신을 위해 TDD를, 다중 접속을 위해 OFDMA를 채택했으며, 한 채널에 8.75Mhz의 대역너비를 가진다. CDMA 1x와 같은 휴대 전화가 데이터 속도에 제한을 받는 것을 극복하기 위해 고안되었으며 ADSL이나 무선 랜과 같은 광대역 인터넷 접속에 휴대성을 더한 것이다. 이 기술은 QoS 또한 제공하는데, 스트림 영상물이나 잃기 쉬운 자료를 믿을 수 있는 방식으로 사용할 수 있게 도와준다. 본질적인 측면에서는 이동통신과 별도의 서비스이나 3세대 이동통신의 하향고속패킷접속(HSDPA, High Speed Downlink Packet Access)과 함께 차세대 통신 서비스로 주목받고 있다. 와이브로의 가장 큰 기술적 특징은 무선 인터넷 접속에 이동성을 더하였다는 것이다. KT의 네스팟과 같은 기존의 WIFI 기반의 무선 랜 인터넷 접속은 AP(액세스 포인트:Access Point) 장치를 중심으로 일정한 반경에 인터넷을 접속할 수 있게 하였으나 AP 장치가 고정적이기 때문에 일정 범위를 벗어날 수 없었다. 와이브로는 이동통신의 다중접속(CDMA) 기술을 응용하여 서비스 셀을 구성하고 이동하면서 인터넷에 접속할 수 있게 하였다. 인텔에서 추진하는 무선 광대역 인터넷 서비스 WiMAX는 최근 이동성을 제공할 수 있는 규격 개선을 진행하고 있으며 이에 따라 와이브로의 규격이 WiMAX와 호환되도록 개선하려고 노력하고 있다.

20) WSDL

웹 서비스 기술언어 또는 기술된 정의 파일의 총칭으로 XML로 기술된다. 웹 서비스의 구체적 내용이 기술되어 있어 서비스 제공 장소, 서비스 메시지 포맷, 프로토콜 등이 기술된다.

21) DMB

이동 중에 시청할 수 있는 디지털 영상, 또는 오디오 방송 기술과 그 기술을 이용한 방송 서비스를 뜻한다. 지상파 아날로그 라디오 방송을 대체할 목적으로 처음 개발되었다. 하지만 기술의 발달로 한정된 전파에 더 많은 데이터를 담을 수 있게 됨에 따라, 본래 목적인 음성 데이터 뿐만 아니라 DVD 수준의 동영상 데이터까지 전송할 수 있게 되었다. 현재 디지털 멀티미디어 방송은 전파 송수신 방식에 따라 지상파 DMB(T-DMB)와 위성 DMB(S-DMB) 방식으로 나뉘는데 지상파 DMB 방송은 현재의 지상파 라디오 방송과 마찬가지로 무료로 제공되며, 위성 DMB 방송은 월정액 형태로 유료로 제공되고 있다. 대한민국에서는 티유 미디어사가 위성 DMB 방송 허가를 취득해 본방송 중에 있다.

위성 DMB - 위성 DMB는 유료 방송으로 대한민국에서는 2만원의 가입비에 월 11,000원의 서비스 사용료를 받고 있으며, 전국 서비스를 실시하고 있다. 위성 DMB는 2006년 말 100만의 가입자의 구성을 살펴보면, 휴대전화겸용 가입자가 약 95%, 차량용과 전용 단말기 가입자가 5%로 다수가 핸드폰으로 위성 DMB 서비스를 이용하고 있다. 가입자 성별로는 남성이 65%, 여성이 35%로 남성이 배 가까이 많았다. 연령별로는 10대가 8%, 20대 36%, 30대 27%, 40대 이상이 29%의 비율로, 20-30대 가입자가 과반수가 넘는 63%를 차지했다.

이러한 현상에서 알 수 있는 가장 두드러지는 속성은 아마도 미디어 소비시간의 파편화일 것이다. 출퇴근 시간이나 식사를 기다리는 짬을 이용하여 미디어를 소비한다면 한 번 이용할 때의 미디어 사용 시간이 짧아질 수밖에 없다. 대형화면의 고정수신인 TV의 경우 한 번 시청할 때의 이용 시간은 약 2시간 정도인데, 7인치 이하의 화면으로 이동 수신을 주목적으로 하는 위성 DMB의 경우는 더욱 짧은 시간을 이용하는 경향이 높다. 그러나 DMB 서비스 이용 패턴을 살펴 보면, 언제나 짧은 프로그램을 시청하는 것이 아닌 소비자들의 관심을 일으킬 수 있는 기존의 인기 있는 콘텐츠의 시청률이 높게 나타나고 있다.

22) DDNS

주로 유동 IP 주소를 사용하는 컴퓨터들의 경우에도 DNS 정보를 쉽게 유지할 수 있도록 해주는 방법이다. 일반적으로, 인터넷 서비스 제공사업자는 사용자가 인터넷에 접속해오면 그 시점 현재 사용되지 않는 IP 주소 중 하나를 임의로 골라 할당하게 되는데, 이 주소는 오직 그 사용자가 인터넷에 접속하고 있는 동안에만 독점적으로 제공된다. 이런 방식을 사용하면 각 컴퓨터마다 고정된 IP 주소를 할당하는 방식에 비해 같은 개수의 IP 주소를 가지고도 훨씬 더 많은 수의 컴퓨터를 지원할 수 있게 된다. 그러나 자신의 도메인 이름과 IP 주소를 DNS에 등록해 사용하는 컴퓨터의 경우, 접속할 때마다 자주 IP 주소가 바뀌게 되므로 매우 불편한 일이다. DDNS 서비스 제공자는 사용자 컴퓨터에서 실행되는 특별한 프로그램을 이용, 인터넷 서비스 제공사업자에 의해 IP 주소가 새로이 부여될 때 마다 DNS 데이터베이스를 자동으로 갱신해 준다.

23) GPS

GPS를 이용하면 위치와 시간을 얻을 수 있다. 24개의 GPS 위성 (실제로는 보충위성 3개 포함 27개)이 서로 다른 궤도로 지구 대기권을 계속 회전하고 있다. 이는 지구상 어느 시간 어느 곳에서도 4개 이상의 위성신호를 얻을 수 있도록 하기 위함이다. 위치를 측정하기 위해서는 동시에 최소 4개의 위성으로부터 신호를 받아야 한다. 물론 더 많은 위성으로부터 신호를 받으면 보다 정확한 위치 값을 얻을 수 있다.

GPS 수신기는 동시에 처리하는 위성신호의 개수에 따라 4 채널, 8 채널 등이 있다. GPS 위치측정 데이터는 군사상으로 사용되는 PPS(Precision Positioning Service)인 경우에는 50 m이내, 민간에 제공되고 있는 SPS(Standard Positioning Service)는 200 m이내의 오차범위를 가진다. 민수용에는 정확도를 고의적으로 떨어뜨려 서비스하고 있다.

이러한 오차를 보정하는 방법으로 특정 위치의 좌표 값과 그 곳의 측정값과의 차이를 이용하여 보정된 데이터를 반영하는 DGPS(Differential GPS)가 사용된다. DGPS를 사용하면 오차범위를 5m 이내로 줄일 수 있다. 최근 국내에서 DGPS 보정 데이터를 FM방송을 통해 제공하는 DARC 시스템도 선보이고 있다. 또 다른 위치측정시스템으로 소련의 GLONASS가 있으며, 최근에 GPS와 GLONASS 신호를 동시에 사용해 오차범위를 줄이는 방법도 개발되었다. 주로 비행기, 선박, 차량의 항법장치에 전자 지도(GIS)와 함께 GPS가 사용되고 있으며, 사람들이나 차량 등 이동체의 위치를 파악하는 데에도 사용된다. 또한 개인휴대용 GPS 수신기가 개발되어 미지 탐사나, 군 작전시 자기 위치파악에 이용되고 있다. 최근에는 휴대용 무선전화기 내에 GPS 수신기를 내장하는 것도 개발, 출시되었다.

24) UPnP

UPnP의 목표는 장치들을 부드럽게 연결하고 가정 네트워크와 회사 환경의 기능(데이터 공유, 통신, 엔터테인먼트)을 단순화하는 것이다. UPnP는 개방된 인터넷 기반의 통신 표준 기반의 UPnP 장치 제어 프로토콜을 정의하고 출판함으로써 이를 달성한다.

UPnP라는 용어는 컴퓨터에 직접 장치를 유동적으로 부착하는 기술인 플러그 앤 플레이에서 비롯한 것이다.

25) PLC

기존의 전력 송배전 선로를 이용해 유선 통신을 하는 방식을 가리킨다. 이 방식에서는 통상 50~60 Hz의 교류 선로 상에 아날로그 신호를 포개 놓음으로써 음성과 데이터를 전달 할 수 있다.

26) SCSI

주변기기를 컴퓨터에 연결할 때 직렬 방식으로 연결하기 위한 표준을 일컫는다. 다시 말해, 컴퓨터에서 주변기기를 연결하기 위한 직렬 표준 인터페이스로 입출력 버스를 접속하는 데에 필요한 기계적, 전기적인 요구 사항과 모든 주변 기기 장치를 중심으로 명령어 집합에 대한 규격을 말한다.

SCSI는 IBM 호환기종을 제외한 애플, 썬 마이크로시스템즈 등에 널리 쓰이고 있다. SCSI는 주변 기기의 번호만 각각 지정해 주면 자료 충돌 없이 주변 기기를 제어할 수 있다. 또한 SCSI 어댑터를 통해 자체적으로 버스를 구성하기도 하지만 주변기기 자체가 사용하는 프로토콜이 조금이라도 다르면 사용할 수 없다.

SCSI는 주변장치를 제어하는 기능이 호스트에 있는 것이 아니라 주변장치 자체에 들어 있어서 SCSI를 사용하는 주변장치들은 모두 호스트 어댑터를 통해 직접 통신할 수 있다. SCSI가 발전된 것으로 SCSI-2가 있는데 이는 초기 SCSI 방식의 단점을 보완하고자 발표된 2차 표준안으로, 이 규격은 표준 디스크와 테이프 장치 이외에 광자기 디스크, 매체 교환 장치, 통신 장치 등에도 적용하였다. 비용이 비싼 것이 단점이라 일반 개인용 컴퓨터에는 잘 도입하지 않았으나, 최근에는 개인 용도로 이 방식을 많이 쓰고 있다.

27) IPSec

네트워크나 네트워크 통신의 패킷 처리 계층에서의 보안을 위해, 지금도 발전되고 있는 표준이다. 이전의 보안 기법들에서는 보안이 통신 모델의 응용 계층에 삽입되었었다. IPSec은 가상 사설망과 사설망에 다이얼업 접속을 통한 원격 사용자 접속의 구현에 특히 유용할 것이다.

28) RAID

여러 개의 하드 디스크에 일부 중복된 데이터를 나눠서 저장하는 기술이다. 데이터를 나누는 다양한 방법이 존재하며, 이 방법들을 레벨이라 하는데, 레벨에 따라 저장장치의 신뢰성을 높이거나 전체적인 성능을 향상시키는 등의 다양한 목적을 만족시킬 수 있다. 최초에 제안되었을 때는 다섯 가지의 레벨이 존재했는데, 이후에 중첩 레벨을 비롯한 여러 가지 다른 레벨들이 추가되었다. RAID는 여러 개의 디스크를 하나로 묶어 하나의 논리적 디스크로 작동하게 하는데, 하드웨어적인 방법과 소프트웨어적인 방법이 있다. 하드웨어적인 방법은 운영 체제에 이 디스크가 하나의 디스크처럼 보이게 한다. 소프트웨어적인 방법은 주로 운영체제 안에서 구현되며, 사용자에게 디스크를 하나의 디스크처럼 보이게 한다.

(1) RAID 0

패리티(오류 검출 기능)가 없는 스트리핑된 세트 (적어도 2 개의 디스크). 개선된 성능에 추가적인 기억 장치를 제공하는 게 장점이지만 실패할 경우 자료의 안전을 보장할 수 없다. 디스크에서 실패가 일어나면 배열을 파괴하게 되는데, 이러한 파괴는 디스크를 많이 장착할수록 가능성이 더 크다. 하나의 단일 디스크 실패는 배열을 완전히 파괴한다. 왜냐하면 데이터가 레이드 0으로 쓰일 때, 데이터는 여러 조각으로 나뉘기 때문이다. 조각의 수는 드라이브 안의 디스크 수와 일치한다. 조각들은 각 디스크에 동시적으로 같은 섹터 위에 기록된다. 완전한 데이터 덩어리의 작은 토막들이 병렬로 드라이브를 읽어 낼 수 있게 해 주며, 이러한 종류의 배열은 넓은 대역너비를 제공한다. 그러나 디스크들의 한 섹터가 실패할 때는 모든 다른 디스크 위의 일치하는 섹터가 사용 불능으로 표시된다. 왜냐하면 데이터의 일부가 손상된 것은 아니기 때문이다. 레이드 0은 오류 검출 기능을 제공하지 않기 때문에 어떠한 오류도 복구하지 못한다. 배열에 디스크를 더 많이 넣으면 더 높은 대역을 사용할 수 있겠지만 데이터 손실의 큰 위험이 도사리게 된다.

(2) RAID 1

패리티(오류 검출 기능)가 없는 미러링 된 세트(적어도 2 개의 디스크). 디스크 오류와 단일 디스크 실패에 대비하여 실패 방지 기능이 제공된다. 분할 탐색을 지원하는 다중 스레드를 지원하는 운영 체제를 사용할 때 읽기 성능이 향상된다. 다만, 쓰기를 시도할 때에는 약간의 성능 저하가 뒤따른다. 배열은 적어도 하나의 드라이브가 기능하는 한 계속 동작한다.

(3) RAID 3 및 RAID 4

패리티가 단순 제공되는(Dedicated) 스트리핑 된 세트(적어도 3개의 디스크).

(4) RAID 5

패리티가 배분되는(Distributed) 스트리핑 된 세트(적어도 3 개의 디스크).

(5) RAID 6

패리티가 배분되는(Distributed) 스트리핑 된 세트(적어도 4 개의 디스크).

29) 유형 문제 풀이

예제 1

아래 〈설명〉을 보고 (A)에 들어갈 공통된 단어를 답안란에 서술하시오.

설 명

*(A)란/이란 물리적인 네트워크 구성에 제한을 받지 않고 네트워크 구성요소가 삭제나 변경이 발생 했을 경우 논리 네트워크를 구성함으로써 유연하게 대응 할 수 있는 LAN 기능.
*(A)은/는 네트워크 자원 액세스를 제한함으로써 보안을 향상시키고, Broadcast Domain의 크기를 줄여서 Broadcast Traffic량을 줄이는 효과를 발생하여, 전체적으로 네트워크 성능을 향상시킴.
*(A)은/는 접속 포트나 MAC(IP) Address 또는 Protocol을 이용하여 그룹화 하는 방식을 사용.

Answer

VLAN

예제 2

아래 설명과 개념도를 보고 (A)가 무엇인지 답안란에 입력하시오.

이동중에도 개인 휴대 정보 단말기(PDA)나 차량용 단말기를 통해 CD, DVD급의 고음질, 고화질 방송을 즐길 수 있다.
음성/영상 등 다양한 멀티미디어 신호를 제공하는 방송 서비스로 “내손안의 TV"라 불린다.
우리나라 지상파(A) 은/는 2005년 12월 1일 첫 방송을 시작하였다.
신호 전송 방식에 따라 위성파(A)와 지상파(A)로 나누어진다.

Answer

DMB(Digital Multimedia Broadcasting)

DMB(디지털멀티미디어방송)는 음성·영상 등 다양한 멀티미디어 신호를 디지털 방식으로 변조, 고정 또는 휴대용· 차량용 수신기에 제공하는 방송서비스

예제 3

아래에서 설명하는 휴대 인터넷의 기술 표준을 답안란에 입력하시오.

설 명
·정보통신부, 한국정보통신기술협회, 이동통신업체 등이 중심이 되어 2006년 상용서비스를 목표로 개발하고 있는 무선 휴대 인터넷 서비스이다. ·휴대전화처럼 이동하면서 초고속 인터넷을 이용할 수 있는 서비스로, 휴대전화와 무선 LAN의 중간 영역에 위치한다. ·IEEE 802.16e의 표준을 준수하며 60km 이내로 이동하면서 초고속 인터넷을 사용할 수 있다.

Answer

wibro(와이브로)

이동하면서도 초고속인터넷을 이용할 수 있는 무선 휴대인터넷

예제 4

가정에 들어오는 50~60Hz의 교류전기에다 1~30MHz의 고주파 대역 통신신호를 함께 실어 보내는 방식으로 전기가 공급되는 전력선 위에 데이터를 얹어 보내는 디지털 통신기술을 무엇이라 하는지 답안란에 입력하시오.

Answer

PLC(Power Line Communication)

예제 5

아래 〈그림〉은 무선 LAN에서 사용하는 〈모드〉를 나타낸 것이다. (선택형)
해당하는 〈모드〉를 선택하여 A, B, C 위치로 드래그 하시오.

※ 오른쪽 그림을 더블클릭하면 모드를 확대해서 볼 수 있습니다. ※ 정확한 위치에 드래그 하지 않으면 처음 위치로 되돌아갑니다.

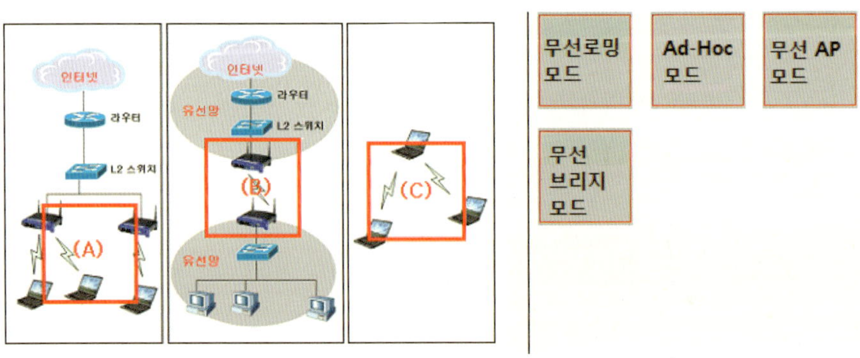

Answer

(A) 무선 AP 모드 (B) 무선 브리지 모드 (C) Ad-Hoc 모드

예제 6

아래 〈설명〉에 해당하는 내용은 무엇인지 답안란에 영문으로 서술하시오.

설 명
·대형 네트워크 장비나 대형 서버의 기능 중 전원이 ON되어 있는 상태에서 네트워크 인터페이스 모듈이나, HDD를 교체 가능하게 해주는 기능.

Answer

Hot Swap

예제 7

아래 〈그림〉에 해당하는 RAID Level을 답안란에 기술하시오.

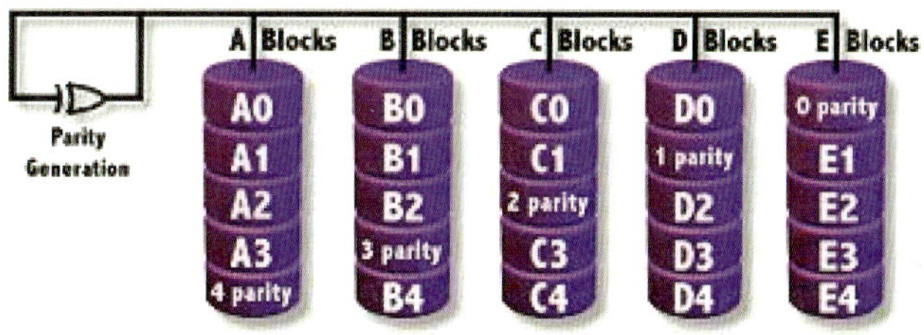

Answer

RAID 5

데이터 Striping과 관련된 Parity 정보를 모든 블록 스토리지에 분할하여 기록하는 것으로 Parity를 담당하는 디스크의 오류나 병목현상에 대비하여 만들어진 레벨이다.

각각의 데이터 Block이 디스크에 저장되는 과정에서 Parity 정보가 생성되며 모든 디스크에 Parity 정보가 분산되어 기록되고 데이터 read시 Check 된다. write

성능은 좋으나 read의 경우 각 Block에서 Parity 정보를 건너 뛰어야 하므로 성능이 떨어진다.

예제 8

아래 설명하는 네트워크 규격을 써보라.

설 명
·저전력, 저비용, 저속의 특징을 갖는 것으로 2.4GHz기반의 홈 자동화 및 데이터 전송을 위한 무선 네트워크 규격이다. ·IEEE 802.15.4에서 표준화가 진행되고 있으며, DSSS(Direct Sequence Spread Spectrum) 기술을 사용하여 반경 30m 내에서 20 ~ 250Kbps의 속도로 데이터를 전송할 수 있다. ·하나의 무선 네트워크에 최대 255대까지의 기기를 연결, 실내외 대규모 무선 센서 네트워크를 구성할 수 있다.

Answer

지그비(Zigbee)

예제 9

다음이 설명을 읽고 (A),(B),(C)에 들어갈 내용을 쓰시오.

> 사무실이나 집에 설치하는 초소형 이동 통신 기지국. 인터넷에 연결하는 (A)은 1,000조분의 1을 뜻하는 (B)와 이동 전화 커버리지 단위인 (C)의 합성어로, 집이나 사무실 같은 건물이나 지하의 작은 지역(30~50m)에 서비스하려고 설치하는 소출력 초소형 이동 통신 기지국을 말한다.
> 스마트폰이나 스마트패드 같은 기기 보급이 확대되면서 인구 밀집 지역을 중심으로 급증하는 트래픽을 수용하는 데 적합한 기지국이다.

Answer

(A) 펨토셀 기지국(Femtocell Base Station)

(B) 펨토(Femto)

(C) 셀(Cell)

예제 10

아래 〈설명〉에 해당하는 내용은 무엇인지 답안란에 영문으로 서술하시오.

> 네트워크나 네트워크 통신의 패킷 처리 계층에서의 보안을 위해, 지금도 발전되고 있는 표준이다. 이전의 보안 기법들에서는 보안이 통신 모델의 응용 계층에 삽입되었었다.
> 가상 사설망과 사설망에 다이얼업 접속을 통한 원격 사용자 접속의 구현에 특히 유용할 것이다.

Answer

IPSec

예제 11

아래 그림은 Switching Hub에서 해당 포트를 물리적 변경을 하지 않고 소프트웨어에 의해 LAN 망을 구분한 것이다. 이것을 무엇이라 하는지 답안란에 입력하시오.

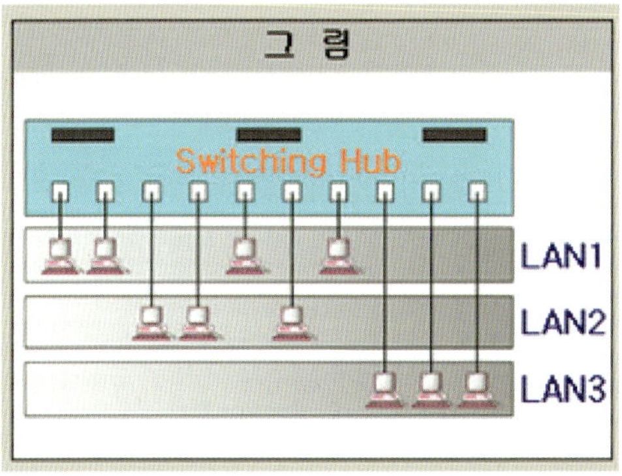

Answer

VLAN

예제 12

아래 〈홈 네트워크 구성도〉의 (A)는 댁내 네트워크와 댁외 네트워크를 상호 접속, 중재하는 장치이다. (A)에 가장 적절한 장비를 하나 선택하여 〈홈 네트워크 구성도〉의 (A)로 드래그 하시오.

※ 오른쪽 그림을 더블클릭하면 종류를 확대해서 볼 수 있습니다.
※ 정확한 위치에 드래그 하지 않으면 처음 위치로 되돌아갑니다.

홈 네트워크 구성도

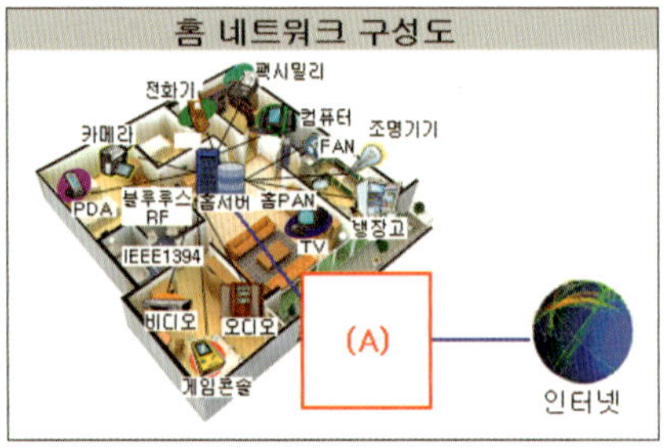

장 비		
홈 게이트웨이	홈 리피터	홈 브릿지
웹 서버	FTP 서버	프록시 서버

Answer

홈 게이트웨이

3. 보안 관련 용어

1) 암호학

암호학을 이용하여 보호해야 할 메시지를 평문(Plaintext)이라고 하며, 평문을 암호학적 방법으로 변환한 것을 암호문(Ciphertext)이라고 한다. 이때 평문을 암호문으로 변환하는 과정을 암호화(Encryption)라고 하며, 암호문을 다시 평문으로 변환하는 과정을 복호화(Decryption) 라고 한다.

암호학적 서비스가 제공하고자 하는 목표에는 다음과 같은 것이 있다.

- 기밀성(Confidentiality): 부적절한 노출 방지. 허가받은 사용자가 아니면 내용에 접근할 수 없어야 함.
- 무결성(Integrity): 부적절한 변경 방지. 허가받은 사용자가 아니면 내용을 변경할 수 없어야 함.
- 가용성(Availability): 부적절한 서비스 거부 방지.
- 부인봉쇄(Non-Repudiation): 메시지를 전달하거나 전달받은 사람이 메시지를 전달하거나 전달받았다는 사실을 부인할 수 없어야 함.

암호 방식은 크게 비밀 키 암호 방식과 공개 키 암호 방식으로 분류된다.

비밀 키 암호 방식은 암호화와 복호화에 동일한 키를 사용한다. 통신할 때에는 송신자와 수신자가 사전에 동일한 키를 비밀로 갖고 있을 필요가 있다.

한편, 공개 키 암호 방식은 암호화와 복호화에 서로 다른 키를 사용하는데 암호 키는 공개하고 복호 키는 비밀로 한다. 실제로 이용되고 있는 방식으로는 비밀 키 암호 방식이 많으며, 유명한 것으로는 데이터 암호화 표준(DES)이 있다. 국제 표준화 기구(ISO)에서 DES 등을 표준화하려는 움직임이 있었으나 표준화는 하지 않고 등록만 하는 것으로 변경되었다.

(1) 비밀키 암호 시스템(대칭키 암호시스템)

㉠ Ciphertext only attack

㉡ Known Plaintext attack

㉢ Chosen Plaintext attack

㉣ Differential Cryptanalysis

㉤ DES를 이용한 암호화/복호화

ⓐ DES (Data Encryption Standard)

ⓑ FEAL(Fast Data Encipherment Algorithm)

ⓒ IDEA

ⓓ 기 타

(2) 공개키 암호시스템의 종류

㉠ Diffie-Hellman

㉡ Merkle-Hellman의 공개키 암호시스템

㉢ 소인수 분해에 의한 암호시스템

ⓐ RSA 암호시스템

ⓑ Rabin 암호시스템

㉣ 이산대수 문제를 이용한 암호시스템

ⓐ Diffie-Hellman의 키 분배 방식

ⓑ Elgamal 암호시스템

㉤ 공개키 기반구조(PKI)

2) 인증(authentication)

메시지의 수신자는 메시지의 근원지를 확인할 수 있어야 하며, 침입자는 메시지의 발신자인 것처럼 위장 할 수 없어야 한다. 컴퓨터 보안에서 인증은 로그인 요청 등을 통해 통신상에서 보내는 사람의 디지털 정체성을 확인하는 시도의 과정이다.

3) 백업

임시 보관을 일컫는 말로, 정보 기술에서는 데이터 백업이라고 하며, 데이터를 미리 임시로 복제하여, 문제가 일어나도 데이터를 복구할 수 있도록 준비해 두는 것을 말한다.

4) 바이러스 검사 소프트웨어

바이러스 검사 소프트웨어는 악성 소프트웨어를 찾아내서 제거하는 기능을 갖춘 컴퓨터 프로그램이다. 바이러스 백신 프로그램, 앤티 바이러스 소프트웨어라고도 한다. 원래 목적은 바이러스만 잡는 것이었으나, 현대에는 악성코드, 피싱 공격,

트로이 목마, 웜 등도 검출한다. 바이러스 검사 소프트웨어는 보통 다음과 같은 두 가지 기술을 사용하여 이를 수행한다.

(1) 암호

암호는 비밀 인증 데이터의 한 형식으로 어떠한 자원에 대한 접근을 제어하는 데에 사용된다. 암호는 허용되지 않는 접근으로부터 비밀을 보호하며, 접근을 얻으려는 사람들에게 암호를 물어서 접근 여부를 결정한다. 암호의 사용은 고대 시절까지 거슬러 올라간다. 현대의 경우 암호는 컴퓨터 운영 체제, 휴대 전화, 케이블 TV 디코딩 장치, 현금 자동 입출금기 등의 제어 접근을 위해 사용된다. 일반 컴퓨터 사용자는 여러 목적을 위해 암호를 요구할 수 있다.:컴퓨터 계정의 로그인, 전자 우편 사용, 파일 접근, 데이터베이스, 네트워크 웹사이트 등

(2) 침입 탐지 시스템

침입 탐지 시스템(Intrusion Detection System)은 일반적으로 시스템에 대한 원치 않는 조작을 탐지하여 준다. IDS는 매우 많은 종류들이 존재하며, 여기서는 그들 중 일부를 설명한다. 시스템에 대한 원치 않는 조작은 악의를 가진 숙련된 해커 또는 자동화된 툴을 사용하는 스크립트 키디에 의한 공격의 형태로 행해질 수 있다.

침입 탐지 시스템은 전통적인 방화벽이 탐지할 수 없는 모든 종류의 악의적인 네트워크 트래픽 및 컴퓨터 사용을 탐지하기 위해 필요하다. 이것은 취약한 서비스에 대한 네트워크 공격과 에플리케이션에서 데이터 처리 공격(Data Driven Attack) 그리고 권한 상승(Privilege Escalation) 및 침입자 로그인/침입자에 의한 주요 파일 접근/컴퓨터 바이러스, 트로이 목마, 웜과 같은 호스트 기반 공격을 포함한다.

IDS는 여러 개의 컴포넌트들로 구성된다.

- 센서는 보안 이벤트를 발생시키며
- 콘솔은 이벤트를 모니터하고 센서를 제어하거나 경계시키며(Alert)
- 중앙 엔진은 센서에 의해 기록된 이벤트를 데이터베이스에 기록하거나, 시스템 규칙을 사용하여 수신된 보안 이벤트로부터 경고를 생성한다.

IDS를 분류하는 방법은 센서의 종류와 위치 그리고 엔진이 경고를 만드는데 사용하는 방법론에 따라 여러 가지가 있다. 많은 간단한 IDS들은 위의 세 개의 컴포넌트들을 하나의 장치 또는 설비로 구현하고 있다.

◉ **네트워크 기반 시스템 대 호스트 기반 시스템**

네트워크 기반 시스템(또는 NIDS)에서 센서는 모니터할 네트워크 또는 종종 DMZ 나 네트워크 경계의 초크 지점(Choke Point)에 위치한다. 센서는 악의적 트래픽 탐지를 위해 모든 네트워크 트래픽의 흐름을 캡쳐 하여 각각의 패킷 내용을 분석한다. 호스트 기반 시스템에서 센서는 보통 그것이 설치된 호스트의 모든 활동을 감시하는 소프트웨어 에이전트로 구성된다. 이 두 가지 형식이 혼합된 하이브리드 시스템 역시 존재한다.

네트워크 침입 탐지 시스템은 네트워크 트래픽을 검사하고 여러 호스트들을 모니터하여 침입을 식별하는 독립된 플랫폼이다. 네트워크 침임 탐지 시스템은 포트 미러링 또는 네트워크 탭(Network Tap)을 위해 설정된 허브, 네트워크 스위치에 연결하여 네트워크 트래픽에 접근한다.
호스트 기반 침입 탐지 시스템은 호스트에서 시스템 콜, 애플리케이션 로그, 파일 시스템의 수정사항(이진 파일, 패스워드 파일, Capability/Acl 데이터베이스) 그리고 호스트의 동작과 상태 등을 분석하여 침입을 식별하는 에이전트로 구성된다.

하이브리드 침입 탐지 시스템은 위의 두 가지 방식을 결합한 것이다. 호스트 에이전트 데이터는 네트워크의 종합적인 관점을 위해 네트워크 정보와 결합된다. 하이브리드 IDS 중 하나로 Prelude가 있다.

5) 방화벽

서로 다른 네트워크를 지나는 데이터를 허용하거나 거부하거나 검열, 수정하는 하드웨어나 소프트웨어 장치이다. 방화벽의 기본 역할은 신뢰 수준이 다른 네트워크 구간들 사이에 놓여서 신뢰 수준이 낮은 네트워크로부터 오는 해로운 트래픽이 신뢰 수준이 높은 네트워크로 오지 못하게 막는 것이다. 흔히 네트워크 관리자의 입장에서 높은 신뢰도를 갖는 구간은 내부 네트워크 구간이라 하고, 낮은 신뢰도를 갖는 구간을 인터넷 구간 또는 외부 네트워크 구간이라고 한다. 이 밖에도 외부에 서비스를 제공하는 서버들을 위한 DMZ 구간이 있으며 인터넷으로부터 내부 네트워크로의 침입을 막는 동시에 내부 네트워크에서 인터넷과 자유롭게 통신할 수 있도록 도와준다. 대부분의 방화벽은 정책 기반의 방화벽이며 다양한 수준의 정책으로 네트워크 간의 트래픽을 제어한다.

- 일반 수준의 정책 : 외부에서 내부로 전송되는 모든 트래픽을 차단하거나 허용
- 고급 수준의 정책 : "외부의 경쟁회사.com으로부터 내부 서버 가짜정보.net으로 오는 길이 500바이트 이상의 http 트래픽을 허용하되 로그를 남긴다."와 같은 복잡한 정책.

(1) 1세대 방화벽 : 패킷 필터

패킷 자체만을 보고 미리 설정된 정책에 따라 허용 또는 거부를 결정하는 초창기 방화벽은 1세대 방화벽이라고 한다. 방화벽 내부에서 상태(세션)를 관리하지 않는 기본 형태의 방화벽이다. 이 방화벽은 특정한 IP를 허용 또는 거부하거나 특정한 포트를 허용 또는 거부하는 용도로 사용된다.

(2) 2세대 방화벽 : 스테이트풀 인스펙션

패킷 필터 방화벽은 매우 효율적이긴 하지만 다음과 같은 몇 가지 문제가 있다. 모든 패킷이 모든 정책에 해당되는지 검사하므로 정책이 많아질수록 처리 속도가 느려진다. 돌아오는 패킷을 허용하는 정책으로 인해 보안이 취약해질 수 있다. FTP와 같이 파생 세션을 만드는 일부 프로토콜을 지원하기 위해 모든 포트를 다 열어야 될 수도 있다. 이러한 문제들을 해결하기 위해서 고안된 것이 패킷 단위의 검사가 아닌 세션 단위의 검사를 하는 스테이트풀 검사이다. 기본적인 스테이트풀 검사는 다양한 파생 세션을 모두 처리하지 못 하는 경우가 있는데, FTP의 능동적/수동적 데이터 세션 등 복잡한 파생세션을 별도의 정책 추가 없이 모두 처리할 수 있는 확장된 스테이트풀 검사를 하는 방화벽도 있다.

(3) 3세대 방화벽 : 어플리케이션 방화벽

초창기에 네트워크를 기반으로 하던 공격 패턴이 점차 발달하여 일상적인 트래픽과 같은 특성을 가지면서 시스템을 공격하는 형태로 발전하게 되었다. 패

킷 필터 기반의 방화벽으로는 이러한 공격을 방어하기 어려워지면서 패킷의 내용을 검사하고 더 나아가서는 어플리케이션에 어떠한 영향을 미칠지를 분석하는 방화벽이 출현하기 시작한다. IPS, WAF, UTM 등으로 불리는 네트워크 장비들이 어플리케이션 방화벽이라고 할 수 있다.

세션에 포함되어 있는 정보의 유해성을 검사하기 위해서 방화벽에서 세션을 종료하고 새로운 세션을 형성하는 방식의 방화벽. 출발지에서 목적지로 가는 세션을 명시적으로 또는 암시적으로 가로채어서 출발지에서 방화벽까지의 세션과 방화벽에서 목적지까지의 두 세션으로 만든 다음 하나의 세션에서 다른 세션으로 정보를 넘겨주기 전에 검사를 수행하는 형태이다. 패킷 필터에 비해서 방화벽에 더 많은 부하를 주어서 속도는 느리지만 더 많은 검사를 수행할 수 있고, 프로토콜 변경 등 추가적인 기능을 수행할 수 있다. 보안 목적이나 IP 주소의 고갈에 대한 해결 방법으로 내부 네트워크에서의 주소와 외부 네트워크에서의 주소를 다르게 유지하기도 한다. 일부 방화벽에서는 내부 네트워크의 주소를 가지는 컴퓨터가 외부 네트워크의 자원을 자유롭게 접근할 수 있도록 네트워크 주소 변환을 수행하기도 한다.

(4) 소프트웨어 방화벽 - 흔히 구할 수 있는 CPU를 장착한 네트워크 장비(실제로는 PC와 같은 컴퓨터)에 순수하게 소프트웨어를 이용하여 방화벽 기능을 구현한 방화벽이다.

(5) 하드웨어 방화벽 - 네트워크가 복잡해지고 트래픽이 증가하면서 방화벽이 설치되는 네트워크 관문을 통과하는 네트워크 트래픽의 양은 순수 소프트웨어 방식의 방화벽으로 처리할 수 있는 한계를 넘어서기 시작했다. 하드웨어의 발전 속도보다 네트워크 트래픽의 증가 속도가 더 빠르기 때문이다. 이에 대한 해결법으로 사람들에 의해서 고안된 것이 ASIC 등을 이용하여 방화벽의 초당 패킷처리 수를 늘리는 것이다.

6) Cookie

웹사이트가 사용자의 하드디스크에 집어넣는 특별한 텍스트 파일로, 이것은 후에 그 사용자에 관하여 무엇인가를 기억할 수 있도록 하기 위한 것이다. 일반적으로,

쿠키는 특정한 사이트에 대한 그 사용자의 취향을 기록한다. 웹의 프로토콜인 HTTP를 사용하면, 웹 페이지에 대한 각각의 요구는 다른 요구들과 상관 관계없이 모두 독립적이다. 그렇기 때문에 웹 서버는 그 사용자에게 이전에 어떠한 페이지가 보내어졌는지에 관한 아무런 기록도 가지고 있지 않으며, 심지어 그 사용자가 이전에 방문했었는지조차 알기 어렵다. 쿠키는 웹서버에게 사용자에 관한 파일을 사용자 컴퓨터에 저장하도록 허용하는 장치이다. 쿠키 파일은 대개 자신이 사용하는 브라우저 디렉터리의 하부에 저장된다. (예를 들어, 넷스케이프 디렉터리의 서브 디렉터리 등). 쿠키 디렉터리에는 사용자가 방문했던 각 웹사이트에 대한 쿠키 파일들이 모두 저장되어 있다.

쿠키는 일반적으로 배너광고를 회전시키기 위해 사용되기도 하지만, 사용자가 쓰고 있는 브라우저의 형식 또는 그 웹사이트에 이미 제공했던 다른 정보에 기초를 두어 서버에서 보낼 웹 페이지들을 사용자에게 맞추는 데에도 사용된다. 물론, 웹 사용자들은 쿠키가 자신의 컴퓨터에 저장되는 것에 동의해야만 하는데, 대개는 이러한 것들을 통해 웹사이트가 사용자들을 좀더 잘 지원하는데 도움을 준다.

7) Phishing

이메일을 이용해 사기를 치는 방법 중 하나로서, 외견상 적법한 듯 보이는 이메일을 보냄으로써 이에 속은 수신자들의 개인 정보와 은행 계좌번호 등과 같은 금융 정보를 수집하여 악용하는 경우가 보통이다. 이러한 이메일 메시지는 대개 잘 알려지거나 누구나 믿을 수 있다고 생각하는 웹사이트로부터 발송된 것처럼 꾸며진다. 피싱 범죄자들에 의해 자주 악용되는 웹사이트로는 PayPal, eBay, MSN, Yahoo, BestBuy, America Online 등이 있다. 피싱 범죄자들은 희생자들을 속이기 위해 여러 가지 서로 다른 사회 공학과 이메일 속임수를 사용한다. 따라서, 개인 금융관련 정보를 요청하는 이메일을 받았을 경우에는, 먼저 해당 금융기관이나 사이트에 그에 관한 진위여부를 문의하는 것이 필수적이다. 피싱이라는 용어는 개인정보를 의미하는 Private Data와 낚시를 의미하는 Fishing을 결합한 일종의 합성어이다.

8) Pharming

합법적으로 소유하고 있던 사용자의 도메인을 탈취하거나 도메인 네임 시스템(DNS) 또는 프락시 서버의 주소를 변조함으로써 사용자들로 하여금 진짜 사이트로 오인하여 접속하도록 유도한 뒤에 개인정보를 훔치는 새로운 컴퓨터 범죄 수법이다.

9) Dead Lock

교착상태로 너무 많은 패킷이 서브넷 상에 존재하여 전송 속도를 저하시키는 상태를 의미이다.

10) IFS

환경변수 중 PATH 와 IFS를 조작함으로 써 이루어지는 해킹 기법이다. 다른 해킹 기법들에 비해 구현하기가 대단히 쉽다.

11) Buffer Overflow

버퍼 넘침은 프로그램이나 프로세스가 원래 설계된 것보다 더 많은 량의 데이터를 버퍼에 넣으려는 시도를 했을 때 발생한다. 버퍼는 유한한 량의 데이터를 저장하도록 설계되어 있기 때문에 그보다 더 많은 량의 정보가 들어오게 되면, 여분의 데이터는 인접한 다른 버퍼로 흘러 들어가거나, 버퍼 내에 저장되어 있던 다른 유효한 데이터를 망가뜨리거나 또는 그 위에 겹쳐 써지는 등의 부작용이 일어날 수 있다. 이러한 일들은 대개 프로그램 에러에 의해 발생하는 것이 보통이지만, 버퍼 넘침이 점차 데이터 무결성에 대한 보안공격의 대표적인 한 형태가 되어가고 있다. 버퍼 넘침 공격에서는 여분의 데이터에 특정한 행위를 유발시키도록 설계된 코드를 포함시켜, 공격 대상 컴퓨터에 새로운 명령어를 보냄으로써, 사용자 파일에 손상을 입히거나, 데이터를 변경하거나 비밀 정보를 노출 시키는 등의 일을 벌이는 것이 가능하게 된다. 버퍼 넘침 공격은 C 프로그래밍 언어가 기반을 제공하고, 거기에 저급의 프로그래밍 기술이 취약점을 제공하기 때문에 발생한다고 알려져 있다.

12) IP Spoofing

IP spoofing 공격은 망 외부 공격자가 허용 가능한 범위의 IP 어드레스를 이용하거나 또는 허가받은 외부 IP 어드레스를 이용하여 허가받은 사용자인 것처럼 행동하여, 사내 망에 대한 특정 자원을 액세스할 수 있도록 이 사용자에게 허용하려 할 때 이루어진다. 공격자가 IPSec 보안관리 파라미터에 침입할 때는 마치 기업망 접속을 허가받은 원격 사용자인 것처럼 위장할 수 있다.

13) DoS

정보 시스템의 데이터나 자원을 정당한 사용자가 적절한 대기 시간 내에 사용하는 것을 방해하는 행위이다. 주로 시스템에 과도한 부하를 일으켜 정보 시스템의 사용을 방해하는 공격 방식이다.

14) DMZ

인터넷상에 공개하는 서버에 부정 접속을 방지하기 위한 침입 차단(Firewall) 기능. 인터넷 측과 사내 통신망 측 사이에 비무장 지대(DMZ)를 설치해서 침입 차단으로 여과 처리하면 월드 와이드 웹 등의 공개 서버에 부정 접속을 방지할 수 있다.

15) IPS 이해

잠재적 위협을 인지한 후 이에 즉각적인 대응을 하기 위한 네트워크 보안 기술 중 예방적 차원의 접근방식에 해당한다. IPS 역시, 침입 탐지 시스템인 IDS와 마찬가지로 네트워크 트래픽을 감시한다. 공격자가 일단 액세스 권한을 획득하고 나면 시스템의 악의적인 이용이 매우 빠르게 진행될 수 있기 때문에, IPS 역시 네트워크 관리자가 설정해 놓은 일련의 규칙에 기반을 두고 즉각적인 행동을 취할 수 있는 능력을 가지고 있어야 한다. 이를 위하여, IPS는 어떤 한 패킷을 검사하여 그것이 부당한 패킷이라고 판단되면, 해당 IP주소 또는 포트에서 들어오는 모든 트래픽을 봉쇄하는 한편, 합법적인 트래픽에 대해서는 아무런 방해나 서비스 지연 없이 수신측에 전달한다. 효과적인 침입 방지 시스템이 되려면 개별 패킷은 물론 트래픽 패턴을 감시하고 대응하는 등보다 복잡한 감시와 분석을 수행할 수 있어야 한다. 탐지 기법으로는 주소 대조, HTTP 스트링과 서브스트링 대조, 일반 패턴 대조, TCP 접속 분석, 변칙적인 패킷 탐지, 비정상적인 트래픽 탐지 및 TCP/UDP 포트 대조 등이 있다.

16) Buffer Overflow 공격도구

㉠ SLMAIL 2.6 E-mail Deamon

어떤 서버가 SLMAIL 2.6을 사용하고 있다면 텔넷 접속후에 무의미한 단어를 다수 입력한다. 그럼 접속이 끊기는데 그런 다음 다시 연결해 보았을 때

'telnet:Unable to connect to remot... 등이 나오면 서버가 다운된 것이다.

㉡ MS-Exchang 서버 v 5.0

서버가 MS-Exchang 5.0를 사용하고 있다면 유저네임에 HELO를 치고 패스워드를 무작위 다수 입력한다.

㉢ 윈도우 95/98/NT War FTPD 1.65

서버의 21번 포트로 텔넷접속을 하고 유져 네임과 패스워드 란에다가 무작위 다수 입력한다.

㉣ 윈도우NT IMail POP3D.exe

IMail POP3D 서버의 경우 P0P3포트(110번)로 텔넷 접속하고 유져 네임에다 다수 입력한다.

17) Packet Sniffer 공격도구

최근에 널리 쓰이고 있는 방법이다. tcpdump, snoop, sniff 등과 같은 네트워크 모니터링 툴을 이용해 네트워크 내에 돌아다니는 패킷의 내용을 분석해 정보를 알아내는 것이다. 네트워크에 연동돼 있는 호스트뿐만 아니라 외부에서 내부 네트워크로 접속하는 모든 호스트가 그 대상이 된다.

18) IP Spoofing 공격도구

인터넷 프로토콜인 TCP/IP의 구조적 결함, 즉 TCP 시퀀스 번호, 소스라우터의 소스 주소를 이용한 인증 매커니즘 등을 이용한 방법으로 인증 기능을 가지고 있는 시스템을 침입하기 위해 해당 시스템 호스트로 위장하는 방법. 이 방법은 자신이 침투하고자 하는 컴퓨터를 무력화하기 위해 자신이 그 컴퓨터의 호스트인 것처럼 가장하는 것이다.

19) Dos 공격도구

DoS공격은 직접적으로 시스템에 침투하는 것이 아니라 외부에서 서버의 정상 동작 및 서비스를 방해하는 공격법이다.

20) Rootkit 공격도구

키 입력이 기록되면, 컴퓨터 내부에 은닉되고 이후에 외부로 유출된다. 공격자는 이를 이용하여 암호와 같은 정보를 빼내어 시스템을 훼손시키거나 다른 방법으로 악용한다.

21) Port Mirroring

네트워크 스위치에서 스위치 포트를 통과하는 패킷들을 감시 또는 관찰하기 위하여 패킷들을 다른 스위치 포트로 복사하는 행위. IDS(Intrusion Detection System) 또는 IPS(Intrusion Protection System)와 같은 네트워크 보안 장비에서 주로 패킷을 감시 또는 관찰하는 데 사용한다.

22) 유형 문제 풀이

예제 1

아래 설명을 보고 네트워크구성도의 (A)가 무엇인지 답안란에 입력하시오.

설 명
방화벽에 의해 보호받고 있는 네트워크에서 어쩔 수 없이 외부에 노출되어야 하는 서버들의 네트워크 지역 ·(A) 지역에는 기본적으로 FTP, WEB, FILE 서버들 구성 ·관리자는 방화벽에서 FTP, WEB, FILE 서버의 서비스를 위해 네트워크 일부분을 해제 ·외부에 노출시켜야하는 서버들을 한 곳에 모아두고 네트워크를 따로 관리하여 보안사고시에도 내부 네트워크 PC들은 방화벽에 의해 안전하게 보호됨

네트워크 구성도

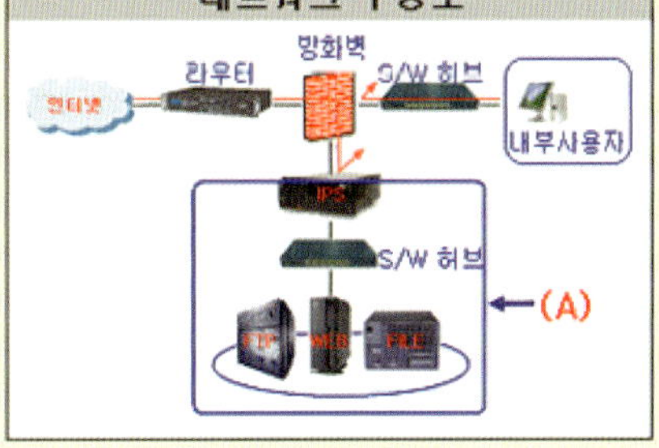

Answer

DMZ

회사의 사설 네트워크와 외부의 공중 네트워크 사이에, 중립 지역으로서 삽입된 컴퓨터 호스트, 또는 소형 네트워크

예제 2

아래 내용은 W32.Blaster.Worm에 대한 증상 또는 특성이다. 빈칸 ( )의 내용을 적으시오.

< 내 용 >

- Windows NT계열(NT/2000/XP/2003)의 RPC DCOM 취약성을 이용해 전파된다.
- 경우에 따라 에러창이 뜨거나 시스템이 재부팅 되기도 한다.
- 감염된 시스템의 날짜에 따라 특정 사이트를 공격한다.
- 2003년 8월 12일 공격했다.
- (　　　)번 포트로 다량의 트래픽이 발생한다.

Answer

135

예제 3

원격 호스트에 접속하기 위해 Telnet을 사용할 경우 스니핑을 이용한 패스워드의 유출이 가능하다. 이를 방지하기 위해 사용하는 Telnet과 유사한 암호화 접속 방식을 무엇이라고 하는 지 답안란에 입력하라.

Answer

SSH(Secure Socket Shell)

강력한 인증 방법과 안전하지 못한 네트워크에서 안전하게 통신을 할 수 있는 기능

예제 4

아래 설명과 화면을 보고 (A)에 들어갈 공통된 단어를 답안란에 입력하시오.

설 명	화 면
· 웹 사이트 접속시 개인정보 유출될 가능성이 있어 인터넷 익스플로러 5.0 이상에서는 (A) 거부 기능을 첨가 하였다. · (A)은/는 웹 서버가 사용자의 브라우저에 저장하는 작은 텍스트 파일로서, ID 번호, 암호, 웹 사이트에서의 쇼핑 방법, 해당 사이트를 방문한 횟수 등 사용자에 대한 정보를 포함하게 된다. · 사용자가 웹 서버에 연결할 때마다 웹 서버가 (A) 정보를 액세스할 수 있다.	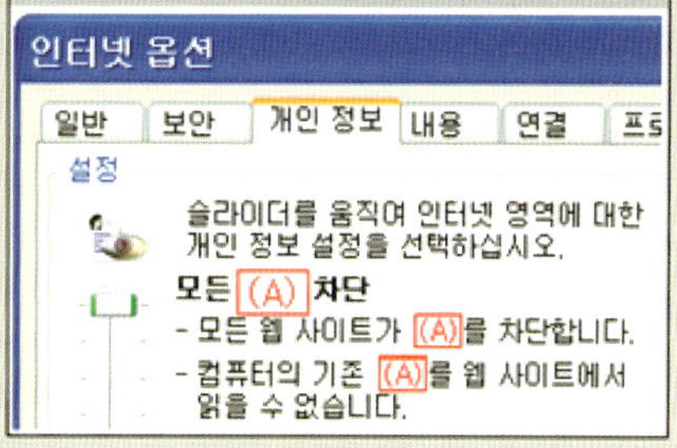

Answer

쿠키(Cookie)

예제 5

개인 정보를 불법적으로 획득하려는 사람이 금융기관을 사칭하여 불특정 다수의 사용자에게 "신용카드나 은행계좌 정보에 문제가 발생하여 수정이 필요하다" 는 등의 거짓 이메일을 발송하여 금융기관의 카드나 계좌번호 등을 빼내 불법적으로 이용하는 것을 무엇이라 하는지 답안란에 입력하시오.

Answer

피싱(Phising)

예제 6

네트워크 스위치에서 스위치 포트를 통과하는 패킷들을 감시 또는 관찰하기 위하여 패킷들을 다른 스위치 포트로 복사하는 행위이며 IDS(Intrusion Detection System) 또는 IPS(Intrusion Protection System)와 같은 네트워크 보안 장비에서 주로 패킷을 감시 또는 관찰하는 데 사용하는 방법이 무엇인지 답안란에 입력하시오.

Answer

Port Mirroring

4. TCP/IP 기술 관련 용어

1) NFS(Network File System)

일반적으로 사용되는 것처럼, 썬 마이크로시스템즈에서 개발한 분산형 파일 시스템 프로토콜 슈트이다. 네트워크를 통해 원격 파일 액세스를 할 수 있다. 사실상 NFS는 슈트에 속한 하나의 프로토콜일 뿐이다. NFS 프로토콜에는 NFS, RPC, XDR, 등이 포함된다.

2) DNS

네트워크에서 도메인이나 호스트 이름을 숫자로 된 IP 주소로 해석해주는 TCP/IP 네트워크 서비스이다. 각 컴퓨터의 이름은 마침표에 의해 구분되고 알파벳과 숫자로 구성된 세그먼트의 문자열로 구성되어 있다. 예를 들어 기관별로는 com이면 기업체, edu인 경우는 교육기관, gov인 경우는 정부기관 등으로 나누어져 있다. 국가도메인은 au는 호주, ca는 캐나다, jp는 일본, kr는 한국, tw는 대만, uk는 영국 등이다.

3) TFTP

FTP와 마찬가지로 파일을 전송하기 위한 프로토콜이지만, FTP 보다 단순한 방식으로 파일을 전송한다. 따라서 데이터 전송 과정에서 데이터가 손실될 수 있는 등 불안정하다는 단점을 가지고 있다. 하지만, FTP 처럼 복잡한 프로토콜을 사용하지 않기 때문에, 구현이 간단하다. 임베디드 시스템에서 운영체제 업로드로 주로 사용된다.

4) FTP(File Transfer Protocol)

TCP/IP 프로토콜을 가지고 서버와 클라이언트 사이의 파일 전송을 하기 위한 프로토콜이다. 파일 전송 프로토콜은 TCP/IP 프로토콜 테이블의 응용 계층에 속하며, 역사는 오래 되었지만 지금도 인터넷에서 자주 사용된다.

5) HTTP(HyperText Transfer Protocol)

웹상에서 정보를 주 받을 수 있는 프로토콜이다. 주로 HTML 문서를 주고받는 데에 쓰이고 TCP를 사용하며, 80번 포트를 사용한다. 1996년 버전 1.0, 그리고 1999년 1.1이 각각 발표되었으며, 현재 가장 널리 쓰이는 버전이 1.1이다. HTTP는 클라이언트와 서버 사이에 이루어지는 요청/응답(Request/Response) 프로토콜이다. 예를 들면, 클라이언트인 웹 브라우저가 HTTP를 통하여 서버로부터 웹페이지나 그림 정보를 요청하면, 서버는 이 요청에 응답하여 필요한 정보를 해당 사용자에게 전달하게 된다. 이 정보가 모니터와 같은 출력 장치를 통해 사용자에게 보여지는 것이다. HTTP를 통해 전달되는 자료는 "http:" 로 시작하는 URL(인터넷 주소)로 조회할 수 있다.

6) IMAP(Internet Message Access Protocol)

원격파일 서버와 비슷하게 작동하며, POP3과 달리 메일을 받아올 때 서버에서 메일을 삭제하지 않고 보관하는 프로토콜이다. 다른 컴퓨터 환경에서 항상 같은 메일 내용을 메일 서버로부터 받아올 수 있는 장점을 가지고 있다. 사용자는 마이크로소프트 아웃룩, 모질라 같은 메일 클라이언트를 사용하여 편지의 기본 헤더(제목, 송신자명, 이메일 주소 등)를 보고 메일 본문의 다운로드 여부를 정할 수도 있다. 하지만, POP3에 비해 IMAP는 메일서버와의 통신 트래픽이 높은 단점을 가지고 있다.

7) IRC(Internet Relay Chat)

줄여서 IRC(아이아르시)는 서버 클라이언트 모델을 이용해 인터넷을 통해 실시간 채팅을 나눌 수 있도록 해주는 프로토콜 중 하나이다. IRC는 주로 채널이라 불리는 채팅방에 여러 사용자가 모여 동시에 대화를 나누는 데에 이용된다. 보통 텍스트만이 전송되며, DCC를 사용하면 파일도 주고받을 수 있어 파일 공유에 이용되기도 한다.

8) NNTP

유즈넷 뉴스그룹 상에 올려 진 글들을 관리하기 위해 컴퓨터들에 의해 사용되는 주된 프로토콜이다. NNTP는 원래 유즈넷 프로토콜이었던 UUCP(UNIX-to-UNIX

Copy Protocol)를 대체한 것이다. NNTP 서버는 수집된 유즈넷 뉴스그룹들의 네트워크를 관리하고, 인터넷 액세스 제공자가 제공하는 서버를 전체의 일부로서 포함시킨다. NNTP 클라이언트는 넷스케이프나, 인터넷 익스플로러, 오페라 또는 다른 웹브라우저의 일부로서 포함될 수 있으며, 뉴스리더라고 불리는 별도의 클라이언트 프로그램을 사용할 수도 있다.

9) POP3

인터넷 프로토콜 중 하나로, 인터넷에서 전자 우편을 가져오기 위한 프로토콜로써, RFC 1939에 정의되어 있다. 일반적으로 POP를 지칭하는 경우 POP(또는 POP1), POP2는 사용하지 않기 때문에 보통 POP3을 가리킨다.

10) SIP(Session Initiation Protocol)

인터넷 상에서 통신하고자 하는 지능형 단말(전화, 인터넷 콘퍼런스, 인스턴트 메신저 등)들이 서로를 식별하여 그 위치를 찾고, 그들 상호 간에 멀티미디어 통신 세션을 생성하거나 삭제 또는 변경하기 위한 절차를 명시한 응용 계층의 시그널링 프로토콜이다.

11) SMTP

인터넷에서 이메일을 보내고 받기 위해 이용되는 프로토콜이다. 사용하는 TCP 포트번호는 25번이다. 상대 서버를 지시하기 위해서 DNS의 MX 레코드가 사용된다. RFC2821에 의해 규정되어있다. 메일 서버간의 송수신뿐만 아니라, 메일 클라이언트에서 메일 서버로 메일을 보낼 때에도 사용되는 경우가 많다.

12) SNMP

네트워크 장비를 관리 감시하기 위한 목적으로 TCP/IP 상에 정의된 응용 계층 표준 프로토콜이다. SNMP는 네트워크 관리자가 네트워크 성능을 관리하고 네트워크 문제점을 찾아 수정하는데 도움을 준다. 현재 SNMP는 SNMP 버전1, SNMP 버전2, SNMP 버전3의 세 가지 버전이 있다. 버전3에서는 이전의 접속 주소와 커뮤니티 판별에 의존하던 인증방법 대신 계정과 암호로 인증하는 방식을 도입하였다.

13) SSH

SSH 또는 Secure Shell은 네트워크상의 다른 컴퓨터에 로그인하거나 원격 시스템에서 명령을 실행하고 다른 시스템으로 파일을 복사할 수 있도록 해 주는 응용 프로그램 또는 그 프로토콜을 가리킨다. 기존의 rsh, rlogin, Telnet 등을 대체하기 위해 설계되었으며, 강력한 인증 방법 및 안전하지 못한 네트워크에서 안전하게 통신을 할 수 있는 기능을 제공한다. 기본적으로는 22번 포트를 사용한다. SSH는 암호화 기법을 사용하기 때문에, 통신이 노출된다 하더라도 이해할 수 없는 암호화된 문자로 보인다.

14) Telnet

인터넷이나 로컬 영역 네트워크 연결에 쓰이는 네트워크 프로토콜이다. RFC15를 시작으로 1969년에 개발되었으며 최초의 인터넷 표준들 가운데 하나로서 IETF STD 8로 표준화되었다.

15) TCP(Transmission Control Protocol)

네트워크의 정보 전달을 통제하는 프로토콜이다. 인터넷을 이루는 핵심 프로토콜의 하나로서 인터넷 엔지니어링 테스크 포스(IETF, Internet Engineering Task Force)의 RFC 793에 기술되어 있다. TCP는 IP 위에서 동작하는 프로토콜로 흔히 TCP/IP로 표기한다. 데이터의 전달을 보증하고 보낸 순서대로 받게 해 준다.

16) UDP(User Datagram Protocol)

인터넷 프로토콜 스위트의 주요 프로토콜 가운데 하나이다. UDP를 사용하여, 네트워크로 이어진 컴퓨터들 위의 프로그램들은 데이터 그램으로 알려진 단문 메시지를 다른 컴퓨터에 보낼 수 있다. UDP는 유니버설 데이터 그램 프로토콜이라고 일컫기도 한다. 1980년에 데이빗 리드가 설계하였다.

17) IP(Internet Protocol)

송신 호스트와 수신 호스트가 패킷 스위칭 네트워크에서 데이터를 송수신하는데 사용하는 데이터 위주의 프로토콜이며, OSI 네트워크 계층에서 호스트의 주소지정과 패킷 분할 및 조립기능을 담당한다. 줄여서 아이피(IP)라고도 한다. IP의 데이터는 패킷 혹은 데이터그램이라고 하는 덩어리로 전송된다. 특히, IP에서는 이전에 통신한 적이 없는 호스트에 패킷을 보낼 때 경로 설정이 필요 없다. IP는 비신뢰성(Unreliability)과 비연결성(Connectionlessness)이라는 특성이 있다. 다시 말해, 비신뢰성이란 전송되는 데이터의 안정성, 흐름에 관여하지 않아 전송되는 데이터가 제대로 전송되었는지 보장하지 않는다는 것이다. 예를 들어, 전송과정에서 패킷이 손상될 수도 있고, 한 호스트에서 전송된 패킷의 순서가 뒤죽박죽이 될 수도 있고, 같은 패킷이 두 번 전송될 수도 있으며, 아예 전송과정에서 없어질 수도 있다. 패킷 전송과 정확한 순서를 보장하려면, TCP 프로토콜과 같은 IP의 상위 프로토콜을 이용해야 한다. 현재 인터넷에서 사용하는 표준 프로토콜은 인터넷 프로토콜의 4번째 판인 IPv4 이다. 그러나 IPv4는 주소 공간 고갈 문제를 겪고 있어 조만간 6번째 판인 IPv6 가 점차 도입될 것으로 보인다. 대한민국 정부는 2010년까지 정부와 공공기관에 IPv6 도입을 완료하겠다고 발표했다. Microsoft Windows XP, Linux 등 현재 널리 쓰이고 있는 대부분의 최신 운영체제는 IPv6 프로토콜을 지원한다.

(1) IPv4

IPv4는 Internet Protocol ver. 4의 약어로 인터넷 프로토콜의 4번째 판이며, 전 세계적으로 사용된 첫 번째 인터넷 프로토콜이다. 또한 IPv6를 제외하고, 현재 인터넷에서 사용되는 유일한 프로토콜이다. IPv4는 패킷 교환 네트워크상에서 데이터를 교환하기 위한 프로토콜이다. 데이터가 정확하게 전달될 것을 보장하지 않고, 중복된 패킷을 전달하거나 패킷의 순서를 잘못 전달할 가능성도 있다. 데이터의 정확하고 순차적인 전달은 그보다 상위 프로토콜인 TCP에서(그리고 UDP에서도 일부) 보장한다. IPv4의 주소체계는 총12자리이며 네 부분으로 나누어진다. 각 부분은 0~255까지 3자리의 수로 표현된다. IPv4 주소는 32비트로 구성되어 있으며, 현재 인터넷 사용자의 증가로 인해 주소공간의 고갈에 대한 우려가 높아지고 있다. 이에 따라 대안으로 128비트 주소체계를 갖는 IPv6가 등장하였다. 중국의 경우 주소 공간 고갈을 우려하여 일부에서 독자적으로 IPv9(십진제 인터넷 주소체계)와 숫자도메인(Digital Domain Name System, DDNS)이 결합된 개념인 IP 주소와 도메인 이름이 동일한 네트워크 체제인 All-Digital-Domain-Address(ADDA)를 사용하기도 한다.

Class 별 구성 범위 예

A Class: xxx.xxx.xxx.xxx 0.0.0.1 ~ 127.255.255.254 Ex) 41.201.13.28

B Class: xxx.xxx.xxx.xxx 128.1.0.1 ~ 191.255.255.254 Ex) 185.23.201.36

C Class: xxx.xxx.xxx.xxx 192.0.1.1 ~ 223.255.254.254 Ex) 211.23.202.212

D Class: 224.0.0.0 ~ 239.255.255.255

E Class: 240.0.0.0 ~ 254.255.255.254

A Class는 최고위의 Class로서, 0.0.0.0~127.0.0.0 범위의 IP주소를 가진다. 두 번째, 세 번째 그리고 네 번째 단위의 세 숫자는 A Class가 자유롭게 네트워크 사용자에게 부여가 가능한 아이피이다.

B Class는 두 번째로 높은 단위의 Class로서, 아이피 구성에서 첫 번째 단위의 세 숫자는 128 - 191 가운데 하나를 가지며 (위의 예에서 181), 두 번째 단위의 세 숫자는 B Class가 접속할 수 있는 네트워크를 지시한다.

C Class는 최하위의 Class로서, 아이피 구성에서 첫 번째 단위의 세 숫자는 192 -223 가운데 하나를 가지며 (위의 예에서 221), 두 번째와 세 번째 단위의 세 숫자는 C Class가 접속할 수 있는 네트워크를 지시한다. C Class가 자유로이 부여할 수 있는 아이피는 마지막 네 번째 단위의 254 개이다.(1개는 예약)

(2) IPv6(Internet Protocol version 6)

IPv6는 인터넷 프로토콜 스택 중 네트워크 계층의 프로토콜로써 Version 6 Internet Protocol로 제정된 차세대 인터넷 프로토콜을 말한다. 인터넷은 IPv4 프로토콜로 구축되어 왔으나 IPv4 프로토콜의 한계점으로 인해 지속적인 인터넷 발전에 문제가 예상되어 이에 대한 대안으로써 IPv6 프로토콜을 제정하였다.

18) Ethernet

LAN을 위해 개발된 컴퓨터 네트워크 기술이다. 이더넷은 OSI 모델의 물리 계층에서 신호와 배선, 데이터 링크 계층에서 MAC(Media Access Control) 패킷과 프로토콜의 형식을 정의한다. 이더넷 기술은 대부분 IEEE 802.3 규약으로 표준화되었다. 현재 가장 널리 사용되고 있으며, 토큰 링, FDDI 등의 다른 표준을 대부분

대체했다.

19) Wi-Fi - 와이파이(Wi-Fi)는 홈 네트워킹, 휴대전화, 비디오 게임 등에 쓰이는 유명한 무선 기술의 상표 이름이다. 와이파이는 현대의 개인용 컴퓨터 운영 체제, 고급형 게임기, 프린터, 다른 주변 기기에서 지원된다.

20) ATM(Asynchronous Transfer Mode) - 음성, 비디오, 데이터 등과 같은 다양한 유형의 서비스를 고정 길이(53Byte) 셀에 넣어 전달하는 국제 셀 릴레이 표준. 고정 길이 셀을 이용하면 셀 프로세싱이 하드웨어 안에서 이루어지며, 따라서 전송 지연이 줄어든다. ATM은 E3, SONET, T3 등과 같은 고속 전송 미디어를 활용하도록 설계됐다.

21) 토큰링 - 근거리통신망(LAN) 기술은 OSI 모델의 데이터 링크 계층에서 쓰이는 근거리통신망 프로토콜이다. 1980년대 초반 IBM에 의해 개발되었고 IEEE 802.5로 표준화되었다. 당시에는 매우 성공적이었으나 1990년대 초반 이더넷이 개발되면서 잘 쓰이지 않게 되었다. IBM은 토큰링이 이더넷보다 빠르고 안정적이라는 주장을 펼쳤지만 성공적이지 못했다.

22) PPP(Point-to-Point Protocol) - 동기식 또는 비동기식 회선을 통해 라우터-투-라우터 연결 방식이나 호스트-투-네트워크 연결 방식을 제공하는 SLIP의 후속 버전. SLIP는 IP에서 사용하도록 설계됐지만, PPP는 IP, IPX, ARA 등과 같은 여러 네트워크 레이어 프로토콜과 함께 사용하도록 설계됐다. PPP에는 CHAP와 PAP와 같은 전자 게시판 보안 메커니즘도 있다. PPP는 LCP와 NCP라는 두 가지 프로토콜을 사용한다.

23) SLIP(Serial Line Internet Protocol) - TCP/IP의 변이형을 사용하는 포인트-투-포인트 시리얼 연결을 위한 표준 프로토콜. PPP의 전신이다.

23) 유형 문제 풀이

예제 1

아래 프로토콜 계층도에서 (A), (B)에 해당하는 프로토콜을 답안란에 입력하시오.

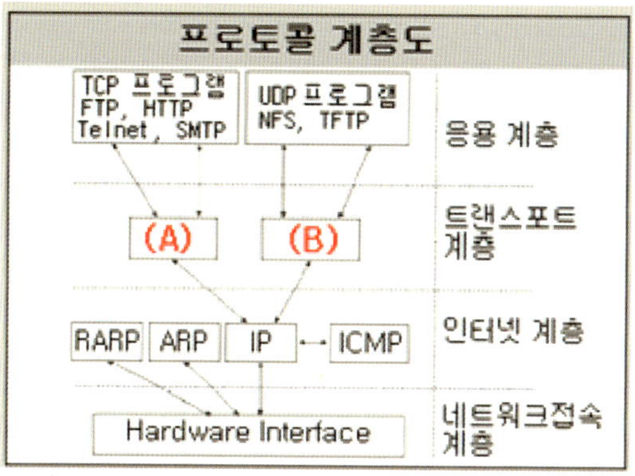

Answer

(A) TCP

(B) UDP

예제 2

아래 설명 중 빈칸 (A)에 들어갈 공통된 단어를 답안란에 서술하시오.

설 명

- (A)은/는 16진수 주소체계이다.
- 제조업체는 LAN Card를 제조하기에 앞서 IEEE에서 일정량의 (A)을/를 할당 받아야 한다.
- 제조업체는 생산되는 모든 네트워크 Card에 고유한 (A)을/를 할당한다
- (A) 전반부는 회사 인식 주소, 후반부는 네트워크 Card 주소이다.

Answer

MAC Address 또는 MAC 주소

예제 3

빈칸 A에 들어갈 내용을 답안란에 서술하시오.

설 명
일반적으로 네임서버와 메일서버를 같은 호스트에서 같은 IP로 사용하지만 네임서버와 메일서버가 다를 경우 메일을 제대로 전달하기 위해 네임서버에서 (A) 레코드를 이용하여 메일서버를 지정해 주어야 한다.

Answer

MX (Mail eXchange)

예제 4

Web(http://www.icqa.or.kr) Server에 접속 가능한지 확인하기 위해 "ping" 유틸리티를 이용하려고 한다. ping 은 어떤 Protocol을 이용하는지 답안란에 서술하시오.

Answer

ICMP

예제 5

아래 〈설명〉하고 있는 내용을 잘 보고 빈칸(A)에 들어갈 단어를 답안란에 기술하시오.

설 명

*(A)는(은) RFC 1157에 명시되어 있다.
*(A)는(은) UDP 세션을 이용한다.
*(A)는(은) 현재의 네트워크 성능, 라우팅 테이블, 네트워크를 구성하는 값들을 관리한다.
*(A)의 가장 유용한 기능은 네트워크의 확장을 용이하게 해주는 것이다.
*(A)의 문제점은 보안에 취약하고 시스템 관리 기능이 약하다.
*(A)의 문제점을 해결하기 위해 IETF에서 (A)-V2를 제안 하였다.

Answer

(A) SNMP

예제 6

아래 그림과 같이 무선 환경에서 사용되는 프로토콜이다.
채널의 반송파를 감지한 후 충돌이 일어나지 않도록 충돌을 회피하는 프로토콜을 보기에서 하나 선택하여 답안란에 번호를 입력하시오.

그 림

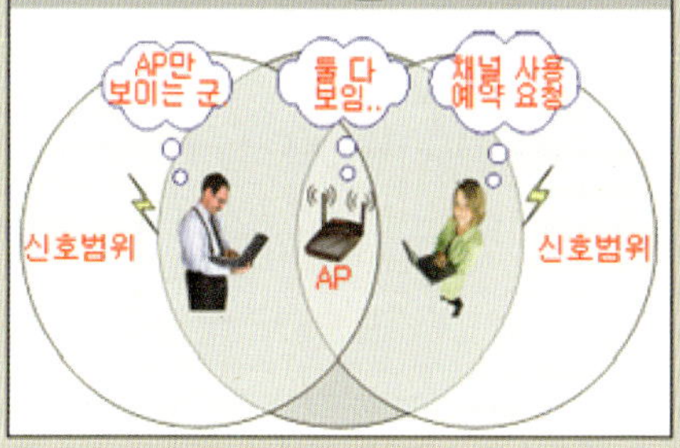

보 기

1. CSMA/CD
2. CSMA/CA
3. Token Ring
4. Token Bus
5. FDDI
6. MAN
7. LAN
8. Ethernet

Answer

CSMA/CA(Carrier Sense Multiple Access/Collision Avoidance)

CSMA/CA는 CSMA/CD의 변형으로, 애플의 LocalTalk나, 기타 다양한 무선 접속방법들과 함께 사용

예제 7

빈칸 A에 들어갈 내용을 답안란에 서술하시오.

설 명

·(A)은/는 현재의 IP부족을 해결하고자 설계된 차세대 프로토콜로서 128bit로 구성되어 있다.

·43억×43억×43억×43억 개의 주소를 표현할 수 있다.

Answer

IPv6

예제 8

아래에서 설명하는 내용이 무엇인지 답안란에 서술하시오.

FTP와 마찬가지로 파일을 전송하기 위한 프로토콜이지만, FTP 보다 단순한 방식으로 파일을 전송한다. 따라서 데이터 전송 과정에서 데이터가 손실될 수 있는 등 불안정하다는 단점을 가지고 있다. 하지만, FTP 처럼 복잡한 프로토콜을 사용하지 않기 때문에, 구현이 간단하다. 임베디드 시스템에서 운영체제 업로드로 주로 사용된다.

Answer

TFTP

예제 9

IP 주소 사용의 낭비를 막기 위해 내부 네트워크의 모든 호스트에 인터넷 전체에서 유일한 공인 IP 주소를 설정하지 않고, 내부적으로는 사설 IP 주소를 설정하여 사용하다가 인터넷에 접속할 때만 공인 IP 주소로 변환하는 기술이 무엇인지 답안란에 입력하시오.

Answer

NAT (Network Address Translation) , OSI 모델의 3계층인 네트워크 계층에서 사설 IP 주소를 공인 IP 주소로 변환하는데 사용하는 통신망의 주소 변환기

예제 10

아래의 Network Layer에서 동작하는 〈프로토콜〉 중 세 개만 선택하여 해당하는 번호를 답안란에 입력(예: 1, 2, 3)하시오.

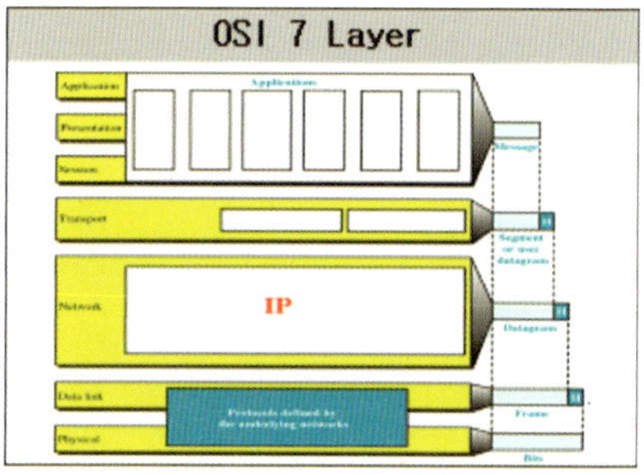

프로토콜

1. Telnet
2. ARP
3. RARP
4. FTP
5. TCP
6. UDP
7. ICMP
8. IGMP

Answer

2,3,7,8 번 중 3개 선택

Chapter

06

네트워크 실전 실습

제6장 네트워크 실전 실습

1. 실전 실습 1

문제 1

지참한 LAN Tool과 지급된 UTP 케이블 및 RJ-45 Modular Plug를 이용하여 〈제시문제〉의 조건에 맞는 LAN Cable을 제작하시오.

제 시 문 제	작업 시 주의 사항
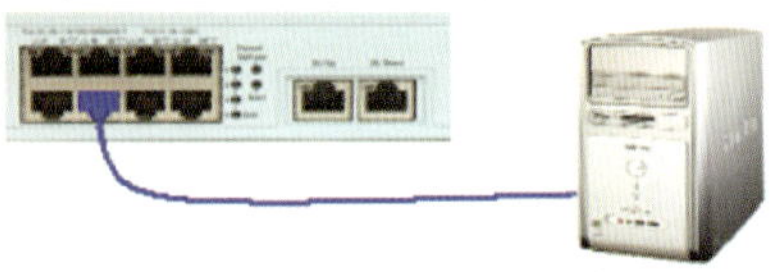 - Server PC와 Hub를 연결하는 케이블 제작	1. 배선순서는 반드시 EIA 568B 규격의 Straight 또는 Crossover 케이블로 제작 2. 각각의 장치에는 Straight와 Crossover를 자동으로 구분하는 기능이 없음 3. RJ45 Modular Plug는 분리/이탈되지 않아야 함 4. UPT케이블의 피복상태/길이는 상관하지 않음 5. 작업 시 테스터기는 사용할 수 없음 6. RJ45 Modular Plug는 추가 지급 할 수 있음

Answer

문제 2

네트워크 환경에 〈제시문제〉와 같이 IP주소와 서브넷마스크를 추가하시오.

제 시 문 제	문제 해결 후 시스템 상태
- IP Address : 10101100.00010000.10010110.01110011 - Subnet Mask : 22bit	· 제시문제와 같이 정상적으로 설정되어 있다.

Answer

문제 3

〈제시문자〉와 같이 원격데스크톱 서비스를 사용할 수 있도록 시스템을 설정하시오.

제 시 문 제	문제 해결 후 시스템 상태
1.네트워크 수준 인증을 사용하여 원격데스크톱을 실행하는 컴퓨터에서만 연결허용 2.세션 제한에 도달하거나 연결이 끊어지면 세션 끝내기 3.원격제어: 사용자의 허가 필요 4.Remote Desktop Users만 모든 권한 허용	제시문제와 같이 정상적으로 설정되어 있다.

Answer

문제 4

〈제시문자〉와 같이 Hyper-V를 사용할 수 있도록 시스템을 설정하시오.

제 시 문 제	문제 해결 후 시스템 상태
1. 이름: ICQA 가상 컴퓨터 2. 가상컴퓨터를 다른 위치에 저장: D:₩hyper-v₩ 3. 시작 메모리: 2048MB	제시문제와 같이 정상적으로 설정되어 있다.

Answer

문제 5

〈제시문자〉와 같이 FTP 사이트를 추가 설정하시오.

[문제5]

<제시문제>와 같이 FTP 사이트를 추가 설정하시오.

제 시 문 제	문제 해결 후 시스템 상태
1.FTP사이트 이름 : ICQA 2.실제경로: C:₩inetpub₩ftproot 3.IP주소: 192.168.100.10 , 포트: 2121 4.액세스 허용: 익명 사용자(읽기권한만) 5.액세스 거부 IP 주소: 200.115.100.0/24 6.최대 연결수 메시지: 최대 접속 인원수를 초과하였습니다.	· 제시문제와 같이 정상적으로 설정되어 있다.

Answer

문제 6

〈제시문자〉와 같이 작업 스케줄러를 추가 설정하시오.
(단, 작업이름은 'ICQA초대장'으로 한다.)

제 시 문 제	문제 해결 후 시스템 상태
1. 전자 메일 보내기 - 보내는 사람: admin@icqa.or.kr - 받는 사람: network@icqa.or.kr - 제목: 초대장 - 텍스트: 금번 세미나에 귀하를 초대합니다. 2. SMTP 서버: smtp.icqa.or.kr 3. 컴퓨터가 다음 시간 동안 유휴 상태인 경우에만 작업 시작: 15분 4. 컴퓨터의 유휴 상태가 끝나면 중지 5. 작업이 실패하는 경우 다시 시작 간격: 1분	· 제시문제와 같이 정상적으로 설정되어 있다.

Answer

문제 7

〈제시문자〉와 같이 IP를 할당 할 수 있는 DHCP를 설정하시오.

제 시 문 제	문제 해결 후 시스템 상태
1.범위 이름: 네트워크관리사 2.분배할 주소 범위: 192.168.106.1~254 3.제외할 주소 범위: 192.168.106.2~25 4.임대 기간: 8시간 5.서브넷 마스크: 255.255.255.0(24bit)	· 제시문제와 같이 정상적으로 설정되어 있다.

Answer

문제 8

〈제시문자〉와 같이 Web 사이트를 추가 설정하시오.

제 시 문 제	문제 해결 후 시스템 상태
1. 웹사이트 이름 : ICQA 2. 실제경로: C:₩inetpub₩wwwroot 3. 웹사이트 IP주소: 192.168.100.10 4. 포트: 80 5. 호스트 이름: http://www.icqa.or.kr 6. 액세스 허용 IP 주소: 192.168.100.0/24	· 제시문제와 같이 정상적으로 설정되어 있다.

Answer

문제 9

〈제시문자〉와 같이 DNS를 설정하시오.

제 시 문 제

```
@   IN  SOA ns.icqa.or.kr. admin.icqa.or.kr. (
        10          ;Serial
        15분        ;Refresh
        10분        ;Retry
        1일         ;Expire
        1시간  );Minimum

www     IN      A       192.168.100.20
ftp     IN      CNAME   www
```

문제 해결 후 시스템 상태

· 제시문제와 같이 정상적으로 설정되어 있다.

Answer

문제 10

아래 〈그림〉은 클래스 없는 주소 지정에 의한 주소 블록을 받은기관의 한 호스트(190.87.140.205/29)를 보이고 있다. 해당 기관이 받은 주소 블록의 시작 주소가 '190.87.140.200/29'일 때, 마지막 주소(Broadcasting Address)를 답안란에 입력하시오.)

그 림

Answer

문제 11

아래 〈내용〉에 해당하는 침입탐지시스템(Intrusion Detection System)의 탐지 기법을 〈보기〉에서 하나 선택하여 답안란에 해당번호를 입력하시오.

내 용	보 기
·이미 발견되고 정립된 공격 패턴을 미리 입력해 두고, 거기에 해당하는 패턴을 탐지하는 기법이다. ·알려진 공격 이외에는 탐지할 수 가 없어 새로운 공격에는 비효율적이다. ·다른 말로 Signature Base나 Knowledge Base로 불린다.	1. 오용(Misuse) 탐지 기법 2. 이상(Anomaly) 탐지 기법 3. IP Spoofing 탐지 기법 4. IP Sniffing 탐지 기법 5. 패킷 탐지 기법 6. 필터링 기법 7. 스위칭 기법 8. Port Mirroring 기법

Answer

문제 12

Class 등급은 네트워크 크기와 호스트 수에 따라 A~E로 구분된다. 아래 〈설명〉에 해당하는 Class 등급을 답안란에 입력하시오.

설 명
− Class Network (/8 Prefixes) 0 1 78 16 24 31 0 Network | Host − Class의 IP Address는 처음 1개의 bit가 항상 "0"이다. − Class의 Network 수 = 2^7 = 126개 − Class의 사용가능한 호스트 수 = $2^{24}-2$ =16,777,214개 All-0s : This Network All-1s : Broadcast − Class의 사용 가능한 IP Address는 2^{31} = (2,147,483,648)로 총 IP Address의 50% 임.

Answer

문제 13

Linux 시스템에서 하드디스크 파티션, CD-ROM, USB 등을 사용하려면 물리적 장치를 특정한 위치로 연결시켜 주로 과정이 필요한데 이를 마운트라고 한다. 아래 〈화면1〉과 같이 마운트 하는 명령어(가)와 〈화면2〉와 같이 이를 해제하는 명령어(나)를 답안란에 입력하시오.(답안 입력 예: 가-xxx, 나-yyy)

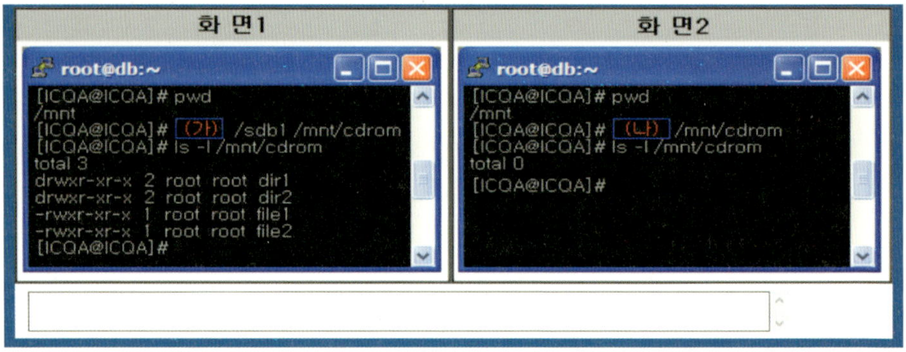

Answer

문제 14

아래 보기 중 전송 프로토콜로 UDP를 사용하는 것을 모두 선택하시오.
(단, TCP와 UDP 두 프로토콜이 모두 사용될 경우도 UDP가 사용된다고 본다.)

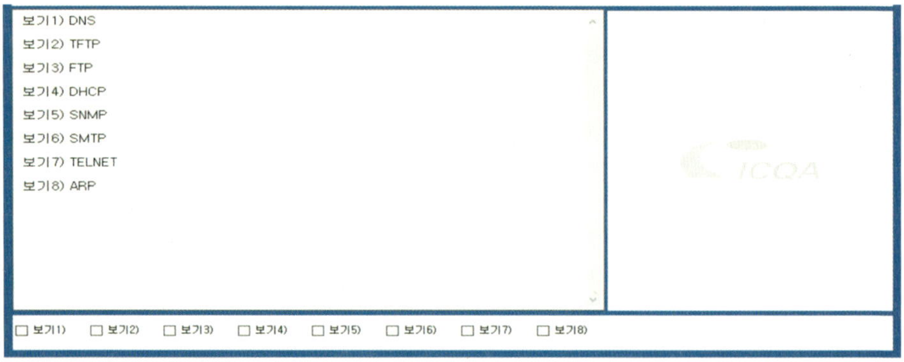

Answer

문제 15

OSI 7 Layer에 맞는 〈장비〉를 A~C로 드래그 앤 드롭 하시오.
(※ 정확한 위치에 드래그 하지 않으면 처음 위치로 되돌아감)

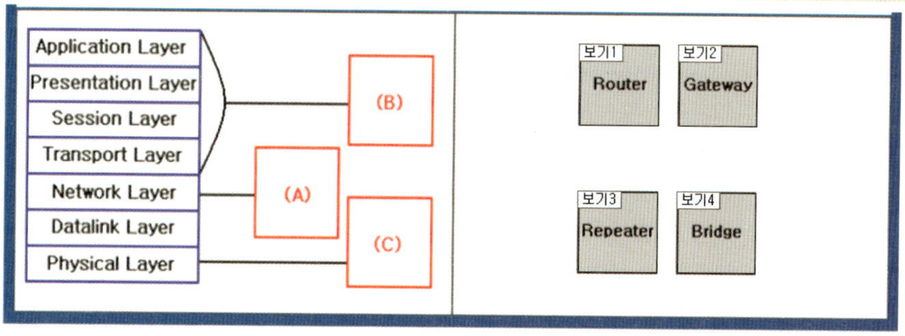

Answer

2. 실전 실습 2

문제 1

지참한 LAN Tool과 지급된 UTP 케이블 및 RJ-45 Modular Plug를 이용하여 〈제시문제〉의 조건에 맞는 LAN Cable을 제작하시오.

제 시 문 제

〈허브〉

〈허브〉

· 허브와 허브를 연결하는 LAN Cable 제작
· 허브의 포트는 일반 포트를 사용

작업 시 주의 사항

1. 배선순서는 반드시 EIA 568B 규격의 Straight 또는 Crossover 케이블로 제작
2. 각각의 장치에는 Straight와 Crossover를 자동으로 구분하는 기능이 없음
3. RJ45 Modular Plug는 분리/이탈되지 않아야 함
4. UPT케이블의 피복상태/길이는 상관하지 않음
5. 작업 시 테스터기는 사용할 수 없음
6. RJ45 Modular Plug는 추가 지급 할 수 있음

Answer

문제 2

〈제시문제〉와 같이 네트워크 환경에 설정하시오.

제 시 문 제	문제 해결 후 시스템 상태
IP Address. . . . : 192.168.168.81 Subnet Mask . . . : 255.255.255.0 Default Gateway . : 192.168.168.1 DNS Servers . . . : 203.248.248.2	· 제시문제와 같이 정상적으로 설정되어 있다.

Answer

문제 3

〈제시문제〉와 같이 설정하시오.

제 시 문 제	문제 해결 후 시스템 상태
1.작업 그룹: ICQA 2.컴퓨터 이름: NETWORK	· 제시문제와 같이 정상적으로 설정되어 있다.

Answer

문제 4

〈제시문제〉와 같이 설정하시오.

제 시 문 제	문제 해결 후 시스템 상태
·현재 공유되어 있는 모든 폴더를 공유 중지	·제시문제와 같이 정상적으로 설정되어 있다.

Answer

문제 5

〈제시문제〉와 같이 DNS를 설정하시오.(단위 : 초)

<table>
<tr><th>제 시 문 제</th><th>문제 해결 후 시스템 상태</th></tr>
<tr><td><pre>
icqa.or.kr.dns   for   icqa.or.kr zone.
@   IN   SOA   ns.icqa.or.kr.
                         master.icqa.or.kr. (
           12   ; serial number
           900   ; refresh
           600   ; retry
           86400   ; expire
           7200   ) ; minimum TTL

    mail   A   211.111.144.241
    network   A   211.111.144.240
</pre></td><td>·제시문제와 같이 정상적으로
설정되어 있다.</td></tr>
</table>

Answer

문제 6

〈제시문제〉와 같이 설정하시오.

제 시 문 제	문제 해결 후 시스템 상태
1.설명: ICQA-Server 2.IP 주소: 192.168.101.88 3.Port 번호: 2121 4.파일 업, 다운 로드 가능 5.환영 메시지: FTP 정상 접속	· 제시문제와 같이 정상적으로 설정되어 있다.

Answer

문제 7

〈제시문제〉와 같이 로컬보안정책을 설정하시오.

제 시 문 제	문제 해결 후 시스템 상태
1. 로컬 사용자가 로그온 인증시도는 다섯 번까지 가능하며,이후 다섯 번 인증을 실패한 계정에 대해 1시간 동안 잠금 상태를 유지하도록 설정 2. 시스템 종료는 Administrators만 가능	· 제시문제와 같이 정상적으로 설정되어 있다.

Answer

문제 8

〈제시문제〉와 같이 계정을 추가 설정하시오.

제 시 문 제	문제 해결 후 시스템 상태
1.ID: icqa .... (대/소문자 구분) 2.전체 이름: 한국정보통신자격협회 3.설명: 네트워크관리사 4.암호 변경할 수 없음 5.암호 사용 기간 제한 없음 6.홈 폴더 경로: C:₩user₩icqa 7.소속 그룹: Administrators 만 소속	· 제시문제와 같이 정상적으로 설정되어 있다.

Answer

문제 9

〈제시문제〉와 같이 DHCP를 설정하시오.

제 시 문 제	문제 해결 후 시스템 상태
1.이름: ICQA 2.설명: 네트워크관리사 3.시작 IP 주소: 192.168.101.2 4.끝 IP 주소: 192.168.101.253 5.길이: 24bit 6.제외 주소 범위: 192.168.101.3 ~ 30 7.Client가 사용하는 Router IP 주소: 192.168.101.1 8.예약: Hub(192.168.101.3)-00-04-CA-12-0C-B8	· 제시문제와 같이 정상적으로 설정되어 있다.

Answer

문제 10

다음은 무엇에 대한 설명인지 쓰시오.

자신의 신체 부근에 컴퓨터를 배치할 수 있도록 하는 기술로 최근에는 몸에 붙이는 스티커를 이용하여 놀이 공원이나 공연장에서 본인 임을 증명하도록 이용하는 데 이용할 수 있는 기술들이 상용화되기 시작하였다.

Answer

문제 11

Linux 시스템에서 아래 〈화면〉과 같이 "Run Level 5"일 경우 어떤 모드로 부팅되는지 〈보기〉에 해당 번호를 답안란에 입력하시오.

화 면

```
root@        :/etc
# Default runlevel. The runle
#   0 -
#   1 -
#   2 -
#   3 -
#   4 -
#   5 -
#   6 -
id:5:initdefault:
```

보 기

1. Single User Mode
2. Multiuser, without NFS
3. Full Multiuser Mode
4. Unused
5. XWindow
6. Reboot
7. Halt

Answer

문제 12

아래 내용은 Class별 사설 IP 범위를 보여주고 있다. (가), (나), (다)에 맞는 것을 하나 선택하시오.

> ＊ A Class : 10.0.0.0 ~ 10.255.255.255
>
> ＊ A Class : 172.(가).0.0 ~ 172.(나).255.255
>
> ＊ A Class : 192.(다).0.0 ~ 192.(다).255.255

- [ ] 1 가-0, 나-255, 다-0
- [ ] 2 가-16, 나-255, 다-168
- [ ] 3 가-16, 나-31, 다-168
- [ ] 4 가-32, 나-47, 다-255
- [ ] 5 가-0, 나-255, 다-255
- [ ] 6 가-16, 나-255, 다-0
- [ ] 7 가-16, 나-31, 다-0
- [ ] 8 가-32, 나-47, 다-168

Answer

문제 13

아래 <내용>이 설명하는 것은 무엇인지 답안란에 입력하시오.

내 용
· IP 주소 사용의 낭비를 막기 위해 내부 네트워크의 모든 호스트에 유일한 공인 IP 주소를 설정하지 않고 내부적으로는 사설 IP 주소를 설정하여 사용하다가 인터넷에 접속할 때에만 공인 IP 주소로 변환하는 기술

Answer

문제 14

아래 <내용>이 설명하는 것은 무엇인지 답안란에 입력하시오.

아래 그림은 2012년 구글이 1000대의 컴퓨터를 사용하여 1000만개의 유투브 이미지를 이 방식으로 분석해 사람과 고양이를 구분해는 과정을 그린 그림이다. 이와 같이 인간의 두뇌를 모델로 하는 인공신경망을 기반으로 컴퓨터가 특정 업무를 수행할 때 정형화된 데이터를 입력 받지 않고 스스로 필요한 데이터를 수집하고 분석하여 고속으로 처리하도록 하는 기계 학습 기술

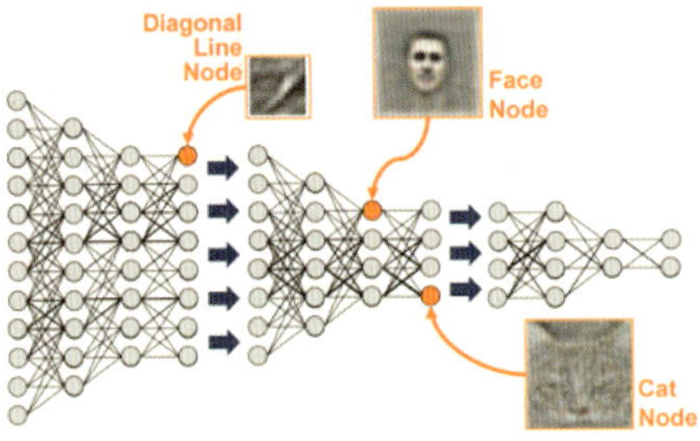

Answer

문제 15

애플의 애플 페이 삼성의 삼성 페이 안드로이드 페이나 알리 페이 등과 같이 이동 통신과 인터넷 기술을 금융 산업에 접목하여 모바일을 통한 결제, 송금, 자산관리, 디지털 화폐, 그리고 대중 투자(클라우드 펀딩) 등의 금융서비스가 가능하도록 한 기술은 무엇인가?

Answer

3. 실전 실습 3

문제 1

지참한 LAN Tool과 지급된 UTP 케이블 및 RJ-45 Modular Plug를 이용하여 〈제시문제〉의 조건에 맞는 LAN Cable을 제작하시오.

제 시 문 제	작업 시 주의 사항
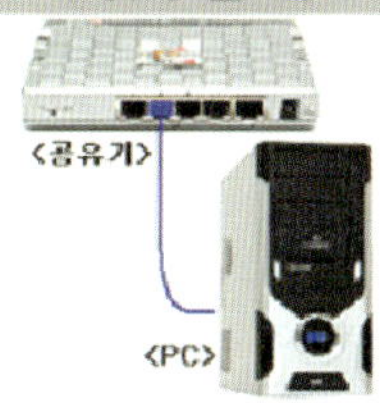 〈공유기〉 〈PC〉 공유기와 PC를 연결하는 LAN Cable 제작 (단, Cable은 568B 규격으로 제작)	1. 배선순서는 반드시 EIA 568B 규격의 Straight 또는 Crossover 케이블로 제작 2. 각각의 장치에는 Straight와 Crossover를 자동으로 구분하는 기능이 없음 3. RJ45 Modular Plug는 분리/이탈되지 않아야 함 4. UPT케이블의 피복상태/길이는 상관하지 않음 5. 작업 시 테스터기는 사용할 수 없음 6. RJ45 Modular Plug는 추가 지급 할 수 있음

Answer

문제 2

ipconfig/all 명령시 다음과 같이 나타나도록 네트워크 속성을 지정하시오.

제 시 문 제	문제 해결 후 시스템 상태
Physical Address. : 00-0B-6A-22-28-8C DHCP Enabled. . . : No IP Address. . . . : 192.168.168.81 Subnet Mask . . . : 255.255.255.0 Default Gateway . : 192.168.168.1 DNS Servers . . . : 203.248.248.2	· 제시문제와 같이 정상적으로 설정되어 있다.

Answer

문제 3

아래 〈화면〉은 Switch Hub의 8번 Port 설정내용을 보여주고 있다. 네트워크 환경의 Connection Type과 Flow Control을 아래 〈화면〉의 8번 Port와 같이 설정하시오.

제 시 문 제	문제 해결 후 시스템 상태
Line Speed & Flow Control All Ports: Port 1(10/100M): Speed-Auto FC-ON (100M/FD) Port 2(10/100M): Speed-Auto FC-ON (100M/FD) Port 3(10/100M): Speed-Auto FC-ON (100M/FD) Port 4(10/100M): Speed-Auto FC-ON (100M/FD) Port 5(10/100M): Speed-Auto FC-ON (100M/FD) Port 6(10/100M): Speed-Auto FC-ON (100M/FD) Port 7(10/100M): Speed-Auto FC-ON (100M/FD) Port 8(10/100M): Speed-100M/FD FC-ON Port 9(10/100M): Speed-Auto FC-ON (100M/FD) Port10(10/100M): Speed-Auto FC-ON (100M/FD)	· 제시문제와 같이 정상적으로 설정되어 있다.

Answer

문제 4

〈제시문제〉와 같이 Web Server를 설정하시오.

제 시 문 제	문제 해결 후 시스템 상태
1. 웹사이트 이름 : ICQAWeb 2. 실제경로: C:₩inetpub₩wwwroot 3. 웹사이트 IP 주소: 215.210.220.15 4. 포트: 8080 5. 호스트 이름: https://www.icqa.or.kr 6. 액세스 거부 IP 주소: 192.168.100.129/26 7. 기본문서: index.html을 맨 위로 8. 연결 시간 제한: 120080초 9. 최대 대역폭: 20421220/초 10. 최대 동시 연결 수: 5200	· 제시문제와 같이 정상적으로 설정되어 있다.

Answer

문제 5

제시문제와 같이 계정을 추가 설정하시오.

제 시 문 제	문제 해결 후 시스템 상태
1.ID: icqa ......(대/소문자 구분) 2.전체 이름: 네트워크관리사 3.설명: 수검자 4.소속 그룹: Power Users 에만 소속 5.홈 폴더 경로: c:\home\icqa 6.다음 로그온 할 때 반드시 암호 변경	·제시문제와 같이 정상적으로 설정되어 있다.

Answer

문제 6

제시문제의 내용에 따라 로컬 보안 정책을 설정하시오.

제 시 문 제	문제 해결 후 시스템 상태
1. 암호의 복잡성을 만족해야 함. 2. 계정 로그온 이벤트 감사 성공, 실패 시 사용함. 3. 최소 암호 사용 기간을 45일으로 사용함.	·제시문제와 같이 정상적으로 설정되어 있다.

Answer

문제 7

제시문제와 같이 설정하시오.

제 시 문 제	문제 해결 후 시스템 상태
·원격 사용자가 시스템에 로그 온하여 명령줄을 사용하여 콘솔 프로그램을 실행할 수 있는 서비스를 중지.	·제시문제와 같이 정상적으로 설정되어 있다.

Answer

문제 8

학부의 수강신청 프로그램 설치 후 Sybase 데이터베이스 연결 시도 시, 아래와 같은 〈메시지〉가 출력되었다. 〈메시지〉가 출력되지 않고 Sybase와 정상 연결되도록 Administrator에 대한 변수 이름 (Sybase)과 값(c:₩Sybase)을 수동으로 설정하시오.

메시지	문제 해결 후 시스템 상태
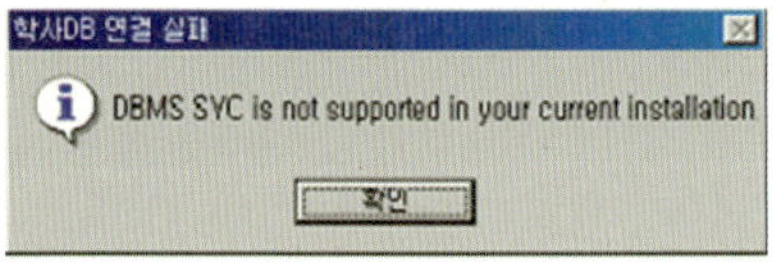	·〈메시지〉가 출력되지 않고, Sybase와 정상적으로 연결된다.

Answer

문제 9

제시문제와 같이 DNS를 설정하시오.(단위 : 초)

제 시 문 제

```
; Database file icqa.or.kr.dns for icqa.or.kr zone.
@          IN  SOA ns.icqa.or.kr.  icqa.icqa.or.kr. (
        10          ; serial number
        900         ; refresh
        600         ; retry
        86400       ; expire
        5400      ) ; minimum TTL
; Zone NS records
@                   NS   icqa-server.
; Zone records
mail          A         211.111.144.241
network       A         211.111.144.240
ns            A         211.111.144.240
www           A         211.111.144.240
```

Answer

문제 10

다음은 무엇에 대한 설명인지 쓰시오.

실제 영상이나 화면 등에 필요한 정보나 가상의 영상 등을 더하여 보다 효율적인 정보를 제공하거나 가상의 현실들을 보여줄 수 있도록 하는 기술로 개발되어 게임이나 네비게이션 및 지도 등에 이를 적용하기 시작하면서 널리 알려진 기술

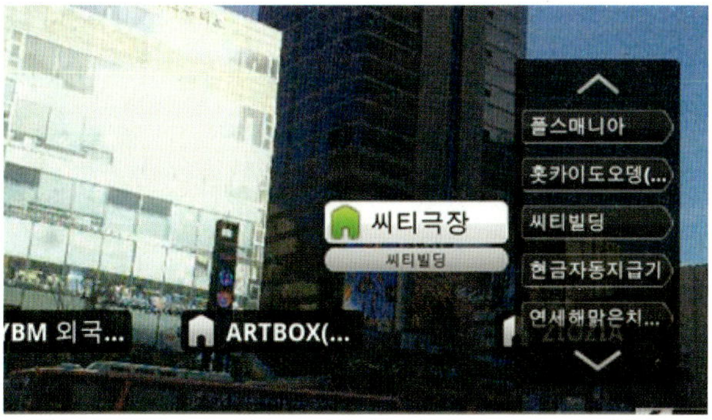

Answer

문제 11

(A)에 들어갈 적당한 내용을 골라보세요.

네트워크 구성도	기 능		
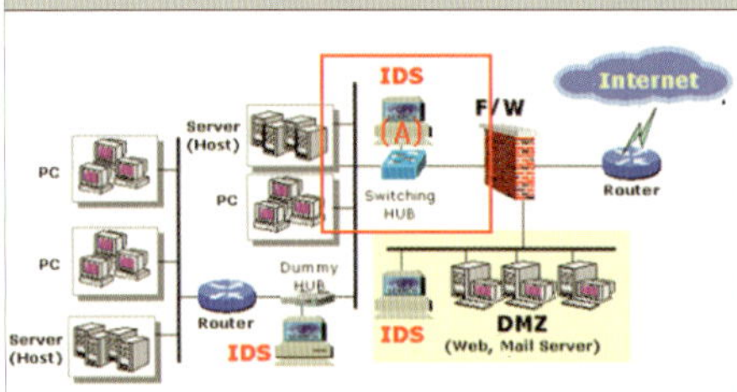	Routing	Switching	Port Mirroring
	Flow Control	Negotiation	Promiscuous Mode

Answer

문제 12

일반적으로 Linux 시스템의 root 계정은 막강한 권한을 가지고 있다. 그래서 대부분의 작업은 따로 일반계정을 만들어서 그 계정으로 작업을 하고 특별히 root의 권한이 필요한 경우 어떤 명령어 'A'을/를 사용해서 root의 권한을 가지고 작업을 할 수 있다. 이 명령어 'A'은/는 무엇인지 답안란에 입력하시오.

화 면

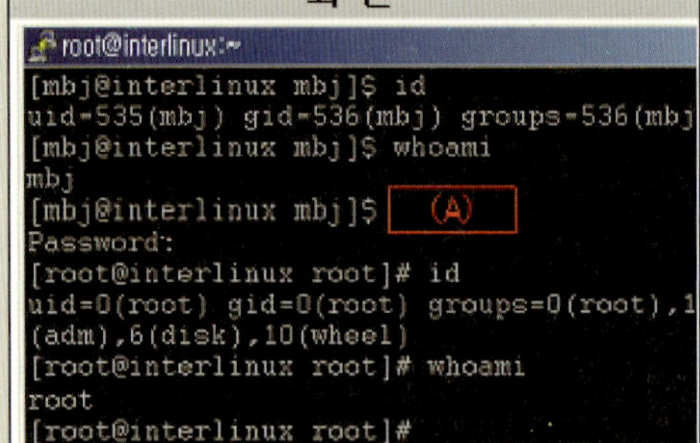

Answer

문제 13

아래 Linux 〈화면〉을 보고 가장 적절한 것을 〈보기〉에서 하나 선택하여 답안란에 해당 번호를 입력하시오.

화 면

```
2:                    - default - SSH Secu
[root@webl /root]# fdisk -l
Disk /dev/hda: 255 heads, 63 sectors, 211(
Units = cvlinders of 16065 * 512 bvtes
   Device Boot    Start       End     Block
/dev/hdal    *        1         4      3209
/dev/hda2             5       276    218484
/dev/hda5             5       259    204825
/dev/hda6           260       276     13652
[root@webl /root]#
```

보 기

1. 현재 물리적인 IDE 하드를 한 개 사용하고 있다.
2. 현재 물리적인 IDE 하드를 두 개 사용하고 있다.
3. 현재 물리적인 IDE 하드를 다섯 개 사용하고 있다.
4. 현재 물리적인 IDE 하드를 여섯 개 사용하고 있다.
5. 현재 물리적인 SCSI 하드를 한 개 사용하고 있다.
6. 현재 물리적인 SCSI 하드를 두 개 사용하고 있다.
7. 현재 물리적인 SCSI 하드를 다섯 개 사용하고 있다.
8. 현재 물리적인 SCSI 하드를 여섯 개 사용하고 있다.

Answer

문제 14

〈화면 1〉에서 A가 C로 보낸 패킷은 연결되어 있는 다른 모든 컴퓨터로 함께 전송되어 동시에 다른 컴퓨터들은 데이터 전송을 할 수 없다. 〈화면 2〉에서 A가 C로 파일을 전송하는 경우, A의 패킷은 C로만 전송되고, 동시에 B와 D도 네트워크 전송이 가능하게 해 주는 기능을 무엇이라고 하는지 답안란에 입력하시오.

화 면1

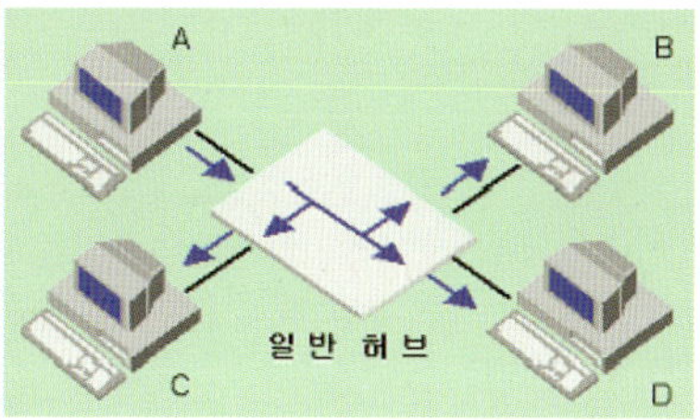

화 면2

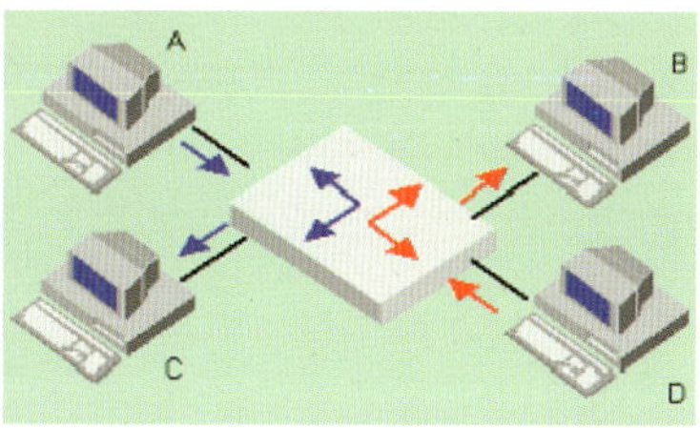

Answer

문제 15

아래 〈내용〉과 〈화면〉에서 설명하는 프로토콜의 명칭을 답안란에 입력하시오.

내 용	화 면
· 데이터를 안전하게 주고받기 위한 업계 표준 프로토콜이다. · 미국 넷스케이프 커뮤니케이션즈(Netscape Communications)가 개발하였고, 마이크로소프트(Microsoft)사 등 주요 웹 제품 업체가 채택하고 있다. · 웹 서버뿐만 아니라 FTP등 다른 TCP/IP 애플리케이션에 적용할 수 있으며, 인증 암호화 기능이 있다. · 웹 서버와 클라이언트 사이에 전달되는 모든 정보가 암호화된다. · URL 부분에서 "HTTP://"가 "HTTPS://"로 변경된다.	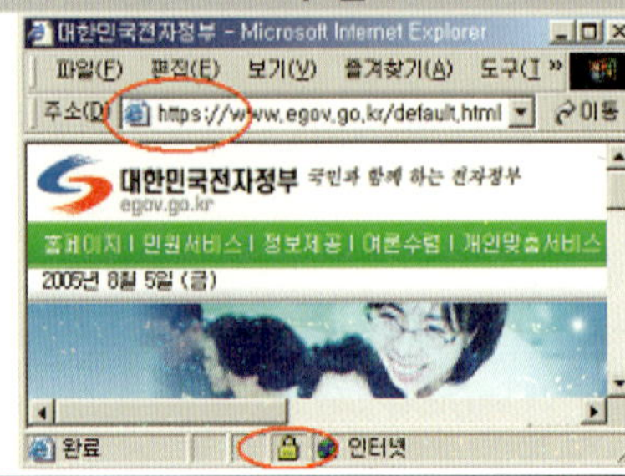

Answer

4. 실전 실습 답안

〈실전실습 1 답안〉

[문제 1] 랜케이블 제작

다이렉트 케이블 (양쪽 : 흰주, 주, 흰초, 파, 흰파, 초, 흰갈, 갈)

[문제 2] 네트워크 속성

1. 네트워크 속성 클릭 – 에뮬레이터 실행 클릭
2. Internet Protocol Version 4 (TCP/IP v4) – 속성
3. ☑ 다음 IP 주소사용

   IP 주소 : 172.16.150.115 (2진수 ⇒ 10진수 변환)

   서브넷 마스크 : 255.255.252.0 (22bit 계산)

[문제 3] 원격데스크톱 서비스

1. 원격 데스크 톱 서비스 – 에뮬레이터 실행
2. RD 세션 호스트 구성 – RDP_Tcp 우 – 속성
3. 일반

   ☑ 네트워크 수준 인증을 사용하여 원격데스크톱을 실행하는 컴퓨터에서만 연결 허용
4. 세션

   ☑ 사용자 설정 무시

   세션 제한에 도달하거나 연결이 끊어지면 :

   ◉ 세션 끝내기
5. 원격제어

   ☑ 다음 설정을 사용하여 원격제어

   ☑ 사용자의 허가 필요
6. 보안 – 그룹 및 사용자 클릭하여 하나하나 확인

(Remote Desktop Users 제외하고 모든 권한 ☒ 체크 해제 할 것!)

[문제 4] Hyper-V

1. Hyper-V 👆 - 에뮬레이터 실행 👆
2. 동작 👆 - 새로만들기 👆 - 가상컴퓨터 👆 - 다음 👆
   이름 : ICQA 가상 컴퓨터
   ☑ 가상 컴퓨터를 다른 위치에 저장
   위치 : D:₩hyper-v₩
   - 다음 👆
   메모리 2048MB (2GB→2048MB) - 이후 계속 다음 누르며 진행
3. 오른쪽에 만들어진 '새 가상 컴퓨터' 우 👆 - 시작 (∵ 문제- 사용할 수 있도록 !)

[문제 5] IIS - FTP 사이트

1. 인터넷 정보 서비스 관리자 👆 - 에뮬레이터 실행 👆
2. 왼쪽의 ICQA Server 우 👆 - FTP 사이트 추가 👆
   사이트이름 : ICQA
   실제 경로 : C:₩inetpub₩ftproot
   - 다음 👆
   IP 주소 : 192.168.100.10
   포트 : 2121
   - 다음 👆
   액세스 허용▼ 익명사용자 선택
   사용권한 ☑ 읽기 -마침 👆
3. 왼쪽에 방금 만든 ICQA 클릭
4. 「FTP IPv4 주소 및 도메인 제한」 👆 - 우 👆 - 거부항목 추가 👆
   ⊙ IP 주소 범위 : 200.115.100.0
   마스크 또는 접두사 : 255.255.255.0
5. FTP 메시지 기능열기 👆

최대 연결수 메시지 : 최대 접속 인원수를 초과하였습니다.

6. 저장하기 !

[문제 6] 작업스케줄러

1. 작업 스케줄러 – 에뮬레이터 실행
2. 동작 – 작업 만들기
3. 일반 탭 – 이름 입력
4. 동작 – 새로만들기 – 동작 ▼ – 전자 메일 보내기
5. 내용

   보내는 사람 : admin@icqa.or.kr

   받는 사람 : network@icqa.or.kr

   제목 : 초대장

   텍스트 : 금번 세미나에 귀하를 초대합니다.

   SMTP 서버 : smtp.icqa.or.kr동작 – 새로만들기 – 동작 ▼ – 전자 메일 보내기

6. 조건

   ☑ 컴퓨터가 다음 시간동안 유휴 상태인 경우에만 작업시작 - 15분 선택

   ☑ 컴퓨터의 유휴상태가 끝나면 중지

7. 설정

   ☑ 작업이 실패하는 경우 다시 시작 간격 - 1분 설정 –확인

[문제 7] DHCP 설정

1. DHCP – 에뮬레이터 실행
2. 왼쪽의 IPv4 우 – 새 범위

   범위 이름 : 네트워크관리사

3. 다음
4. 분배할 주소 범위

   시작 IP 주소: 192.168.106.1

   끝 IP 주소: 192.168.106.254

서브넷 마스크: 255.255.255.0

5. 다음

6. 제외할 주소 범위

   시작 IP 주소: 192.168.106.2

   끝 IP 주소: 192.168.106.25

7. 다음

8. 임대 기간: 8시간

9. 계속 다음 – 마침까지 진행

[문제 8] IIS – Web 사이트 추가

1. 인터넷 정보 서비스 관리자 – 에뮬레이터 실행

2. 왼쪽의 ICQA Server 우 – 웹 사이트추가

   사이트이름 : ICQA

   실제 경로 : C:₩inetpub₩wwwroot

   〈바인딩〉

   IP 주소 : 192.168.100.10

   포트 : 80

   호스트이름 : www.icqa.or.kr

3. 왼쪽에 방금 만든 ICQA 클릭

4. 오른쪽 중간 〈IIS〉 부분 중 「IP 주소 및 도메인 제한」

   우 – 허용항목 추가

   ⊙ IP 주소 범위 : 192.168.100.0

   마스크 또는 접두사 : 255.255.255.0

[문제 9] DNS 설정

1. DNS – 에뮬레이터 실행

2. 정방향 조회 영역 우 – 새 영역

3. 다음 눌러가며 진행

   영역이름 : icqa.or.kr –마침

4. 왼쪽에 icqa.or.kr 우 - 속성 - SOA(권한시작)
   일련번호 : 10
   주서버 : ns.icqa.or.kr (ns만 써도 되긴 하는데 그냥 다 적기)
   책임자 : admin.icqa.or.kr (admin만 써도 되긴 하는데 그냥 다 적기)
   새로 고침 간격 : 15 (분)
   다시 시도 간격 : 10 (분)
   다음 날짜 이후에 만료 : 1 (일)
   최소(기본값) TTL : 1 (시간)
5. 왼쪽에 icqa.or.kr 우 - 새호스트(A 또는 AAAA)
   이름 : www
   IP 주소 : 192.168.100.20
6. 왼쪽에 icqa.or.kr 우 - 새별칭(CNAME)
   별칭 이름 : ftp
   대상 호스트의 FQDN(정규화된 도메인 이름) : www

[문제 10] 190.87.140.207

[문제 11] 1. 오용탐지기법

[문제 12] A Class

[문제 13] 가–mount 나–umount

[문제 14] 보기1 DNS, 보기2 TFTP, 보기4 DHCP, 보기5 SNMP, 보기8 ARP

[문제 15] A–Router, B–Gateway, C–Repeater

〈실전실습 2 답안〉

[문제 1] 랜케이블 제작

정답 : 크로스 케이블 (한쪽 : 흰주, 주, 흰초, 파, 흰파, 초, 흰갈, 갈/ 다른쪽 : 흰초, 초, 흰주, 파, 흰파, 주, 흰갈, 갈)₩

[문제 2] 네트워크 속성

1. 네트워크 속성 클릭 – 에뮬레이터 실행 클릭
2. Internet Protocol Version 4 (TCP/IP v4) – 속성
3. ☑ 다음 IP 주소사용
   IP 주소 , 서브넷 마스크, 게이트웨이, DNS 주소 입력

[문제 3] 시스템등록정보

시스템등록정보 – 에뮬레이터 실행 – 컴퓨터이름탭 – 변경버튼 – 컴퓨터이름과 작업그룹 변경

[문제 4] 공유폴더

공유폴더 – 에뮬레이터 실행 – 공유 – 오른쪽에 공유된 폴더에서 마우스 오른쪽 –공유중지

[문제 5] DNS

1. DNS – 에뮬레이터 실행 – 정방향 조회영역 마우스 우 – 새영역 – 다음– 영역이름 icqa.or.kr – 다음 – 마침
2. 새로 생성된 icqa.or.kr 마우스 우 – 속성 – 권한시작(SOA) – 일련번호(12), 주서버(ns,icqa,ior.kr), 책임자 (master,icqa.or.kr), 새로고침(refresh), 다시시도(retry), 다음날짜이후에 만료(expire), 최소 TTL (minimum TTL) 설정 후 – 확인
3. icqa.or.kr에서 마우스 우 – 새호스트 – 이름(mail, network), IP주

소 각각 추가 - 확인

[문제 6] IIS-FTP

1. IIS - 에뮬레이터 실행 - ICQA에서 마우스 우 - FTP 사이트 - 설명, IP주소, 포트번호, 읽기, 쓰기에 체크 - 다음 - 마침
2. ICQA - FTP 메시지 - 시작메시지입력 : "FTP 정상 접속" - 확인

[문제 7] 로컬보안정책

1. 로컬보안정책 - 에뮬레이터 실행 - 계정정책 - 계정잠금정책 - 계정잠금임계값(5번), 계정잠금기간
(60분) - 확인
2. 로컬정책 - 사용자권한할당 - 시스템종료 더블클릭- Administrators 만 빼고 삭제 - 확인

[문제 8] 로컬사용자 및 그룹

1. 로컬사용자 및 그룹 - 에뮬레이터 실행 - 사용자 마우스 오른쪽 - 새 사용자 (1번~5번 설정)-만들기
2. icqa 마우스 오른쪽 - 속성 - 프로필 탭 : 홈 폴더 경로 지정 - 소속그룹탭 : 소속그룹 추가 지정

[문제 9] DHCP

1. DHCP - 에뮬레이터 실행 - icqa에서 우클릭 - 새범위 - 다음 - 이름, 설명 넣고- 다음 - 3,4,5번 넣고 다음 - 제외주소 넣고 다음 - DHCP 옵션에서 예, 지금구성합니다.에 체크 - 다음 - Router IP 주소 넣고 다음 - 다음 - 다음 - 마침
2. 예약에서 우클릭 - 새 예약 - IP주소, MAC주소 넣고 - 추가 - 닫기

[문제10] 착용 컴퓨터(웨어러블 컴퓨터)

[문제11] 5

[문제 12] 3

[문제 13] NAT

[문제 14] 딥러닝(Deep learning)

[문제 15] 핀테크(FinTech)

〈실전실습 3 답안〉

[문제 1] 랜케이블 제작

다이렉트 케이블 (양쪽 : 흰주, 주, 흰초, 파, 흰파, 초, 흰갈, 갈)

[문제 2] 네트워크 속성

1. 네트워크 속성 클릭 – 에뮬레이터 실행 클릭
2. Internet Protocol Version 4 (TCP/IP v4) – 속성
3. ☑ 다음 IP 주소사용
   IP 주소 , 서브넷 마스크, 게이트웨이, DNS 주소 입력

[문제 3] 네트워크 속성

1. 네트워크 속성 클릭 – 에뮬레이터 실행 클릭
2. 구성버튼 – 고급 – 속도 및 이중 값: 100Mbps 전이중 클릭 , 흐름 제어 – Rx/Tx

[문제 4] IIS – Web 사이트 추가

1. 인터넷 정보 서비스 관리자 – 에뮬레이터 실행
2. 왼쪽의 ICQA Server 우 – 웹 사이트추가
   사이트이름 : ICQA
   실제 경로 : C:₩inetpub₩wwwroot
   〈바인딩〉
   IP 주소 : 192.168.100.10
   포트 : 80
   호스트이름 : www.icqa.or.kr
3. 왼쪽에 방금 만든 ICQA 클릭
4. 오른쪽 중간 〈IIS〉 부분 중 「IP 주소 및 도메인 제한」
   우 – 허용항목 추가
   ⊙ IP 주소 범위 : 192.168.100.129

마스크 또는 접두사 : 255.255.255.192

5. 확인
6. 왼쪽에 방금 만든 ICQAWeb 클릭 - 창뜨면 저장
7. 오른쪽 중간 기본문서 더블클릭

   index.html - 우 - 위로 이동 (맨 위에 위치 할 때까지 반복)
   왼쪽에 방금 만든 ICQAWeb 클릭 - 창뜨면 저장
   8.9.10.
   왼쪽에 방금 만든 ICQAWeb 우 - 웹사이트관리 - 고급설정
   〈연결제한〉
   연결 시간 제한(초) : 120080
   최대 대역폭(바이트/초) : 20421220
   최대 동시 연결 수 : 5200
   저장하기 !

[문제 5] [문제 8] 로컬사용자 및 그룹

1. 로컬사용자 및 그룹 - 에뮬레이터 실행
2. 사용자 마우스 오른쪽 - 새 사용자 (1번~3번, 6번 설정) - 만들기
2. icqa 마우스 오른쪽 - 속성 - 소속그룹탭 : 소속그룹 추가 지정 - 프로필 탭 : 홈 폴더 경로 지정

[문제 6] 로컬보안정책

1. 로컬보안정책 - 에뮬레이터 실행
2. 암호 정책 - 암호의 복잡성을 만족해야 함 더블클릭 - 사용 체크
   최소 암호 사용기간 - 더블클릭 - 45일
3. 감사정책 - 계정 로그온 이벤트 감사 더블클릭 - 성공, 실패 모두 체크
4. 확인

[문제 7] 서비스관리자

1. 서비스관리자 - 에뮬레이터 실행

2. Telnet 더블클릭 – 실행상태에서 중지 클릭 – 확인

[문제 8] IIS–FTP

1. 시스템 등록정보 – 에뮬레이터 실행
2. 고급 – 환경 변수 –새로만들기 (사용자 변수 만들기)
3. 변수 이름 : sybase , 변수 값 : c:₩sybase – 확인

[문제9] DNS

1. DNS – 에뮬레이터 실행 – 정방향 조회영역 마우스 우 – 새영역 – 다음– 영역이름 icqa.or.kr – 다음 – 마침
2. 새로 생성된 icqa.or.kr 마우스 우 – 속성 – 권한시작(SOA) – 일련번호(12), 주서버(ns.icqa.ior.kr), 책임자 (icqa.icqa.or.kr), 새로고침(refresh), 다시시도(retry), 다음 날짜 이후에 만료(expire), 최소 TTL(minimum TTL) 설정 후 – 확인
3. icqa.or.kr에서 마우스 우 – 새호스트 – 이름(mail, network,ns,www), IP주소 각각 추가 – 확인

[문제10] 증강현실 또는 AR

[문제 11] Port Mirroring

[문제 12] su

[문제 13] 1

[문제 14] 스위칭

[문제 15] SSL

Chapter

07

부 록

제7장 부 록

1. "네트워크 관리사" 란?

서버를 구축하고 보안 설정, 시스템 최적화 등 네트워크구축 및 이를 효과적으로 관리할 수 있는 인터넷 관련 기술력에 대한 자격입니다.

2. 개요 및 검정기준

자격명칭	검정기준	
네트워크 관리사	1급	네트워크 관리에 관한 전문지식을 토대로 네트워크 보안기술, Design, Traffic 분산기술 등 네트워크 전문기술자로서 필요한 IT 기술 및 네트워크 실무, 관리 능력 검정
	2급 국가공인	네트워크 관련 업무 수행을 위한 일반적인 운용지식과 구축기술 NOS운영, Packet분석, Monitoring, 인터넷기술, Protocol 등 기초 이론과 실무능력 검정

3. 검정 요강

필기검정	1급	–당 협회 시행 해당종목 2급 자격 소지자 –전기, 전자, 통신, 정보처리 직무분야 국가기술 자격취득자 중아래 해당자가. 기술사, 기사, 산업기사 자격증 소지자나. 기능사 자격 취득한 후 동일직무 분야에서 2년 이상 실무에 종사한 자 –IT관련 사업장에서 5년 이상 종사한자 상기 1항이상 해당자
	2급	– 제한 없음
실기검정	1/2급	–해당등급 필기 합격자로서 합격일로부터 2년 이내의 응시자

4. 검정 과목 및 문항수 및 제한시간

필기검정	검정문제의 문항수는 각 과목별로 5~18문항씩 출제되며, 1급은 60분, 2급은 50분의 제한시간을 둔다.
실기검정	1 SET(1~20문항)가 출제되며 제한시간 내에 지시된 사항을 수행해야 한다.

5. 1급 실기 세부 검정 항목

등급	검정방법	검정과목	검정항목	문항수	제한시간	유형
1급	필기	네트워크 일반	네트워크 개요	60	60분	택일형
			데이터통신 관련기술			
			통신망 기술			
			표준과 네트워크			
			네트워크설계, 구축			
			고속 LAN 기술 및 광대역통신			
			각종 통신 기술			
			기타			
		TCP/IP	TCP/IP			
			IP Address			
			Subnet Mask			
			IP Routing			
			Packet 분석			
			기본 프로토콜			
			응용 프로토콜			
			기타			
		NOS	File/Print, IIS, DNS, FTP등			
			Active Directory			

			사용자관리 및 권한			
			시스템 운영 관리			
			Linux Server 설치			
			Linux 명령어			
			기타			
		네트워크 운용기기	NIC			
			SCSI			
			RAID			
			Router			
			Switch Hub			
			Bridge			
			Gateway			
			전송매체			
			최신통신기기			
			기타			
		정보보호 개론	보안의 기본개념			
			Windows 2008 Server 보안			
			Linux Server 보안			
			Network 보안			
			암호화			
			서비스별 보안 기술			
			정보보호제도			
			기타			
	실기	LAN 전송매체		1SET (1–20)	100분	작업 /서술 /선택형
		네트워크 설계/ 구축				
		TCP/ IP				
		NOS				
		네트워크 운영기기				

6. 2급 실기 세부 검정 항목

<table>
<tr><th>등급</th><th>검정방법</th><th>검정과목</th><th>검정항목</th><th>문항수</th><th>제한시간</th><th>유형</th></tr>
<tr><td rowspan="39">2급</td><td rowspan="34">필기</td><td rowspan="8">네트워크 일반</td><td>네트워크 개요</td><td rowspan="34">50</td><td rowspan="34">50분</td><td rowspan="34">택일형</td></tr>
<tr><td>데이터통신 관련기술</td></tr>
<tr><td>통신망 기술</td></tr>
<tr><td>표준과 네트워크</td></tr>
<tr><td>네트워크설계, 구축</td></tr>
<tr><td>고속 LAN 기술 및 광대역통신</td></tr>
<tr><td>각종 통신 기술</td></tr>
<tr><td>기타</td></tr>
<tr><td rowspan="8">TCP/IP</td><td>TCP/IP</td></tr>
<tr><td>IP Address</td></tr>
<tr><td>Subnet Mask</td></tr>
<tr><td>IP Routing</td></tr>
<tr><td>Packet 분석</td></tr>
<tr><td>기본 프로토콜</td></tr>
<tr><td>응용 프루투콜</td></tr>
<tr><td>기타</td></tr>
<tr><td rowspan="7">NOS</td><td>File/Print, IIS, DNS, FTP등</td></tr>
<tr><td>Active Directory</td></tr>
<tr><td>사용자관리 및 권한</td></tr>
<tr><td>시스템 운영 관리</td></tr>
<tr><td>Linux Server 설치</td></tr>
<tr><td>Linux 명령어</td></tr>
<tr><td>기타</td></tr>
<tr><td rowspan="11">네트워크 운용기기</td><td>NIC</td></tr>
<tr><td>SCSI</td></tr>
<tr><td>RAID</td></tr>
<tr><td>Router</td></tr>
<tr><td>Switch Hub</td></tr>
<tr><td>Bridge</td></tr>
<tr><td>Gateway</td></tr>
<tr><td>전송매체</td></tr>
<tr><td>최신통신기기</td></tr>
<tr><td>기타</td></tr>
<tr><td rowspan="5">실기</td><td colspan="2">LAN 전송매체</td><td rowspan="5">1SET
(1–20)</td><td rowspan="5">80분</td><td rowspan="5">작업
/서술
/선택형</td></tr>
<tr><td colspan="2">네트워크 설계/ 구축</td></tr>
<tr><td colspan="2">TCP/ IP</td></tr>
<tr><td colspan="2">NOS</td></tr>
<tr><td colspan="2">네트워크 운영기기</td></tr>
</table>

7. 출제비율

기출문제 : 20~40%, 관련도서 :40~60%, 기타 : 10~30%

8. 네트워크 관리사 실기시험 출제 경향

구분	라우터	케이블 제작	Windows 2000 Server	Linux	TCP/IP 네트워크 장비	신경향 및 보안	합계
문 항 수	3	1	8	2	3	1	18개
배점	각5.5	6.5	5.5	5.5	5.5	5.5	100점
시험시간	20분	10분	50분				80분

9. 합격 기준

등급	검정방법	합격검정기준	
1급	필기	100점	60점 이상
	실기	100점	60점 이상
2급	필기	100점	60점 이상
	실기	100점	60점 이상

10. 검정료

등급	과목	검정료	입금방법
1급	필기	43,000원	CMS계좌, CARD, 계좌이체, 현금
	실기	100,000원	
2급	필기	43,000원	CMS계좌, CARD, 계좌이체, 현금
	실기	78,000원	

11. 실기 시험 준비 요령

작업형의 에뮬레이터는 네트워크속성, 레지스트리 편집기, 폴더 권한, 프린터 및 팩스, 시스템 등록정보, 인터넷 옵션, 프로그램 및 기능, DHCP, DNS, Hyper-V, WINS, 공유폴더, 디스크 관리자, 라우터 및 원격 액세스, 로컬 보안 정책, 로컬 사용자 및 그룹, 서비스 관리자, 이벤트 관리자, 인터넷정보 서비스 관리자(IIS), 원격 데스크 톱 서비스, 작업 스케줄러 등으로 구성되어 있다.

메뉴의 세부 내용을 실습하여 결과를 확인하고 숙지하는 것이 바람직하다.

※ 실기시험은 부분점수가 없고 문제에서 요구한 모든 것이 정확하게 충족 되어야만 정답 처리되므로 문제를 꼼꼼히 읽어보고 빠트린 부분이 없도록 작성하도록 하자.

저자 프로필

고청심

- 숭실대학교 정보통신공학과 공학박사 수료
- (주)하이브레인 대표
- 인덕대학교 컴퓨터소프트웨어학과 겸임조교수
- 숭실대학교, 연성대학교, 서일대학교 출강 중
- 삼성그룹 APS기본/응용 교수

유응구

- 동국대학교 컴퓨터공학과 졸업(공학박사)
- 정보통신부 지원 프로그래밍 전문강사
- 현) 인덕대학교 컴퓨터소프트웨어학과 부교수

표성배

- 숭실대학교 컴퓨터공학과 졸업(공학박사)
- 공군본부 전산실(공군 중위)
- 국방품질기술원 선임연구원
- 현) 인덕대학교 컴퓨터소프트웨어학과 교수

도서출판
그린

네트워크관리와 신기술
(핵심을 알면 자격증이 보인다)

1판 1쇄 발행일 ▶	2016년 8월 16일
저 자 ▶	고청심, 유응구, 표성배
발 행 처 ▶	도서출판 **그린**
발 행 인 ▶	윤 덕 우
출판등록 ▶	제8-161호(1995. 5. 3.)
주 소 ▶	서울시 서대문구 연희5길 50 (우) 03716
전 화 ▶	02)333-2574, 2575
Fax ▶	02)333-2561
E-mail ▶	greenpress@greenpress.co.kr
Homepage ▶	http://www.greenpress.co.kr

Green Pub.

정가 : 20,000원

ISBN : 978-89-5727-248-0 (93560)